AF411990

Thomas **Zipp**

*Achtung! Vision: Samoa, The Family of Pills
& The Return of the Subreals*

Herausgegeben von / Edited by Guido W. Baudach

*Mit Texten von / With texts by Zdenek Felix, Veit Loers, Thomas Groetz
und einem Vorwort von / and a preface by Gertrude Wagenfeld-Pleister*

Oldenburger Kunstverein

…

HATJE
CANTZ

Samoa leads

1. Angesichts der Existenz von Gleichgültigkeit und angepassten, begrenzten, rauschhaften Zuständen wird heute der Widerstand gegen die Unwahrheit niemanden mehr interessieren.

2. Das Gewirr der reaktionären, heliozentrischen Tendenzen, seien sie pseudofortschrittlich oder stagnativ, wird von Lethargie beherrscht; die Lethargie muss ja dominieren, denn sie ist kennzeichnendes Merkmal und Privileg des Zeitgenossen.

3. Die Impotenz der Lethargie des wissenschaftlichisierenden Schwergewichts in allen bürgerlichen Aktionen verbannt die Euphorie ins Graue, Makabre und Statische, ins protestantisch Steife und Pessimistische, ins Neutrale oder ins verweichlicht Unentschlossene oder aber in Scheinexesse, die jedoch streng kanalisiert werden.

4. Da die Idee des neuen Tychonischen Systems eine fortwährende Implosion der Lethargie ist und sein muss, kann sie nicht anders als froh, gewagt, ätherisch, elektrisch geladen, dynamisch, gewalttätig und interventionistisch sein.

5. Alle traditionalistischen (nicht traditionellen!) oder lediglich pseudoneuen bürgerlichen Handlungen hinterlassen den Eindruck des Vorhersehbaren, des Müden und schon Verdauten.

6. Dem entgegengesetzt ist das Tychonische System eine explosive und Überraschung auslösende Kraft.

7. Tychonisches System: Entfesselung der Kräfte.

1. In view of the existence of indifference and conformist, limited, ecstatic conditions, today, resistance to untruth will no longer interest anyone anymore.

2. The maze of reactionary, heliocentric tendencies, be these pseudo-progressive or stagnative, is governed by lethargy; indeed, lethargy must dominate as it is a characterising feature and privilege of one's contemporaries.

3. The impotence of the lethargy of the scientifising emphasis in all bourgeois actions banishes euphoria to the grey, macabre, and static, to protestant stiffness and pessimism, to the neutral or the soft irresolute – or even to false excesses which are, however, strictly channelled.

4. As the idea of the Tychonic system is and has to be a continual implosion of lethargy, it cannot be anything but happy, daring, ethereal, electrically charged, dynamic, violent, and interventionist.

5. All traditionalistic (not traditional!) or merely pseudo-new bourgeois actions leave behind them the impression of the foreseeable, of the tired and the already digested.

6. Countering this the Tychonic system is an explosive, surprise releasing power.

7. Tychonic System: Unleashing of Powers.

Inhalt / Contents

Vorwort

Kunstvereine, die – wie der Oldenburger Kunstverein (OKV) – „Tendenzen der Gegenwartskunst" ihrem heimischen Publikum vermitteln wollen, scheinen in den Substantiven ihrer Programmatik eine begriffliche Klarheit zu unterstellen, auf die man sich bei ernsthafter Auseinandersetzung mit Kunst nicht verlassen sollte. Tendenzen sind in der Regel Behauptungen von Historikern oder Begriffe von Zeitgenossen, die die Paradigmen der Gegenwart beeinflussen wollen. Und was tatsächlich im aktuellen Spektrum die Kunst der Gegenwart repräsentiert, steht – wenn überhaupt – meist auch erst im Rückblick fest. Doch gerade in dieser Unsicherheit liegt der Reiz der Ausstellungspolitik von Kunstvereinen.

Einen besonders komplexen Beitrag zu dieser programmatischen Suche bieten die Werke von Thomas Zipp. Er ist sowohl von seinen angewandten Techniken als auch in seinen Aussagen einer der am breitesten angelegten Künstler der jüngeren Generation. Beides bedingt einander. In Zipps Werk findet die Auseinandersetzung mit Mythen, der Botschaft von Symbolen, der Zeitlosigkeit menschlicher Grunderfahrungen mit vielfältigen historischen Zitaten statt – eine Vorstellungswelt, die in ihrer Tiefe vor allem durch Malerei und Installation ausgedrückt wird, während Zeichnung und Collage hinsichtlich des Gesamtwerkes die notwendige und konstitutive Ergänzung bilden.

Der Begriff „Tendenzen" verflacht vor diesen Werken. Die Kunst von Thomas Zipp passt nicht in die Schubladen zeitgenössischer Interpretationsbemühungen, deren Fokus auf Aktualität und Herausarbeitung stilistischer Merkmale ausgerichtet ist. Auch der Begriff der Gegenwartskunst reduziert sich auf die simple Tatsache, dass Zipp in der Gegenwart tätig ist. Die uns dargebotene Kunst reflektiert ein umfassenderes, über die Gegenwart deutlich hinausgehendes, geistiges Geschehen. Man muss sich nur darauf einlassen.

All dies ist in der im Oldenbuger Kunstverein präsentierten Ausstellung *Dirty Tree Black Pills* sichtbar. Sie wirkt in historisierender Weise surrealistisch und gleichzeitig visionär. Zipp hat den Raum des OKV in einer geschlossenen Konzeption gestaltet, mit einem bühnenähnlichen Aufbau, skulpturalen Objekten, Collagen, Zeichnungen und Gemälden. Selten wurde die gesamte Ausstellungsfläche so umfassend und eindrucksvoll genutzt.

Der Vorstand des Oldenburger Kunstvereins ist sehr froh, diese erste institutionelle Einzelausstellung von Thomas Zipp ausrichten zu können. Wir danken allen Personen und Institutionen, durch deren Hilfe dies möglich wurde.

Für die finanzielle Förderung danken wir unserem treuen Sponsor, der Bremer Landesbank. Die inhaltlichen und organisatorischen Voraussetzungen für diese Ausstellung verdanken wir dem Galeristen Guido W. Baudach, Berlin, und vor allem dem Künstler Thomas Zipp.

Gertrude Wagenfeld-Pleister

Preface

Art societies – like the Oldenburger Kunstverein (Oldenburg Art Society – OKV) – wishing to convey "tendencies of contemporary art" to their local audiences seem to assume in the substantives of their exhibition programmes a conceptual clarity that one should not rely upon when seriously exploring art. Tendencies are generally claims made by historians or concepts propounded by contemporaries who wish to influence the paradigms of the present. And what really represents contemporary art in the current spectrum is, for the most part, only ascertained – if at all – in hindsight. However, it is precisely in this uncertainty that lies the appeal of art society exhibition policy.

A particularly complex contribution to this programmatic search is offered in the works of Thomas Zipp. Both in the techniques he uses and in the message he conveys he is one of the most versatile artists of the younger generation. Each engenders the other. Zipp's work explores myths, messages of symbols, the timelessness of basic human experience making a wide variety of historic references – a conceptual world which, in its depth, is particularly expressed through painting and installations, while drawing and collage form the necessary and constitutive complement to his work overall.

The term "tendencies" seems shallow in the presence of these works. Thomas Zipp's art cannot be pigeonholed as contemporary interpretational efforts that focus on relevance to the present and bringing out stylistic features. Even the term contemporary art is reduced to the simple fact that Zipp produces art in the present day. The art presented to us reflects more comprehensive, spiritual events that reach significantly beyond the present. You just have to open yourself up to them.

All of this can be seen in the exhibition Dirty Tree Black Pills *presented at the Oldenburg Art Society. This exhibition seems (in a "historicising" way) surreal and visionary at the same time. Zipp utilises the space at the OKV in a closed-concept design using a stage-like structure, sculptural objects, collages, drawings and paintings. Seldom has the entire exhibition space here been used so comprehensively and so impressively.*

The executive committee of the OKV is very pleased to have been able to hold this artist's first solo exhibition. We thank all those individuals and institutions for their help in making this possible.

We should like to thank our loyal sponsor, the Bremer Landesbank, for its financial support. We would also like to thank gallery owner Guido W. Baudach, Berlin, and above all the artist himself Thomas Zipp for the content and organisation of this exhibition.

Gertrude Wagenfeld-Pleister

Texte/Texts

Zdenek Felix, Veit Loers, Thomas Groetz

Vision: SAMOA

Am Anfang war die Blume. Eine künstliche Blume, von dem holländischen, in Paris lebenden Maler Piet Mondrian zur Dekoration in einer Keramikvase in den Flur seiner Wohnung gestellt. Auf der konstruktivistisch anmutenden Aufnahme des ungarischen Fotografen André Kertész von 1926 sieht man sie vor dem Hintergrund der Garderobe und der zum Treppenhaus führenden Tür auf einem Tisch platziert. Die Fotografie trägt den Titel *Chez Mondrian* und wurde in dem inzwischen abgerissenen Haus in der Rue Départ 26, wo der Maler zwischen 1921 und 1936 lebte, aufgenommen. Hier, in der Nähe vom Gare Montparnasse, verwandelte Mondrian sein Apartment und Studio schrittweise in ein eigenartiges neoplastizistisches Ambiente, in dem seine Vision von der Kunst, Architektur und Design verbindenden *Neuen Gestaltung* zum Ausdruck kam. Auf der Schwarz-Weiß-Aufnahme von Kertész kann man die ursprünglichen Farben nicht erkennen. Der glaubhaften Legende nach pflegte Mondrian jedoch ausschließlich künstliche Blumen in seinen Räumen aufzustellen, deren Stängel und Blätter, bevor sie in einer Vase ihren Platz fanden, weiß gestrichen werden mussten, damit ihr Grün die absolute Welt des Neoplastizismus, in der nur die Grundfarben Rot, Blau und Gelb sowie die beiden Nichtfarben Schwarz und Weiß gelten, nicht stören konnte. Diese proto-konzeptuelle Strategie von Piet Mondrian offenbart dessen Streben nach einer allumfassenden Harmonie, die keine Ausnahmen duldet und selbst vor einer Vergewaltigung der Natur keinen Halt macht.

Ein Dreivierteljahrhundert später greift der deutsche Künstler Thomas Zipp das Mondrian'sche Motiv erneut auf. 1994 bemalt er den Stängel einer künstlichen Tulpe mit weißer Farbe und stellt dieses „objet trouvé" samt Vase in seinem Atelier in der Städelschule in Frankfurt auf einen Sockel. Diese Skulptur kann als Hommage an Mondrian gelesen werden. Zugleich aber lotet sie die Möglichkeit aus, mit dem Verweis auf die klassischen Positionen der Moderne im zeitgenössischen Kontext deren neue Lesarten zu schaffen: Kann der utopische Ansatz des von Mondrian mitinitiierten De-Stijl-Projekts, das kunstgeschichtlich und historisch längst abgeschlossen ist, in eine zeitgemäße Form überführt werden? Und worin liegt der Grund für seine nachhaltige Faszination? Thomas Zipp hat in seiner Arbeit der vergangenen zehn Jahre das Prinzip des Rückgriffs auf bestimmte, inzwischen weitgehend ikonische Topoi der Moderne verschiedenartig angewendet. Dabei interessieren ihn weniger der Stil, die Malweise und die jeweilige Ästhetik der Vorläufer. Vielmehr geht es ihm um den Austausch von gegensätzlichen Kontexten, um deren ideologische Hintergründe, womit neue, unerwartete Perspektiven auf diese Vorläufer eröffnet werden.

Zipps Anliegen ist es, den Stellenwert dieser Topoi, zu denen auch die weiße Blume von Mondrian gehört, aus heutiger Sicht zu überprüfen. Er stellt die Frage, inwiefern die populären Ikonen der Moderne außerhalb ihres ästhetischen und historischen Ranges aussagekräftig sind und in welchem Maße der

---

Vision: SAMOA

In the beginning was the flower. An artificial flower put in a ceramic vase for decoration in the hall of his flat by Piet Mondrian, the Dutch painter living in Paris. On the Constructivist-looking shot by the Hungarian photographer André Kertész dating from 1926 you see the flower on a table against the background of the wardrobe and the door leading to the stairs. The photograph is entitled Chez Mondrian *and was taken at 26 rue Départ, the house (now demolished) where the painter lived between 1921 and 1936. Here, near the Gare Montparnasse, Mondrian gradually transformed his apartment and studio into a unique Neo-Plastic environment that gave expression to his vision of* Neue Gestaltung *combining art, architecture and design. In the Kertész black and white shot you cannot recognise the original colours. However, plausible legend has it that Mondrian only ever used to decorate his flat with artificial flowers whose stalks and leaves he first painted white before putting them into vases. This was so that their green colour would not disturb the absolute world of Neo-Plasticism in which the only basic colours permitted were red, blue and yellow plus the noncolours black and white. This proto-conceptual strategy of Piet Mondrian's reveals his efforts to achieve an all-encompassing harmony that allowed no exceptions and which did not even stop at violations of nature.*

Three quarters of a century later the German artist Thomas Zipp picked up the Mondrian motif afresh. In 1994 he painted the stalk of an artificial tulip white and placed this "objet trouvé" in a vase on a plinth in his studio at Frankfurt's art academy, the Städelschule. *This sculpture can be read as an homage to Mondrian. At the same time, however, it also sounds out the possibility of creating new interpretations of the modern age with reference to its classic postures in the contemporary context. Can the utopian approach of Mondrian's co-initiated de Stijl project, whose pages have long since been turned in both history and art history terms, be transferred into a form that is in keeping with the times? And what are the reasons for its long-standing fascination? In his work of the past ten years Thomas Zipp has used the principle of returning, in different ways, to specific, now largely iconic, topoi of the modern age. Here he is less interested in the style, the painting method, and the individual aesthetics of his predecessors. Instead, he is more concerned with the exchange of contrasting contexts, their ideological background so as to open up new, unexpected perspectives on these precursors.*

Zipp's aim is to reassess from today's perspective the value of these topoi to which Mondrian's white flower also belongs. He asks to what extent the popular icons of the modern age are meaningful outside their

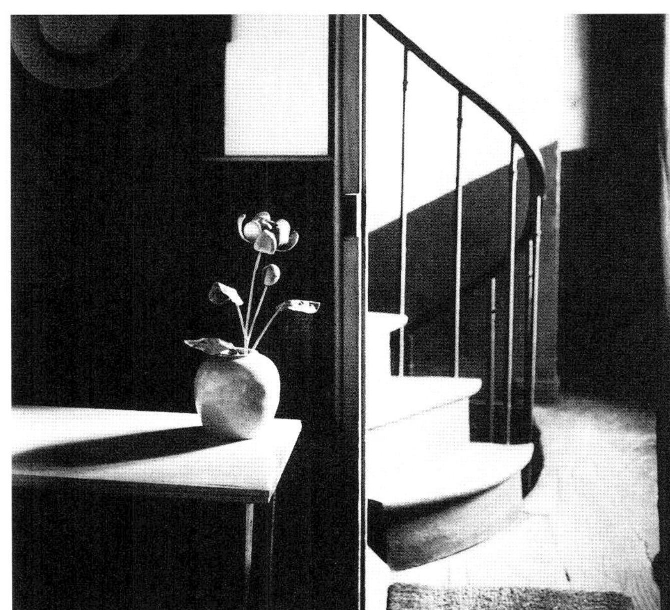

Abb. 01, André Kertész, *Chez Mondrian*, *1926* · ©Ministère de la Culture – France

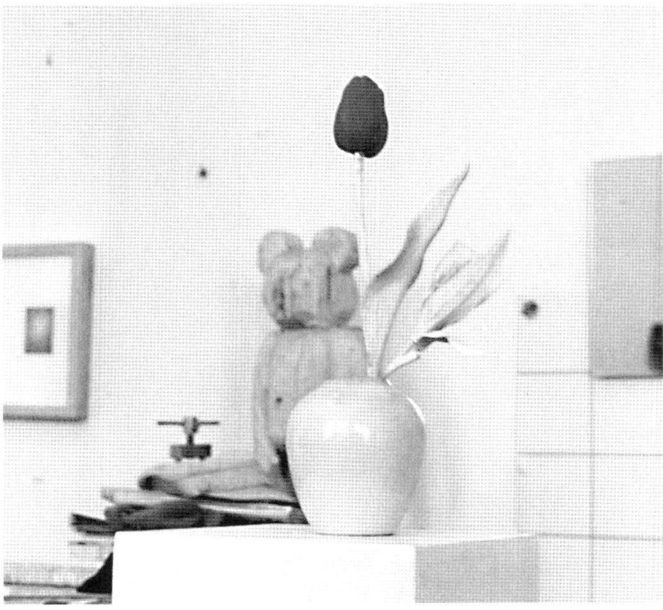

Abb. 02, Studio Thomas Zipp, Städelschule, *Frankfurt / M.*, *1994*

Umgang mit ihnen auch heute noch lohnt. Einige Werke von James Ensor, Francis Picabia, Giacomo Balla oder Max Ernst haben sich ihm bei dieser Suche als geeignetes Material angeboten, wobei die Auswahl der Künstler und ihrer jeweiligen Werke auch Hinweise auf das Vorgehen von Thomas Zipp selbst liefert.

Überblickt man das bisherige Werk des 1966 geborenen Künstlers, fällt zunächst auf, dass es sich durch mediale Vielfalt auszeichnet. Zipp ist Maler, arbeitet jedoch auch mit Fotografie und Video, stellt Objekte her, richtet Installationen ein, die er als für sich besonders adäquate Ausstellungsform betrachtet, schreibt Texte und Musik. Nicht selten greift er auf die Collage zurück, eine klassische Methode, die bereits von den Kubisten, Futuristen und Surrealisten angewendet wurde. Die Technik der Collage eignet sich vorzüglich dazu, den Zipp'schen Ansatz des konzeptuellen Rückgriffs zu praktizieren und zugleich die nötige Distanz zu den historischen Vorläufern aufzubauen. Während in der klassischen Collage verschiedene Materialien wie Papier, Reproduktionen, Fotos etc. ins gemalte Bild (oder in eine Zeichnung) geklebt werden, begegnen wir bei Zipp einer eigenartigen Mutation dieses üblichen Prinzips. Als Hintergrund dienen ihm vergrößerte Fotokopien von Reproduktionen, auf die er gemalte kleinformatige Gemälde hängt. So entsteht eine Art umgekehrte Collage, deren Wirkung umso dramatischer ist, als die vergrößerten schwarz-weißen Xerox-Prints, die ursprünglichen Motive stark verfremden und eine merkwürdig entrückte, geisterhafte Wirkung erzeugen. Durch die hinzugefügten Ölbilder entstehen teils absurde, teils irritierende Konfrontationen von disparaten Motiven und Situationen.

Als Paradebeispiel kann das rund drei mal vier Meter große Werk *Achtung! Vision: England attacked by Subreals* von 2004 gelten (vgl. Abb. S.122 f.). Zugrunde liegt ihm eines der populärsten Gemälde des frühen Surrealismus, *Au Rendez-vous des Amis* (Beim Rendezvous der Freunde) von Max Ernst aus dem Jahr 1922. In diesem Bild begegnen sich siebzehn Dichter, Literaten und Maler, deren Namen dem französischen „Ismus" seinen Klang geben. Dargestellt sind u. a. Paul Eluard, Philipp Soupault, Benjamin Péret, Rafaele Sanzio, Louis Aragon und Robert Desnos, der italienische „Metaphysiker" Giorgio de Chirico (der als antike Büste erscheint) und als geistiger Vorläufer der russische Romancier Fjodor Dostojewski. Selbstredend sind bei dieser inszenierten Zusammenkunft, die einem Künstler-Olymp gleichkommt, auch der Surrealistenpapst André Breton und der Autor des Bildes, Max Ernst, selbst dabei. Das Treffen kommt in einer kargen, bergigen Landschaft vor einem dunklen Himmel mit Sternkreisen zustande, die Gestalten wirken mit ihren aufgesetzten Köpfen wie Karikaturen. Sie „agieren märchenhaft hölzern, wie am Draht des Unbewussten, dessen Erforschung sie sich verschrieben haben".[1]

Die „Vision" von Zipp nimmt auf das Thema des „Rendezvous" scheinbar keine Rücksicht. Sämtliche Köpfe der versammelten Gesellschaft sind auf der Xerox-Prints nach dem Gemälde von Max Ernst mit kleinen Ölbildern verdeckt. Diese zeigen rätselhafte Gesichter, Köpfe mit vergrößerten Schädeln oder stellen dunkle Scheiben dar. So entsteht der Eindruck, es handele sich um eine Séance von Geistern oder Außerirdischen, die gerade einem Comicstrip entsprungen sind. Auf die letzte Alternative deutet außerdem der Titel des Bildes hin, wobei das Thema der imaginierten Bedrohung aus dem Weltall zusätzlich von der an der linken Seite befestigten, gemalten Landkarte von England, dem Ziel der Attacke, verdeutlicht wird. Eine Sciencefiction-Persiflage geht hier mit dem

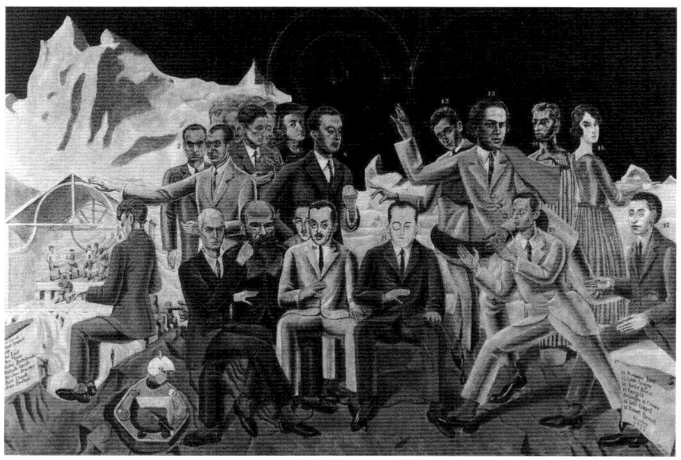

Abb. 03, Max Ernst, *Beim Rendez vous der Freunde*, *1922* · © VG Bild- Kunst, Bonn

surrealistischen Ansatz eine seltsame Verbindung ein, das ursprüngliche Ernst'sche Motiv der elitären Versammlung von Avantgardisten wird ironisch unterlaufen.

Von Bedeutung ist, dass zeitgleich mit *Achtung! Vision: England attacked by the Subreals* ein mehrteiliges Werk mit dem Titel *Achtung! Vision: England attacked by Samoa* entstanden ist (vgl. Abb. S.114ff.). Beide Werke hat Thomas Zipp anlässlich ihrer ersten öffentlichen Präsentation 2004 im Rahmen der Ausstellung *Made in Berlin* im Innern eines skulpturalen Kubus', von ihm *Inside K. Ba.* betitelt, auf dessen Rückseite die erwähnte Wandinstallation hing, gezeigt. Bei diesem Zyklus (sieben Gemälde und eine Zeichnung) handelt es sich um gemalte Landschaften mit niedrigen, teilweise bergigen Horizonten und hohem, düsterem Himmel, in deren visionären Szenarien man zahlreiche Details entdecken kann: weit entfernte, Licht ausstrahlende Städte am Horizont und helle Punkte am Himmel, die an anfliegende Raketen oder Flugkörper gemahnen. Wie auf den großen Radarschirmen in einschlägigen Science-fiction-Filmen erscheinen in den Bildern kodierte Namen von Ortschaften in England, die vermutliche Ziele des Angriffs bezeichnen und die anhand der zugehörigen Zeichnung zu dechiffrieren sind. Auf einem der Bilder taucht ein überdimensionierter Gorilla auf, dessen bedrohliche Erscheinung bevorstehendes Unheil anzukündigen scheint, wenn auch in ironisch überspitzter Form.

Eine Erklärung zu dem seltsamen Titel des Zyklus' liefert das Plakat zu einer Ausstellung von Thomas Zipp, die zur selben Zeit im Herbst 2004 in der Daniel Hug Gallery in Los Angeles stattfand (vgl. Abb. S.103). Darauf ist eine alte Landkarte des Archipels Samoa aus der Zeit vor dem Ersten Weltkrieg faksimiliert, das damals deutsches Kolonialgebiet war und später an England fiel. Zipps Anspielung auf den Krieg zwischen den beiden Ländern, in der womöglich auch die aktuelle politische Auseinandersetzung um den Irak-Konflikt anklingt, gipfelt auf dem Plakat in dem vermeintlich abstrusen Aufruf: *Futurism Now! SAMOA leads!*

Es versteht sich, dass eine solche futuristische Proklamation im Jahr 2004 nur als ironische Parole gelesen werden kann. Deren Kontext lässt sich in der Malerei von Thomas Zipp mühelos verfolgen. In mehreren Gemälden und Zeichnungen aus den letzten zehn Jahren tauchen direkte oder versteckte Hinweise auf den frühen Futurismus auf, die Zipps Interesse an dem visionären Gehalt der italienischen Moderne zeigen. Besonders in einigen Werken von Giacomo Balla, die eine Art Synthese aus Symbolismus, Theosophie und Begeisterung für zeitgenössische Technik darstellen, fand Zipp Anknüpfungspunkte für eigene Utopien. Die geistige Verwandtschaft lässt sich hier nicht übersehen. Ballas Neigung zur Esoterik, die er mit anderen Künstlern wie Kandinsky,

An explanation of this strange cycle is provided by the poster advertising a Thomas Zipp exhibition held at the same time in Autumn 2004 at the Daniel Hug Gallery in Los Angeles (see p. 103). This features a facsimile of an old map dating from before World War I showing the Samoan archipelago that was then German colonial territory and only later fell to England. Zipp's allusion to the war between the two countries – possibly also echoing the current political debate surrounding the Iraq conflict – culminates on the poster in the seemingly abstruse appeal: Futurism Now! SAMOA leads!

It is clear, a futuristic proclamation of this kind in 2004 can only be read as ironic slogan. Its correlations can be followed effortlessly in Thomas Zipp's painting. Several paintings and drawings from the last ten years feature overt or covert references to the earlier Futurism, reflecting Zipp's interest in the visionary aspect of the Italian modern age. It was particularly in several works by Giacomo Balla depicting a kind of synthesis of symbolism, theosophy and enthusiasm for contemporary technology that Zipp found links for his own utopias. The intellectual affinity is hard to miss here. Balla's proclivity for the esoteric – that he shares with other artists like Kandinsky, Kupka or Brancusi – already becomes clear in his early futuristic work Lampada ad arco, *1909–1910, which features a spookily burning electric light bulb. Between 1912 and 1916 he continues this depiction of energy in the abstractly ornamental work* Compenetrazione iridescenti *(Iridescent Penetrations). With Zipp we find echoes of this in symbolic form – for instance, as a coloured check sky (as in* 41 Tree A. B. squared, *2003, see p. 045) or as futuristic emblems in several abstract compositions (for instance in* Doubletree, *2004). However, it would be wrong to see Zipp as an artist who produces paraphrases of the modern age or who even practices appropriation art. He always keeps a distance between himself and his objects by using targeted irony and humour as conceptual vehicles.*

This also applies to those picture series of Thomas Zipp's which refer back to literary, historic, and scientific motifs. Dante's Divine Comedy *is reinterpreted into a modern myth by means of a narrative instal-*

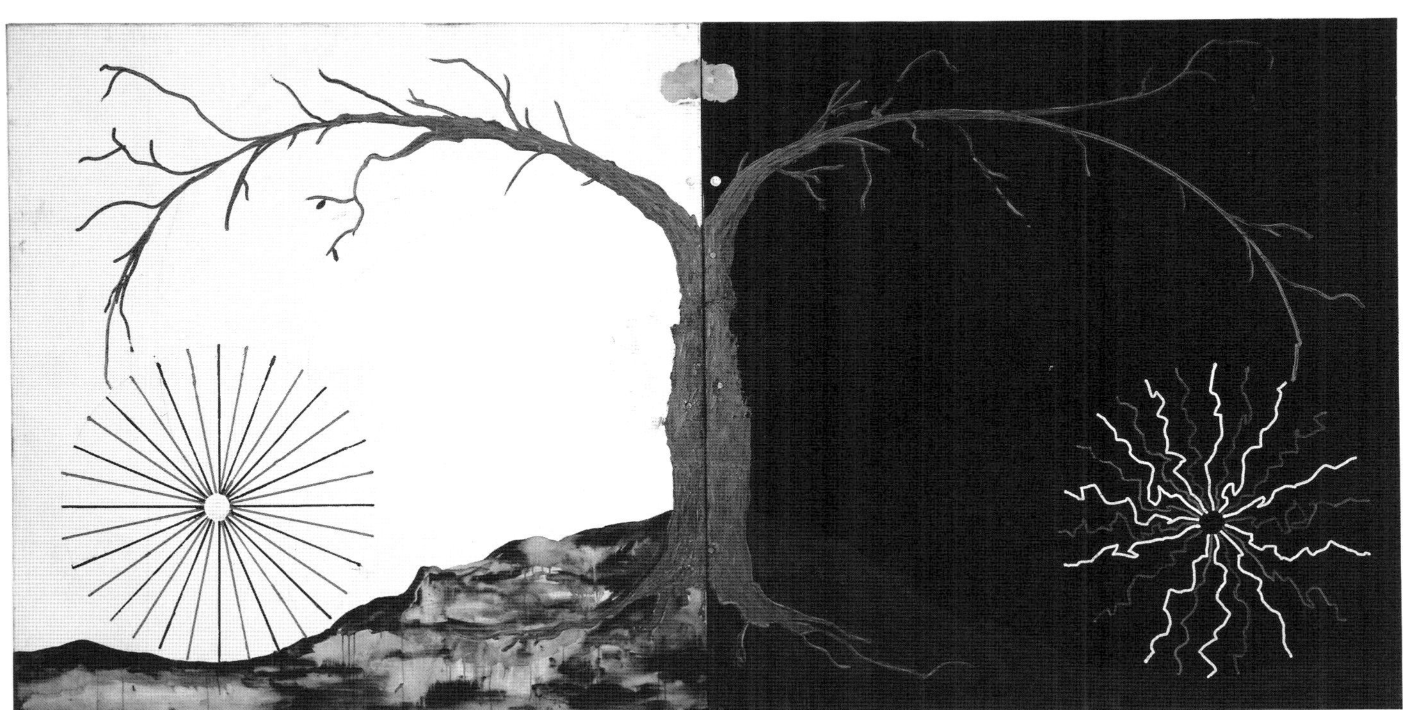

Abb. 04, Thomas Zipp, Doubletree, *Acryl und Öl auf Nessel, 200 x 400 cm, 2004, Sammlung DekaBank, Frankfurt / M.*

Kupka oder Brancusi teilt, wird bereits in seinem futuristischen Frühwerk *Lampada ad arco*, 1909–1910, das eine geisterhaft strahlende elektrische Glühlampe zeigt, deutlich. Die Darstellung von Energie führt er in den Jahren 1912–1916 in den abstrakt-ornamentalen *Compenetrazione iridescenti* (Irisierenden Durchdringungen) weiter. Bei Zipp finden sich Anklänge daran in symbolischer Form beispielsweise als farbige karierte Himmel (etwa in *41 Tree A. B. squared*, 2003, vgl. Abb. S. 045) oder als futuristische Embleme in mehreren abstrakten Kompositionen (so in *Doubletree*, 2004). Es wäre jedoch falsch, Zipp als einen Künstler zu sehen, der Paraphrasen der Moderne produziert oder gar eine *appropriation art* praktiziert. Er wahrt grundsätzlich Distanz zu seinen Gegenständen, indem er gezielt Ironie und Humor als konzeptuelle Vehikel einsetzt.

Dies trifft auch auf jene Bildprogramme von Thomas Zipp zu, die auf literarische, historische und wissenschaftliche Stoffe zurückgreifen. Dantes *Göttliche Komödie* wird durch den gleichsam erzählerisch-installativen Einsatz von Gemälden, Zeichnungen und Skulpturen zu einem modernen Mythos umgedeutet (*Neroin*, 2003, vgl. Abb. S. 043) eine Aufnahme der kriegszerstörten Düsseldorfer Kunsthalle verwandelt Zipp in eine geisterhaft-morbide Bühne zur Präsentation eigener Werke (*44 d.dorf*, 2003, vgl. Abb. S. 082), eine surrealistische Fotomontage aus sechzehn um ein Bild von René Magritte gruppierten Passfotos von André Breton und Konsorten mit geschlossenen Augen erhält durch Zipps verfremdende Überarbeitung einen existenzialistischen Bedeutungszusammenhang (*Je vois la femme cachée dans la forêt*, 2005, vgl. Abb. S. 126).

Dass Thomas Zipp in seiner Kunst zunehmend größere thematische Zusammenhänge sucht, zeigte seine letzte Ausstellung, die unter dem rätselhaften Titel *Nuevo Tychónico* im Frühsommer 2005 in der Madrider Galerie Heinrich Ehrhardt zu sehen war (vgl. Abb. S. 024 ff). In einer speziellen Rauminstallation präsentierte der Künstler Bilder und Collagen sowie eine Skulptur, die motivisch um die Person des deutschen Physikers Otto Hahn kreisen. Als Entdecker der Uranspaltung im Jahr 1938, bei der in Form von Hitze Energie produziert wird, stand Hahn gewissermaßen bei der Entwicklung der Atombombe Pate. Daran erinnerte in Madrid das Gemälde *A. B. Inside*, 2005, in dem ein Baum gleichsam als Atompilz in einem virtuellen Raum dargestellt ist, während dem gegenüber, in einem anderen Bild mit dem Titel *T. 1–7*, ein überlebensgroßes menschliches Gerippe dem Publikum als memento mori das Zipp'sche Manifest des *Tychonischen Systems* entgegenhält, das „die Lethargie … (als) kennzeichnendes Merkmal und Privileg des Zeitgenossen" durch „eine explosive und Überraschung auslösende Kraft" zu überwinden trachtet. Daneben zeigten kleine Werke auf Papier das Portrait des Physikers wie das seiner Kollegin Lise Meitner, die Ansicht einer von drei Personen bevölkerten Brücke in Marburg, wo er in den Zwanziger Jahren tätig war, und das Bildnis seiner Frau Edith mit Hut, dessen Krempe seltsamerweise ein Totenkopf ziert, während Collagen auf der Grundlage von Hahns physikalischen Berechnungen auf einer begehbaren, Kirchenkanzel ähnlichen Skulptur in der Mitte des Ausstellungsraumes installiert waren. Von oben blickte das Konterfei des dänischen Astronomen Tycho Brahe (1546–1601) herab, für Zipp Beispiel eines Wissenschaftlers, der seiner Zeit voraus war, die letzten Konsequenzen seines Tuns jedoch – ähnlich wie Otto Hahn – nicht vollständig überschaute.

Zipp zeigte mit dieser Installation ein komplexes Szenario von Bedeutungen, die vom „Baum des Lebens" bis zum atomaren Armageddon reichen. Auch in seinem zentralen Werk für die Ausstellung im Oldenburger Kunstverein, einem großformatigen Panoramabild mit dem Titel *Dirty Tree Black Pills* (vgl. Abb. S. 148f.), beschäftigt Zipp sich mit der Konfrontation von Natur, Wissenschaft und Mensch. In diesem konzeptuellen Gemälde, dessen visionäre Wirkung durch die Hinzufügung dreidimensionaler Kapseln noch zusätzlich gesteigert wird, thematisiert er zugleich das Verhältnis von Landschaft und Stadt im futuristischen Sinne als Energieaustausch mit angenommenen intergalaktischen Verbindungen. Zipps „narrativer Konzeptualismus" (Veit Loers) bedient sich dieser und anderer Stoffe mit einer spontanen Fabulierlust und Invention, die ihm immer neue Bereiche für seine Imagination erschließen.

Zdenek Felix

*lative use of paintings, drawing and sculptures (*Neroin, *2003, see p. 043). Zipp transforms a shot of the war-torn Düsseldorf Kunsthalle into a spooky, morbid stage for the presentation of his own works (*44 d. dorf, *2003, see p. 082). A Surrealist photo-montage consisting of sixteen passport photos of André Breton and consorts with closed eyes gathered around a René Magritte picture is given an existential context of meaning through Zipp's estranging revision (*Je vois la femme cachée dans la forêt, *2005, see p. 126).*

Thomas Zipp seeks ever larger thematic correlations in his art – as shown by his last exhibition with the enigmatic title Nuevo Tychónico *on display in early Summer 2005 at Madrid's Heinrich Ehrhardt Gallery (see p. 024 et seq.). In a special room installation the artist presented pictures and collages as well as a sculpture whose motif revolved around the German physicist Otto Hahn. As the inventor of nuclear fission in 1938 (where energy was produced in the form of heat) Hahn was, to a certain extent, the godfather of the atom bomb. Reminiscent of this is the picture shown in Madrid entitled* A. B. Inside, *2005 in which a tree is depicted as if it were a mushroom cloud in a virtual space, while opposite this in another picture entitled* T. 1–7, *a larger-than-life human skeleton holds out towards the audience Zipp's manifesto of the* Tychonic System *as a memento mori which endeavours to overcome "the lethargy … (as) a characterising feature and privilege of one's contemporaries" by means of "explosive and surprise-releasing power". Alongside this, smaller works on paper showed a portrait of the physicist and his colleague Lise Meitner, a view of three people standing on a bridge in Marburg (where he worked in the 1920s) and the portrait of his wife Edith wearing a hat whose brim is strangely decorated with a skull. At the same time, collages were installed on the basis of Hahn's physical calculations on a walk-on, church pulpit-like sculpture in the middle of the exhibition space. Looking down from above was the likeness of the Danish astronomer Tycho Brahe (1546–1601) – for Zipp an example of a scientist ahead of his time yet not completely grasping the ultimate consequences of his actions – rather like Otto Hahn.*

With this installation Zipp showed a complex scenario of meanings ranging from the "tree of life" to atomic Armageddon. In his central work for the exhibition at the Oldenburg Kunstverein, a large-format panorama picture entitled Dirty Tree Black Pills *(see p. 148 et seq.), Zipp is also concerned with the confrontation of nature, science, and humanity. In this conceptual painting, whose visionary effect is increased by the addition of three-dimensional capsules, he also deals with the relationship between landscape and city in the futuristic sense as an exchange of energy with supposed intergalactic connections. Zipp's "narrative conceptualism" (Veit Loers) uses this and other topics with a spontaneous lust for flights of fancy and invention that always open up new realms for his imagination.*

Zdenek Felix

---

[1] *See Bauer, Gerd: Max Ernsts Gemälde "Au Rendez-vous des Amis".
In: Wallraf-Richartz-Jahrbuch 45 (1985) p. 231–255.*

---

[1] Vgl. Bauer, Gerd: Max Ernsts Gemälde „Au Rendez-vous des Amis".
In: Wallraf-Richartz-Jahrbuch 45 (1985) S. 231–255.

Gute dreißig Jahre ist es her, dass Richard P. Hartmann sein Buch *Malerei aus Bereichen des Unbewussten – Künstler experimentieren unter LSD* noch im DuMont-Verlag veröffentlichen konnte. Denn schon Ende der sechzigerjahre hatte Timothy Leary, dem der Titel dieses Textes zu verdanken ist, im Amerika Nixons erfahren müssen, dass ein Universitätsprofessor nicht ungestraft wissenschaftlich mit Drogen experimentieren kann. Für Hartmanns Experimente als Versuchskarnickel für LSD-Malerei stellten sich dreißig Probanden zur Verfügung, vorwiegend Maler und Zeichner, unter ihnen auch bekannte Künstler und Akademieprofessoren wie K. F. Dahmen, Alfred Hrdlicka, Karl Otto Götz, Gerhard Hoehme und Arnulf Rainer. Das Ergebnis war zwiespältig. Man musste lernen, mit der halluzinogenen Droge umzugehen und konnte die Erfahrungen künstlerisch nur schwer umsetzen. Ob man vom „magischen Gestalten" sprechen kann, sei dahingestellt. Die Drogen sind kein Garant für bedeutende Kunst.

Was aber sind sie dann? Man muss unterscheiden zwischen und denen, welche die westlich-kapitalistische Gesellschaft akzeptiert und zwischen denen, die sie diskriminiert. Kaffee und bis vor kurzem Zigaretten galten sogar als Positiv-Faktoren nicht nur im Unternehmensbereich, sondern auch in öffentlichen Diskussionen von Politikern. Den deutschen Altbundeskanzler Helmut Schmidt konnte man im Sommer 2005 in einem Fernsehinterview sehen, das etwa eine Stunde dauerte. In dieser Zeit trank er mehrere Tassen Bohnenkaffee, rauchte mindestens vier Zigaretten und nahm zudem auch noch etliche Prisen Schnupftabak zu sich – immer dann, wenn die Kamera gerade wegblendete. Wolfgang Schivelbusch hat in seinem Buch *Das Paradies, der Geschmack und die Vernunft, eine Geschichte der Genussmittel* (1980) über diese neuzeitlichen Drogen geschrieben, die im 17. und 18. Jahrhundert gesellschaftsfähig wurden, zu einer Zeit, als in England, Deutschland und Frankreich das Bürgertum zunehmend zu einem politischen Faktor wurde. Die Tabakskollegien und Kaffeehäuser in England (Teestuben dominierten erst durch die Kolonialpolitik der *Ostindien Company*) wurden zu Versammlungsstätten bürgerlichen Unternehmertums. *Hapag-Lloyds* Versicherung beispielsweise geht auf eine Teestube gleichen Namens in London zurück.

Der Alkohol bildet dazu sozusagen den „Basso Continuo" – ein pragmatischer Stoff. Auch er ist eine westliche Gesellschaftsdroge, deren Beliebtheit während des Kalten Krieges die beiden Lager, das kommunistische und das kapitalistische, im Gleichgewicht hielt. Bier und Prosecco gelten zum Beispiel heute als Frischmacher. Man dopt sich mit ihnen nach anstrengenden Fraktionsgesprächen oder Verhandlungen der Arbeitgeberorganisationen mit den Gewerkschaften. Zum Arbeitsessen gibt es Wein. Schnäpse sind offiziell verpönt, aber einen Grappa zur Verdauung getraut man sich schon noch zu bestellen. Der italienische Trester, früher nur ein Bauernfusel, ist in Deutschland seit etwa drei Jahrzehnten an die Stelle eines *Underberg* oder *Jägermeister* getreten, die ehedem als gesellschaftlich probate Marken, nicht aber als Alkohol galten.

Die Kulturgeschichte des Alkohols in Deutschland ist noch nicht geschrieben. Aber Schivelbusch gibt klar zu erkennen, dass der Schnaps an der Theke der Eckkneipe nicht von ungefähr mit der Industrialisierung Einzug hielt. Als legalisierte Droge, die auf den proletarischen Arbeiter in beengten häuslichen Verhältnissen und mit einem 12-Stunden-Tag schneller als Bier und Wein wirkte – nicht zu vergessen die Schnapsrationen im Krieg, möglichst vor dem Angriff.

Wein und Bier sind jahrtausendealte Drogen, ohne die man sich „Kultur" nicht vorstellen kann. Vom Symposion Platons weiß man, dass der Wein im Krater mit Wasser gemischt werden musste, eine Rotweinschorle, die immer noch so stark war wie, wie das neudeutsche Nationalgetränk *Dornfelder*. Es ist aber nicht überliefert, dass Karl der Große oder Friedrich Barbarossa keinen Wein getrunken hätten. Abgesehen von der eucharistischen Bedeutung waren Wein und Bier, oft im erhitzten Zustand, früher auch immer ein Heilmittel gegen Fieber, Erkältung und Grippe. Doch versetzte man diese lauen Getränke damals gerne mit Datura Stramonium oder Cytisus Scoparius (Stechapfel und Besenginster) als psychoaktivem Zusatz. Alkohol ist ein Genussmittel, hat aber nach kurzer, belebender eine eher sedative Wirkung. Es gibt Menschen, die stolz darauf sind, nie Alkohol getrunken, geraucht oder Drogen genommen zu haben, sich aber gleichzeitig nicht eingestehen können, dass sie tablettensüchtig sind, von Barbituraten angefangen bis zu angeblich harmlosen, vom

It was a good thirty years ago that Richard P. Hartmann published his book Malerei aus Bereichen des Unbewussten – Künstler experimentieren unter LSD *(Painting from the Realms of the Unconscious – Artists experiment on LSD) with the publishing house DuMont. Already at the end of the 1960s Timothy Leary – whom we have the above title of this text to thank for – discovered that in Nixon's America a university professor cannot perform scientific experiments with drugs with impunity. Thirty people, primarily painters and drawing artists (also including famous artists and academy professors like K. F. Dahmen, Alfred Hrdlicka, Karl Otto Götz, Gerhard Hoehme, and Arnulf Rainer) volunteered to be guinea pigs in Hartmann's experiments with painting on LSD. The results were conflicting. They had to learn how to use the hallucinogenic drug and it was only with difficulty that they were able to translate the experiences in artistic terms. Whether one can talk of "magical designing" is open to question. The drugs are no guarantee of significant art.*

If not, what are they? One has to differentiate between the drugs accepted by the western capitalist world and those it discriminates against. Drinking coffee and, until recently, smoking cigarettes were even considered positive characteristics, not just in the world of business but also in public debate with politicians. In Summer 2005 former German Chancellor Helmut Schmidt appeared in a television interview lasting about one hour. In this time he drank several cups of ground coffee, smoked at least four cigarettes and also took numerous pinches of snuff – whenever he was out of frame. In his book Das Paradies, der Geschmack und die Vernunft, eine Geschichte der Genussmittel *(Tastes of Paradise: A Social History of Spices, Stimulants and Intoxicants, New York, 1992) first published in 1980 Wolfgang Schivelbusch writes about these modern drugs that became socially acceptable in the 17th and 18th centuries at a time when the bourgeoisie was becoming an increasingly important political force in England, Germany, and France. Tobacco clubs in Germany and coffee houses in England (tearooms only dominated through the colonial policy of the* East India Company*) became the meeting places of entrepreneurs.* Hapag-Lloyd Insurance, *for instance, goes back to tearooms in London of the same name.*

Alcohol then forms the "basso continuo" so to speak – a pragmatic substance. This, too, is a western social drug whose popularity kept both the communist and the capitalist camps in balance during the Cold War. Today, beer and sparkling wine, for example, are seen as pick-me-ups. People use these to dope themselves up after tiring party political discussions or negotiations between employers' associations and the unions. Wine is served at business meals. While schnapps is now officially frowned upon, people do still dare to order a grappa as a digestif. The Italian marc distillate that used only to be farmer's hooch, has been drunk in Germany for some three decades now, replacing German traditional after-dinner drinks like Underberg *or* Jägermeister *which were always socially accepted brands but which were never considered alcohol.*

The cultural history of alcohol in Germany has not yet been written. However, Schivelbusch makes it clear it is not by coincidence that the schnapps at the bar of your local pub went hand in hand with industrialisation. As a legalised drug it affected the proletarian workers in their cramped houses working a 12-hour day faster than beer or wine – not forgetting the schnapps rations in the war, taken preferably just before an attack.

Wine and beer are drugs that have been in existence for thousands of years and it would be hard to imagine "culture" without them. From Plato's Symposium we know that the wine had to be mixed in the crater with water – into a kind of a red wine spritzer – that was still as strong as Germany's new national drink Dornfelder. *However, the annals of history are not able to tell us whether Charlemagne or Friedrich Barbarossa would not have drunk wine – quite apart from the Eucharist-related significance of wine and beer, often drunk*

Arzt verschriebenen Psychopharmaka. Glück muss der Mensch haben, und wenn er es nicht hat, kann er mit Ecstasy, Kokain, Opium und Heroin nachhelfen, sofern er es verträgt. Konsumenten begeben sich damit jedoch in Opposition zu den genannten staatlich sanktionierten Drogen. Der als Drogenfahnder verbeamtete Polizeiinspektor kann am Abend und Wochenende – wenn das Auto in der Garage steht – so viel Bier und Schnaps trinken, wie er will, sein Unrechtsbewusstsein wird davon nicht tangiert.

In Opposition zum staatlich sanktionierten Drogenbegriff haben sich schon immer Literaten, Musiker und bildende Künstler gestellt. Eine Minderheit, die sich aus den von oben verordneten Tranquilizer-Drogen lösen und absetzen wollte, wie etwa Rimbaud und Baudelaire oder Aby Warburg und Antonin Artaud, die nicht die letzten Pilger der Bewusstseinserweiterung in Mexiko waren. Denn sie suchten die Erfahrung mit psychoaktiven, bewusstseinsverändernden Drogen: Psilocybine aus Pilzen und Kakteen, Haschisch und LSD. Man gelangt damit nicht nur in phantastische Welten, sondern kann sich auch fundamentalen Erkenntnissen („Warum ist Seiendes und nicht vielmehr nichts?" C. W. Schelling nach Parmenides) widmen. Diese anstrengenderen Drogen verlangen nämlich innere Beherrschung und Disziplin. Hinzu kommt die traditionelle Kartographie der Drogen. Da gibt es starke Unterschiede zwischen den uralten europäischen halluzinogenen Drogen wie dem Fliegenpilz und den Nachtschatten-Gewächsen einerseits und den halluzinogenen Importen aus dem Orient: Opium, Haschisch und Marihuana zum anderen. Wer jahrtausendelang mit bestimmten Drogen umgegangen ist, der verträgt sie auch – so, wie die Menschen Europas und des vorderen Orients den Alkohol. Mirca Eliade meint in seiner *Ekstasetechnik* zwar, erst die Schamanen einer dekadenten Zeit hätten Drogen genommen, vorher hätte man die Ekstase mit Autosuggestionstechniken erreicht, aber eigentlich spricht mehr dafür, dass Drogen im Prozess des Heilens und der Wahrsagung durch viele Jahrtausende hindurch eine gleich starke Rolle gespielt haben. Man darf davon ausgehen, dass auch Künstler wie Priester, Zauberer und weise Frauen Drogen einnahmen, nicht um handwerklich besser zu werden, sondern um den Zustand der Gnade zu erreichen, den man brauchte, um Weiheskulpturen oder -malereien gestalten zu können, die von den geistigen Mächten angenommen werden mussten. Oft waren es die Heiler und Zauberer selbst, die in einem solchen Zustand die Skulpturen verfertigten, wie man aus den Inuit- und Indianerkulturen weiß. Die so genannten Drogen waren „heilige" Pflanzen, die man nur zu bestimmten Anlässen einnehmen durfte, so wie die Indianer das Tabakritual, die so genannte Friedenspfeife nur in der Gemeinschaft zu sich nahmen, um zu besseren Entschlüssen zu gelangen, oder wie die alten Griechen, die zu den Dionysosfeiern den Wein nicht nur mit Wasser, sondern auch mit Bilsenkraut, Mohn, Lorbeer, Nieswurz, Safran und Weihrauch mischten, um sich mit dem Gott vereinen zu können. In Zusammenhang mit Apollo stand der Schwarze Nachtschatten (Solanum Nigrum), Aphrodite war in der Tollkirsche (Atropa Belladonna) und der Alraune (Mandragora Officinarum) zu hause.

Heute fehlt vielen Drogen diese rituelle Bindung. Ähnlich wie heute noch bei Stämmen in Afrika oder Südamerika muss man sich in der Steinzeit – sicherlich auch schon beim Neandertaler – eine intensive Vorbereitung und Einstimmung auf den Drogenkonsum, sei es durch Gebet, Meditation oder Tanz, vorstellen. Selbst bei der Einnahme der Hostie, die ein Placebo ist, wird der christliche Proband während der Messe und nach der Einnahme zeremoniell geleitet.

Im Gegensatz zur jointrauchenden Hausfrau oder dem koksenden Börsenmakler waren und sind die Drogenerfahrungen von KünstlerInnen fast immer auf ihre künstlerische Arbeit gerichtet. Sei es, dass sie Abschottung von außen anstreben, sei es, dass sie Zugang zu künstlerischen Pforten suchen, die ihnen sonst verschlossen bleiben.

Die Droge sagt einem, sein Augenmerk auf Dinge zu richten, die sonst im Alltagsleben nicht beachtet werden, also verschüttet sind. Musik ist so eine Droge. Sie dringt in einen ein und bereitet, jedem anders, Gefühlsregungen, Klangräume im Gehirn, die man begehen und durchfliegen kann. Abstrakte Gefilde, die in der Abfolge der Töne Szenarien ergeben. Musik ist eine Droge, die durch die Ohren eindringt und von dort aus Besitz von einem ergreifen kann. Kunst ist die Droge des Auges. So wie Geräusche und Klänge der Natur das Stimulans zum Erlebnis der Töne sind, so ist die Natur und das aus ihr hervorgegangene Artifizielle – Heidegger nennt es in seiner Gesamtheit das „Ge-stell" – Stimulans zum Sehen der Droge Kunst.

warm and also seen in times past as remedies for fever, colds, and flu. Though back then people did like to mix these rather mild drinks with psychoactive additives like Datura Stramonium or Cytisus Scoparius (Devil's Apple and Scotch Broom). Alcohol is an article of pleasure but after its brief reinvigorating influence it does have more of a sedative effect. People so proud of never having touched alcohol, smoked or taken drugs at the same time can never admit they are addicted to pills – starting from barbiturates through to purportedly harmless psychiatric drugs prescribed by the doctor. You just have to be lucky and if you aren't you can look to ecstasy, cocaine, opium, and heroin as long as your system can handle them. However, in so doing consumers opt to go against the aforementioned sanctioned drugs. The police inspector state-appointed as a drugs squad officer can drink as much beer and schnapps he wants in the evening or at the weekend – as long as the car stays at home – and his sense of injustice is not compromised by this.

Many writers, musicians, and artists have always expressed their opposition to the state-sanctioned concept of drugs. A minority wanting to detach and distinguish themselves from officially decreed tranquiliser drugs, like Rimbaud and Baudelaire or Aby Warburg and Antonin Artaud, who weren't the last pilgrims to seek mind-broadening in Mexico. For they sought experience with psychoactive, mind-altering drugs: psilocybins obtained from mushrooms and cacti, hash and LSD. These drugs enable you not only to reach into fantastic worlds but also to devote yourself to fundamental revelations ("Why is being and not rather nothing?", C.W. Schelling paraphrasing Parmenides). For these more tiring drugs require inner control and discipline. Added to this is the traditional cartography of the drugs. There are great differences between the age-old European hallucinogenic drugs like the fly agaric and nightshade plants, on the one hand, and the hallucinogenic imports from the East like opium, hash, and marihuana on the other. When people use certain drugs for thousands of years their systems can take them – as is the case in Europe and the Middle East with alcohol. In his Ekstasetechnik (Ecstasy Technique) Mirca Eliade does say it was first the shamans of a decadent age who had taken drugs and that before that ecstasy had been achieved by means of auto-suggestion techniques, although it is actually more likely that drugs played an equally strong role throughout the millennia in the process of healing and fortune telling. It can be assumed that artists also took drugs, as did priests, sorcerers, and wise women, not to become better at their craft but to achieve the state of grace needed to design sacred sculptures or paintings that were to be received by spiritual powers. It was often the healers and sorcerers themselves who produced the sculptures – as we know them from the Inuit and Indian cultures. What were known as drugs were "holy" plants people were only allowed to take on specific occasions – like the Indians with their tobacco ritual who only smoked what they called the pipe of peace in a community in order to come to better decisions or like the ancient Greeks who mixed their wine at Dionysus celebrations not only with water but also with henbane, poppy, laurel, hellebore, saffron and incense to commune with God. Black nightshade (Solanum Nigrum) is associated with Apollo, Aphrodite was at home with deadly nightshade (Atropa Belladonna) and mandrake (Mandragora Officinarum). Today, this ritual link is often lacking with many drugs. As is still the case in tribes in Africa and South America today, in the Stone Age – certainly amongst the Neanderthals – an intensive preparation and tuning-in process went on before consumption of the drug, be this through prayer, meditation, or dance. Even when taking the host (which is a placebo) the Christian experimentee is given ceremonial guidance during mass and also after he has taken this ceremonial wafer.

In contrast to the joint-smoking housewife or the coke-using stockbroker, the drug-induced experiences of artists were and are almost always focused on their artistic work. Be this by striving to block off externalities or by seeking to cross artistic thresholds otherwise not open to them.

The drug tells you to direct your attention to something you would otherwise disregard in everyday life, things that are submerged. In this way music is a drug. It permeates us and gives us – everyone in a different way – emotive stimulation, tonal spaces in the brain you can enter and fly through. Abstract realms which give rise to scenarios in the sequence

Bei Musik und Kunst ist der Rauschzustand jener, in welchem die Historizität der Aussage verschwindet und eine Überzeitlichkeit oder Zeitlosigkeit eintritt, die Gegenwart des Erlebens, der Derrida'sche „rasende Stillstand", ein Moment, der nicht konvertibel ist dem kulturellen Erlebnis des äußeren Ablaufs während der täglichen Öffnungszeiten der Museen. Dieses Erlebnis könnte man als eine Art alchemistische Verbindung bezeichnen. Die Figuration des geschauten oder gehörten Stücks wirkt, wenn begriffen, wie ein unsichtbarer Draht zur eigenen Seele, oft nur für Momente, manchmal für längere Abschnitte. Kunst ist eine Droge, mit der man sich freiwillig einlässt, die auch Meditation, Konzentration und Übung erfordert.

Die Drogen, die wir als solche bezeichnen, verrichten ihre Arbeit auf chemischem Wege und senden ihre Signale zuverlässig an das Gehirn weiter. Sie wirken immer. So, zum Beispiel, dass man die Realität selbst wie ein Stück Kunst sehen kann. Beim Genuss von Alkohol oder Haschisch richtet sich der Fokus der Aufmerksamkeit auf Marginalien, auf Formen und Gesten, die man sonst einfach übersieht. Es ist wie ein Neubuchstabieren des Sehprozesses und des Entschlüsselns von Gegenständen und ihrer Umwelt. Vergleichbar mit dem Prozess der Liebesbeziehung, die das Übersehene ins Zentrum rückt oder aber in der Erkenntnis der Philosophie, die ihr Glück in der Beziehung zwischen lebendig gewordenen Begriffen und semiologischen Bezügen feststellt, denen jemand, der mental nicht folgen kann, auch nichts abzugewinnen weiß. Der Focus kann sich – etwa beim Haschisch – auf die Enden der Gedanken richten, wenn man sich diese wie Seilenden vorstellt, und sich auf diesen beweglichen Endstücken ins Leere vortastet.

Stellen wir fest: Verschüttete Fähigkeiten werden wach. Die Beobachtung von übersehenen Dingbeziehungen, die Wahrnehmung des Rhythmus in einer wesentlichen Form, die Wahrnehmung von Farbbeziehungen – all das, was auch die Avantgarde sich aus der Kunst ihrer Vorgänger herausfilterte. Das, was sich der permanenten Orientierungs- und Zuordnungsarbeit unseres Bewusstseins entzieht, einem aber doch eine Message zu vermitteln hat: Die Dingbeziehungen sind Gefühlsbeziehungen, die man zu kennen glaubt. Sie sind human, gesellschaftlich und intersubjektiv angelegt, aber animistischer Natur: Außen ist gleich innen. Doch bricht wie bei *Rameaus Neffen* (Diderot) die Gesamtkontrolle der „normalen" Wahrnehmung in „hellem Wahnsinn", wie der Volksmund sagt, auseinander. William James (1842 – 1929) meinte, wir würden unsere Wirklichkeiten aus der „unzusammenhängenden Kontinuität des Raums herausschnitzen". In der LSD-Wahrnehmungsveränderung geschieht dies auf neue Weise. Die Fläche wird räumlich oder umgekehrt stellt sich ein Körper als Ebene dar. Muster von Tapeten lösen sich vom Hintergrund und stehen frei im Raum. Und: Der leere Raum zwischen zwei Körpern wird körperhaft interpretiert.[1] Psilocybine können einen gedanklich auf Grunderfahrungen wie hell und dunkel einstimmen, als sei man eine Pflanze, die in dieser kosmischen Kategorie existenziell aufgeht. Bei Timothy Leary äußerte sich die erste Bekanntschaft mit der *Hoffmannschen Lysergsäure* (LSD) 1962 folgendermaßen: „Eins mit diesem pulsierenden Strahl, konnte ich nach außen schauen und das gesamte kosmische Drama überblicken. Vergangenheit und Zukunft. Alle Formen, alle Strukturen, alle Organismen, alle Begebenheiten waren Fernsehproduktionen, die von dem einen Auge ausgingen. Alles, was ich je erlebt und worüber ich gelesen hatte, tanzte in einer großen Blase um mich herum wie die Darbietungen in einer Tanzhalle des neunzehnten Jahrhunderts. Meine Illusionen, die kosmischen Kostüme, die eigenartigen, laufend wechselnden Kulissen von Bäumen und Körpern und Theaterstühlen."[2]

Hätte Leary malen können, was wären das für Bilder geworden – oder auch nicht, wie die eingangs erwähnten Experimente von Richard P. Hartmann vermuten lassen. Denn das, was man in der „Ekstase" sieht, muss erst einmal künstlerisch umgesetzt werden: Pelztassen, weiche Uhren, Fettstühle, schwarz gemalte Ecken rechts oben, betrunkene Laternen oder eben karierte Himmel, sprechende Wolken, Atompilzbäume und Tablettenbomben.

Veit Loers

[1] Vgl. Richard P. Hartmann, Malerei aus Bereichen des Unbewussten – Künstler experimentieren unter LSD, Köln 1974, S. 020.

[2] Vgl. Timothy Leary, Denn sie wussten was sie tun, München 1995.

of the tones. Music is a drug which penetrates us through the ears and which can then take possession of us. Art is the drug of the eye. In the same way that the noises and sounds of nature are the stimulant for us to experience the tones, nature, and the artificiality it has produced – what Heidegger calls in its enframing entirety the "Ge-stell" – are the stimulant for us to see the drug art. With music and art the state of intoxication is the one in which the historicity of the statement disappears and where a supra-chronology or timelessness comes about, the present tense of the experience, the Derrida-esque "racing standstill", a moment which is not convertible to the cultural experience during the daily opening times of museums. You could describe this experience of external sequence as a kind of alchemistic link. The figuration of the viewed or heard piece, if understood, acts like an invisible wire to your own soul – often only for a few moments though sometimes for longer periods. Art is a drug people use of their own free will and one which also demands meditation, concentration, and practice.

What we denote as drugs do their work by chemical means and send their signals reliably on to the brain. They always work. So that, for instance, you can even see reality itself like a piece of art. When consuming alcohol or hash the focus is aimed at marginals, forms and gestures which you otherwise simply overlook. It is like a new spelling of the process of seeing and the decoding of objects and their surroundings. Similar to the process of an amorous relationship where something overlooked shifts to the centre of attention or to the philosophical realisation which finds its fulfilment in the relationship between now living concepts and semiological references, that someone – unable to follow mentally – can make no sense of either. The focus can – for instance, with hash – be aimed at the trailing ends of thoughts, if you imagine these like ends of ropes, where you cautiously probe the void along these loose ends.

What we do notice here is that latent abilities are aroused. The observation of overlooked relationships between things, the perception of the rhythm in essential form, the perception of colour relationships – all that the avant-garde filtered out of the art of their predecessors. All that escapes the permanent orientation and allocation process of our consciousness but which still has a message to convey: the relationships between things are relationships of feelings we think we know. They are humanly, socially, and inter-subjectively arranged but they are of an animistic nature: outside equals inside. However, like in Rameau's Nephew *(Diderot), total control of the "normal" perception falls apart in "total madness", as it is colloquially known. William James (1842 – 1929) thought we would "carve our realities out of the uncorrelated continuity of space". In LSD-induced altered perception this occurs in a new way. The area becomes spatial, or conversely, a corpus represents itself on a two-dimensional plane. Wallpaper patterns detach themselves from their backgrounds and stand free within the room. And the empty space between two corpuses is interpreted in a corporeal manner.[1] Psilocybins can tune your thought into basic experiences like light and dark as if you were a plant which blooms existentially in this cosmic category. Timothy Leary's first encounter with* Hoffmann's lysergic acid *(LSD) in 1962 expressed itself in thefollowing manner: "Merged with its pulsing ray, I could look out and see the entire cosmic drama. Past and future. All forms, all structures, all organisms, all events were television productions pulsing out from the central eye. Everything that I had ever experienced and read about was bubble-dancing before me like a nineteenth-century vaudeville show. My illusions, the cosmic costumes, the strange ever-changing stage props of trees and bodies and theater acts."[2]*

If Leary had been able to paint, what kind of pictures would they have been – or not, as suggested by Richard P. Hartmann's experiments mentioned at the outset. For what we see in "ecstasy" first has to be interpreted artistically: fur cups, soft watches, fat chairs, black painted angles in the top right-hand corner, drunken streetlamps, or neatly checked skies, talking clouds, atomic mushroom trees, and tablet bombs.

Veit Loers

[1] See Richard P. Hartmann, Malerei aus Bereichen des Unbewussten – Künstler experimentieren unter LSD, Cologne 1974, p. 020.

[2] See Timothy Leary, Flashbacks, Los Angeles, 1983.

„Die alten Begriffe wild durch die Gegend schleudern, weil man
es satt hat (Rock 'n' Roll)" – für Thomas Zipp

Der Künstler Andy Warhol interessierte sich, wie man weiß, außer für Suppen-
dosen und Coca-Cola-Flaschen auch für Marilyn Monroe und Elvis Presley. 1963
schickte er eine dicke, mit silberner Farbe grundierte Leinwandrolle in die
Ferus Gallery in Los Angeles. Auf diese Rolle hatte er in seinem New Yorker
Studio, der so genannten Factory ein lebensgroßes Abbild von Elvis 28-mal per
Siebdruck übertragen. Irving Blum, der Inhaber der Ferus Gallery, teilte auf
Warhols Bitte hin nach eigenen Vorstellungen das ausladende rhythmische Kon-
tinuum in Einzeltableaus und hängte die so gewonnenen Bildmomente dicht
an dicht entlang der Galeriewände – so, dass sie den ganzen Raum ausfüllten.

Diese nicht ganz selbstverständliche Vorgehensweise veranschaulicht nicht
nur Warhols Desinteresse bzw. ambivalente Haltung gegenüber dem Einzel-
werk und das Miteinbeziehen anderer Menschen in seine Produktionen.
Noch erstaunlicher ist, dass sich seine Kreativität in einem zeitlichen und
rhythmischen Prozess entwickelte. Dass Warhol wenig später zu filmen begann
und sich intensiv mit Musik und mit Multimedia-Shows beschäftigte, ist aus
diesem Blickwinkel heraus nur konsequent gewesen.

Bemerkenswert ist weiterhin, welches Bildmotiv Warhol ausgewählt hatte.
Elvis Presley singt nicht und hält auch keine Gitarre in seiner Hand, sondern
eine Pistole, die er auf den Betrachter richtet. Breitbeinig, im Cowboyoutfit
steht er da. Gefährlicher noch als seine Pistole wirkt allerdings sein eisiger,
herausfordernd offener Blick. Elvis' Augen sind in ruhiger und gleichzeitig
höchster Aufmerksamkeit auf mehr als nur ein imaginäres Publikum gerichtet,
sie fordern die bestehenden Verhältnisse heraus.

Das Publicity-Foto aus dem Western-Epos *Flaming Lips* aus dem Jahr 1960, das
Warhol verwendete, zeigt deutlicher als ein Elvis-Foto in Musiker-Pose, worum
es im Rock 'n' Roll stets ging: Er war und ist ein Sinnbild für Gefahr, für Aufruhr,
Wirbel, Bedrohung, düstere Kompromisslosigkeit und Kälte, also für das Gegen-
bild einer befriedeten, wohl geordneten Gesellschaft und Gesellschaftsform,
einer heimeligen Verträumtheit und zurückgezogenen Lethargie.

Ein in Reihe geschalteter Elvis ist darüber hinaus nicht dasselbe wie eine ver-
vielfältigte Suppendose. Die formalen Mittel, welche die Stereotypisierung
einer Konsumgesellschaft unter Wiederholungszwang inszenierten, dienten
Warhol in anderer Hinsicht zur Intensivierung eines Ausdrucks von einfältiger,
archaisch anmutender, rhythmisierter Gewalt, vor der es kein Entrinnen gibt.

Diese Atmosphäre charakterisiert auch das *Theatre of Eternal Music*, ein musi-
kalisches Ensemble, dessen Aufführungen Andy Warhol im New York der frühen
Sechzigerjahre erlebte. Zum *Theatre of Eternal Music*, das sich selbst auch *The
Dream Syndicate* nannte, gehörten in erster Linie die Amerikaner La Monte
Young, seine Frau Marian Zazeela sowie Tony Conrad (der wenig später als
Namensgeber der Band *The Velvet Underground* fungierte) und John Cale (der
zwischen 1965 und 1968 ein Mitglied von *The Velvet Underground* werden
sollte). Gemeinsam kultivierten sie mit Streichinstrumenten und ihren eigenen
Stimmen eine zornig sägende, elektronisch verstärkte, brachiale Monotonie
aus einem geringfügigen Intervallspektrum, das sich über lange Zeitperioden
nahezu unmerklich veränderte (dies hatte einen deutlichen Einfluss auf
Warhols Filmschaffen) und die europäische Funktionsharmonik auf das zurück-
verwies, was sie bis dahin war: ein konstruiertes Regelsystem, das dogmatisch
bestimmte, was Harmonie und was Klangschönheit zu sein hatte.

Andy Warhol spürte sicherlich nicht nur die Aura von Revolte, die mit dieser
Attacke einherging und die nicht nur auf die mit der Funktionsharmonik verbundenen Konventionen bezogen war, sondern auch auf die noch junge
Tradition der Avantgarde im Kontext des Einflusses von John Cage, einem
frühen Vertreter der „Krise des Autors", der das, was bisher Komposition ge-
nannt wurde, von seinem Urheber abspalten und ihm ein Eigenleben schenken
wollte, eine Form von organisiertem Klang, die noch dazu ein in Koordinaten
variabel aufzufassendes Etwas sein sollte.

La Monte Young und seine Mitstreiter hingegen spielten sich die Finger wund
und sahen auch ihre Körper und die mit ihnen verbundenen Kontemplations-
möglichkeiten samt Resonanzraum (Stimme) als den Ort an, mit dem das, was
Musik ausmacht, notwendigerweise in Verbindung zu bringen ist.

Auch Andy Warhol versuchte es kurzzeitig mit mehr eigenem Körpereinsatz.
Es gibt eine Fotografie aus den frühen Sechzigerjahren, wo er hinter einem

*"Hurling the old concepts wildly around the place because
you've had enough (Rock 'n' Roll)" – for Thomas Zipp*

*As we know, the artist Andy Warhol was interested not only in soup cans
and Coca Cola bottles but also in Marilyn Monroe and Elvis Presley. In
1963 he sent a thick silver-primed canvas roll into the* Ferus Gallery
*in Los Angeles. In his New York studio, the Factory as it was called,
he had transferred a life-size portrayal of Elvis 28 times onto this roll
using silk-screen printing. On Warhol's request, the Ferus Gallery
owner Irving Blum divided up the spreading rhythmic continuum into
individual tableaux at his own discretion and then hung up the thus
obtained snapshot images along the gallery wall – so that they filled the
entire room.*

*This rather unconventional modus operandi not only illustrates Warhol's
disinterest in or ambivalent attitude towards the individual work
and his inclusion of other people into his productions. It also shows the
surprising creativity that developed in a temporal and rhythmic process.
From this perspective Warhol's embarkation into film soon after this
and his great focus on music and multi-media shows can only be seen as
a consistent progression of this.*

*Warhol's choice of motif is also remarkable. Elvis Presley is not singing
and is not holding a guitar in his hands but instead a pistol, aimed at
the beholder. He stands there, legs astride dressed in a cowboy outfit.
It is, however, his icy, openly challenging expression that appears even
more dangerous than the pistol. Elvis' eyes are directed calmly yet very
attentively at more than just an imaginary audience – they ultimately
challenge the status quo.*

The publicity photo from the western epic Flaming Lips *dating from
1960 which Warhol used here shows more clearly than any Elvis photo
striking musical pose what Rock 'n' Roll was always about – it was,
and still is, a symbol of danger, revolt, turmoil, threatening peril, dire
intransigence, and chilling cold – i.e. the antithesis of a pacified, well-
ordered society, that homely sleepiness and withdrawn secluded lethargy.*

*Moreover, Elvis lined up in rows like this is not the same as a reproduced
soup can. The formal means used to stage the stereotyping of a consumer
society suffering from the repetition urge, as it were, helped Warhol
in another respect, namely to intensify an expression of naïve, archaic-
looking rhythmicised violence from which there can be no escape.*

This atmosphere also characterises the Theatre of Eternal Music, *a
musical ensemble whose performances Andy Warhol saw in the New York
of the early 1960s. Members of the* Theatre of Eternal Music, *that
also called itself* The Dream Syndicate, *primarily included the Ameri-
cans La Monte Young, his wife Marian Zazeela as well as Tony Conrad
(who later found the name for the band* Velvet Underground*) and
John Cale (a member of* Velvet Underground *from 1965 to 1968).
With stringed instruments and their own voices, together they cultivated
an angrily pounding, electronically amplified, brutal monotony from
a minimal interval spectrum which changed virtually imperceptibly
(this had an influence on Warhol's subsequent film-making) and
referred European functional harmony back to what it had hitherto
been: a constructed system of rules which dogmatically determined what
harmony and tonal beauty were supposed to be.*

*Andy Warhol certainly sensed not only the aura of revolt that accom-
panied this attack – an aura which not only referred to the conventions
associated with functional harmony but also to the still new tradition of
the avant-garde in the context of the influence of John Cage, an earlier
exponent of the "crisis of authorship" who wished to separate what had
previously been called composition from its originator and give it a life
of its own, a kind of organised sound which was also to be an entity you
could variably perceive by way of coordinates.*

*La Monte Young and his comrades-in-arms, on the other hand, played
until their fingers were sore and also saw their bodies and the
opportunities for contemplation they provided including resonance
space (the voice) as the locus with which those specific features that
make music what it is need to be associated.*

Schlagzeug sitzt. Auf diesem Foto ist ebenso der Künstler Claes Oldenburg zu sehen. Der Versuch, gemeinsam eine Musikgruppe zu starten, führte bei den Beteiligten allerdings zu keinem zufriedenstellenden Ergebnis. Warhol war nicht an einer Künstlerband interessiert, sondern an ungeschliffenem und rauem Ausdruck. Dies entdeckte er wenig später bei *The Velvet Underground*. An dieser Band schätzte er die in die Länge gezogenen, manchmal ungelenken Übertreibungen von Rock 'n' Roll Stereotypien: Gitarrenriffs, die in ihrer Simplizität beinahe als eine Karikatur von Popmusik wirkten – einer Karikatur allerdings, die nicht humorvoll aufzufassen war, sondern Gefährdung und Risikobereitschaft suggerierte. Genau das war es schließlich, was bereits den Rock 'n' Roll der 50er Jahre so aufregend hatte erscheinen lassen.

Doch was genau erzeugte diese Aufgeregtheit des Rock 'n' Roll und wie sah die Intensität der *Velvet Underground* aus, die in reinster Form wohl auf ihrer zweiten, 1967 aufgenommenen LP *White Light / White Heat* zum Ausdruck kommt? Welches Licht meint Lou Reed, der Sänger der Gruppe, wenn er singt: „White light have it, goodness knows"? Dieses Licht ist sicher nicht das einer Wärme und Labsal verheißenden Herberge inmitten eines düsteren Waldes oder das Licht am Ende des Tunnels, sondern ein Leuchten, das eher bedroht und beunruhigt, als dass es erhellt, ein abseitiger, stumpfer Glanz, der nichts mehr überhöhen kann, noch aufklärerisch wirksam ist. Es ist ein kühles Leuchten, ein heruntergekommenes Licht, das auf paradoxe Weise eher aus einer irdenen Schwere destilliert zu sein scheint als aus ätherischem Dunst – so, als ob selbst der dunkle Himmel nicht aus Luft besteht, sondern aus einer undurchdringlichen Kruste, die an manchen Stellen brüchig geworden ist und durch ihre verankernden Risse, Flecken und Verknotungen hindurch den beinahe nüchternen Einblick in ein Etwas gewährt, das hinter (und vor) den Dingen des Diesseits liegt.

Hat nun der Mensch in solch einer unwirtlichen Landschaft überhaupt noch einen Platz? Ist er nicht zu einer Körperlichkeit transformiert, die von Fleisch und Blut und rosiger Haut bereits absieht? Erfährt er sein Verlangen, seine kalte Lust nicht beinahe nur noch in einer ergrauten, rätselhaften Stille und Abgründigkeit? Ebenso fasst er das Licht seiner Erleuchtung nicht mehr als ein wärmendes und Trost spendendes Seelenfeuer auf, sondern in einer gleichsam prosaischen und fremdartigen Bestimmung, die auch in einem 1981 veröffentlichten Song der Berliner Band *Einstürzende Neubauten* zum Vorschein kommt, in dem es heißt: „Wir sind kalte Sterne … wir sind alle Monde dieser Welt".

Die fröstelnden Zuckungen des Rock 'n' Roll hatten sich ein paar Jahre früher allerdings bereits erwärmt. Andy Warhol empfahl seinen Schützlingen Lou Reed, John Cale, Sterling Morrison und Moe Tucker, den engen Radius ihres Wirkens im Ausstellungsbetrieb und in kuriosen Multimedia-Ereignissen zu erweitern. Kurz zuvor war Nico, die zeitweilige Sängerin der *Velvet Underground,* bereits als Chanteuse in Nachtbars abgetaucht und John Cale wurde bald darauf aus der Band gedrängt. Während er wenig später Nicos LP *The Marble Index* produzierte, über die der Musikkritiker Lester Bangs einst schrieb, dass Cale hier einen Eispalast um Nicos Stimme herum gebaut hätte, gewannen die verbliebenen *Velvet Underground* an Wärme. Die Tracks auf ihrem 1974 veröffentlichten Live-Album mit Aufnahmen aus dem Jahr 1969, zu denen auch der programmatische Song *Rock 'n' Roll* gehört, sind immer noch voller Kraft und Dichte, wirken aber zugleich gezähmt, da ihre düstere und gefahrvolle Überschwänglichkeit bereits zugunsten einer angestrebten größeren Publikumswirksamkeit bewusst deutlich entschärft worden war. Diese Strategie funktionierte allerdings nicht wirklich. Lou Reed löste die Band bald danach auf und schwamm zeitweilig zugleich im warmen und im kalten Strom, etwa indem er 1975 seine La Monte Young gewidmete LP *Metal Machine Music* herausbrachte, eine extrem unwirtliche Schmutzlandschaft aus elektronischen Störgeräuschen, die zweieinhalb Jahre nach seinem Album *Transformer* erschien, welche die Warhol-*Factory*-Hommage *Walk on the wild side* enthielt, ein Song, der aufgrund seiner einschmeichelnden Sinnlichkeit und Wärme ein großer Hit und Reeds erster echter kommerzieller Erfolg wurde.

Andy Warhols nicht nur durch Gegensätzlichkeit verwandter Geist Joseph Beuys schien sich auf der anderen Seite des Globus ebenso der Faszination des Rock 'n' Roll nicht entziehen zu können. Ihn interessierte das energetische Potenzial, das er in der Direktheit und der Aggressivität dieses Phänomens wahrnahm und er begeisterte sich für die gesellschaftskritische Kraft, die mit dieser Musikbewegung einherging. Denn dass die behäbige Nachkriegszeit ein wenig aufgeschreckt wurde, war ganz in seinem Sinne. Auf einer seiner vielen

In the short term Andy Warhol also tried involving his own body more. A photograph from the early 1960s shows him sitting behind a drumkit. Also visible in this photo is the artist Claes Oldenburg. However, the attempt to form a band together did not produce any satisfying results for those involved. Warhol was not interested in a band of artists but rather in blunt, raw expression. This was discovered not long after in The Velvet Underground. *What he appreciated about this band was its long-drawn-out, sometimes clumsy exaggerations of Rock 'n' Roll stereotypes: guitar riffs that, in their simplicity, sounded almost like a caricature of pop music – though a caricature that could not be perceived in a humorous way but one which suggested danger and a readiness to take risks. Ultimately, it was exactly this that had made the Rock 'n' Roll of the 1950s seem so exciting.*

Yet what was it that generated this excitement with Rock 'n' Roll and what was the nature of Velvet Underground's *intensity probably given purest expression to on their second LP* White Light / White Heat *appearing in 1967? What light does Lou Reed, the singer of the group, mean when he sings: "White light have it, goodness knows"? This light is certainly not one of a refuge promising warmth and refreshment in the heart of a dark forest or the light at the end of the tunnel but a glow which rather threatens and unsettles more than it illuminates, a remote, dull glow that can neither super-elevate anything anymore nor serve as enlightenment. It is a cool glow, a feeble light that paradoxically seems more likely to be distilled from heavy earthenware than from ethereal vapour – as if even the dark sky does not consist of air but of an impenetrable crust that has become brittle here and there and which provides, through its anchoring cracks, stains, and gnarls, an almost sobering insight into something that lies behind (and in front of) things in this life.*

Does humanity still have any place in such an inhospitable landscape? Has humanity not been transformed into a corporeality that already abstains from flesh, blood, and rosy skin? Does humanity not experience its longing, its cold desire almost only in grey, enigmatic silence and inscrutability? Similarly, humanity perceives the light of its enlightenment no longer as a warming and comforting fire of the soul but in an almost "prosaic and alien" destination which also comes to the fore in a song released in 1981 by the Berlin band Einstürzende Neubauten *whose lyrics say: "Wir sind kalte Sterne … wir sind alle Monde dieser Welt" (We are cold stars … we are all moons of this world).*

However, the shivering convulsions of Rock 'n' Roll had already warmed up a few years before. Andy Warhol advised his protégés Lou Reed, John Cale, Sterling Morrison, and Moe Tucker to widen the tight radius of their activities in the exhibition arena and in odd multi-media happenings. Shortly before this Nico, a temporary singer with Velvet Underground, *had left the band to become a chanteuse in late-night bars and shortly after John Cale was pushed to leave. Soon after, while he was producing Nico's LP* The Marble Index *– about which music critic Lester Bangs once wrote saying that Cale had built a palace of ice around Nico's voice – the remaining members of* Velvet Underground *were heating up, so to speak. The tracks on their live album released in 1974 featuring recordings from 1969 (including their signature tune* Rock 'n' Roll*) are still powerful and intense but they do sound tame at the same time as their gloomy and dangerous exuberance had already consciously been toned down so as to appeal to a wider audience. However, this strategy did not really work. Soon after Lou Reed broke up the band and for a while he swam in warm and cold currents, so to speak. For instance, in 1975 he released an LP dedicated to La Monte Young entitled* Metal Machine Music, *an extremely inhospitable and dirty landscape of electronic interference which appeared two and a half years after* Transformer. *It was the latter that featured the Warhol* Factory *homage* Walk on the Wild Side, *a song which became a big hit and Reed's first real commercial success due to its enticing warmth and sensuality.*

On the other side of the globe Joseph Beuys, a kindred spirit of Andy Warhol's not just in terms of his rebelliousness, seemed equally unable to avoid the fascination of Rock 'n' Roll. He was interested in

Tafelzeichnungen, die seltsame und seltene Beispiele einer glücklichen Liaison von Kunst und Pädagogik sind, entwickelte er das Modell einer gesellschaftlichen Revolution. Revolution verstand Beuys dabei weniger im Kontext einer konkreten politischen Ausrichtung, sondern zunächst in einem wörtlichen und allgemeinen Sinn als eine Umwälzung, als eine Kraftquelle in Rotation, die Wärme und Hitze erzeugt, welche notwendig sind, um einen neuen Prozess in Gang zu bringen (so sah er auch seine *Honigpumpe am Arbeitsplatz*, die er 1977 auf der *documenta 6* im Keller des Museumsgebäudes in Kassel installierte). Auf der besagten, im selben Jahr entstandenen Tafelzeichnung, die sich heute in der Sammlung Reinhard M. Schlegel befindet, steht als ein erster Schritt des Modells einer Revolution zu lesen, dass es zunächst nötig sei, „die alten Begriffe wild durch die Gegend [zu] schleudern, weil man es satt hat (Rock'n'Roll)". Chaotische Bewegungsimpulse bilden in dieser Vorstellung einen Ausgangspunkt und erzeugen die Reibungstemperatur, die notwendig ist, um nicht nur erkaltete und erstarrte Denk- und Funktionssysteme zu attackieren, sondern ebenso konventionelle Begriffe von Komposition, Schönheit und Harmonie in der Kunst.

Eine rotierende Kraft und eine damit verbundene Wärmewirkung sah Joseph Beuys auch in den Himmelskörpern, insbesondere in der Sonne. Er zeichnete spiralförmige, sich einschnürende Sonnenzeichen, die nicht nur an keltische Ornamentik erinnern, sondern auch mit dem Gehörgang des Ohres in Verbindung stehen, das er als das ursprünglichste und wichtigste Sinnesorgan des Menschen verstand. Schallwellen, Klang und Musik erhalten allein aus dieser Perspektive eine wesentliche Bedeutung für die Kunst von Beuys. Kein Wunder also, dass der archaische, zur Freiheit und Befreiung drängende Rock'n'Roll mit einem besonderen Sinn verknüpft war, für den sich auch seine Schüler interessierten. Anfang der Siebzigerjahre, bei internen Kunstaktionen in der Düsseldorfer Akademie, verwendete zum Beispiel Jürgen Kramer eine präparierte Rock'n'Roll-Single, die fortwährend dieselbe Phrase wiederholte, um so das Verharren von Kultur und Gesellschaft in Entwicklungslosigkeit zu veranschaulichen. Gottfried Tollmann wiederum versuchte, Trockeneisblöcke durch die Beschallung mit Rock'n'Roll-Musik zum Schmelzen zu bringen, während Johannes Stüttgen gar für eine Jerry-Lee-Lewis-Initiation plädierte. Ferner fand im April 1974 in der Düsseldorfer Künstlerkneipe *Ratinger Hof*, die wenige Jahre später zu einem der wichtigsten Punk-Schuppen in Deutschland umgestaltet wurde, ein Rock'n'Roll-Fest statt, das von verschiedenen Beuys-Schülern ausgestaltet wurde. Johannes Stüttgen etwa dekorierte die Theke mit Pantern und Leoparden, während Walter Dahn eine von ihm erstellte, lebensgroße Elvis-Presley-Figur am Eingang installierte. Elvis erschien 1978, vier Jahre später ebenso auf der Innenseite eines Handspiegels, der Achim Weber, einem Mitglied der Kunst-AG des Gelsenkirchener *Grillo*-Gymnasiums (an dem in dieser Zeit Johannes Stüttgen als Lehrer eine Zweigstelle der von Beuys begründeten *Free International University* betrieb) in einer Kunstaktion vorgehalten wurde, währenddessen er versuchte, sich eine Sicherheitsnadel durch sein Ohr zu stechen. Diese Selbstinitiation im Zeichen der aufkommenden Punk-Welle projizierte das gerade Begonnene zurück auf die rebellisch sich artikulierende Jugendkultur des Rock'n'Roll, dessen Freiheitsimpuls in der Direktheit des Punk wiedererfahren werden konnte.

Der gelegentlich noch stärker ins Abseitige driftende Punk, zu dessen Vorläufern neben besagtem Lou Reed und *The Velvet Underground* vor allem auch Iggy Pop und *The Stooges* gezählt werden müssen und der entgegen einer verbreiteten Auffassung eben nicht in England, sondern in den USA erfunden wurde, teilt mit dem Rock'n'Roll seine Existenz als ein lauter, zugespitzter, elektroinfizierter und riff-orientierter, vibrierender Rhythmuskörper. Er entwickelt eine besondere Spannung durch Ökonomie, Kürze und formale Präzision bei gleichzeitiger emotionaler (Über-)Erregtheit. Seine Intensität liegt vor allem darin, dass in ihm eine Kraft wirksam ist, welche die Grenzen seiner eigenen Strophe-Refrain-Kurzform überschreiten will. Rock'n'Roll ist Übertretung, ist die Erweiterung und Aufsprengung des Hier und Jetzt. Dadurch erst ermöglicht sich ein Blick, ein Einblick in eine Sphäre, die den Menschen und seinen irdischen Körper als Kräftefeld mitbestimmt, eine bedrohlich wirkende Emanation, die als kalte Glut elektrische Entladungen in eine satte Finsternis aussendet.

Thomas Groetz

the energy potential he perceived in the directness and aggression of this phenomenon and he was enthused with the powerful social critique that accompanied this musical movement. This is because he very much agreed that the complacent post-war period needed some shaking up. On one of his many blackboard drawings, which are strange and rare examples of a successful liaison between art and educational theory, he developed the model of a social revolution. Here, Beuys understood revolution less within the context of a concrete political orientation and initially more in a literal and general sense as radical change, as a power source in rotation generating the warmth and heat necessary to set a new process in motion (which is also how he saw his Honigpumpe am Arbeitsplatz *(Honey Pump in the Workplace) that he installed at* documenta 6 *in the cellar of the museum premises in Kassel in 1977). This blackboard drawing produced in the same year (and now part of the Reinhard M. Schlegel collection) reads that the first steps necessary for the model of a revolution are "to hurl the old concepts wildly around the place because you've had enough (Rock'n'Roll)". Chaotic movement impulses in this concept form a point of departure and create the frictional heat necessary not only to attack cooled down and solidified thought and function systems but similarly also conventional concepts of composition, beauty, and harmony in art.*

Joseph Beuys also saw a rotating power and a related warming effect in celestial bodies, in particular in the sun. He drew spiral sun signs lacing themselves up that are not only reminiscent of Celtic ornamentation but that also relate to the listening apparatus of the ear which he saw as the most original and important human sense organ. From this perspective alone sound waves, sound, and music are given considerable importance in Beuys' art. So it comes as no surprise that the archaic Rock'n'Roll pushing for freedom and liberation was linked to a specific meaning that also interested his students. For instance, in the early 1970s at an in-house art happening at the Düsseldorf Academy, Jürgen Kramer used a Rock'n'Roll single set up to perpetually repeat the same phrase so as to illustrate the persistence of culture and society in its lack of development. Conversely, Gottfried Tollmann attempted to melt blocks of dry ice by playing Rock'n'Roll music, while Johannes Stüttgen even advocated a Jerry Lee Lewis initiation. In April 1974 at a Düsseldorf pub and artists' haunt Ratinger Hof *– that a few years later was to become one of Germany's main punk hangouts – was home to a Rock'n'Roll fest organised by a number of Beuys' students. For instance, Johannes Stüttgen decorated the bar with panthers and leopards while Walter Dahn installed a life-size figure of Elvis Presley at the entrance. Elvis also appeared four years later in 1978 on the inner side of a hand-held mirror held up to Achim Weber, a member of the art club of the Gelsenkirchen* Grillo *grammar school, in an art happening while he attempted to stick a safety pin through his ear. (Incidentally it was at this school that Johannes Stüttgen, in his capacity as a teacher, operated a branch of the Beuys-founded* Free International University*). This self-initiation in the wake of the emerging punk movement projected what had just begun back onto the rebel-crying youth culture of Rock'n'Roll whose urge for freedom could be experienced again in the directness of punk.*

Sometimes straying even further from the beaten track punk (whose precursors have to include not only the aforementioned Lou Reed and The Velvet Underground *but above all Iggy Pop and* The Stooges *and which contrary to popular belief did not originate in England but in the USA) shares with Rock'n'Roll its existence as a loud, exaggerated, electro-infected and riff-oriented vibrating corpus of rhythm. It develops a special tension through economy, conciseness, and precise form with equal measures of emotional (over-)excitation. Its intensity lies primarily in the fact that there is a power within that is effective and wishes to cross the borders of its own short verse and chorus form. Rock'n'Roll is an infringement, it is the extension and forcing open of the here and now. Only through this is a view, an insight, possible into a sphere that co-determines humanity and its earthly body as a force field, a threatening emanation which emits electric charges into a deep darkness as cold embers.*

Thomas Groetz

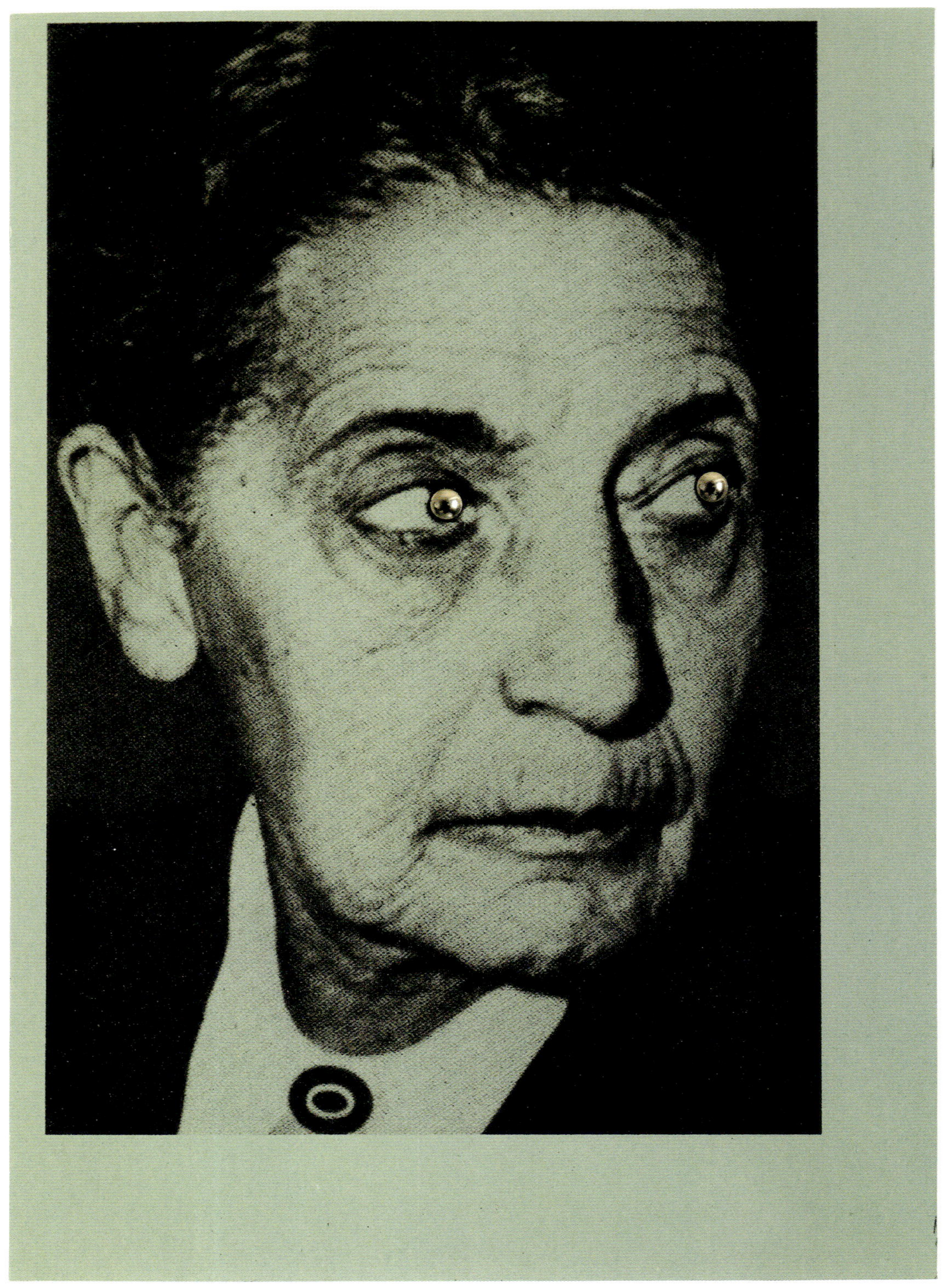

L. (Lise)
2005, Mixed Media, 42 x 32 cm
courtesy Galeria Heinrich Ehrhardt, Madrid

Tycho System
Madrid

Sistema tychónico nuevo

1. Considerando el desinterés general y las posturas de adaptación, ignorancia y delirio, hoy en día la resistencia a la mentira ya no interesará a nadie.

2. La confusión de tendencias reaccionarias y heliocéntricas, sean pseudoprogresistas o estancadas, está dominada por el letargo; el letargo debe dominar, porque señala el significado y privilegio de la generación contemporánea.

3. La impotencia del letargo del peso científico en todas las acciones burguesas exilia la euforia a una zona gris, a lo macabro y estático, a la inflexibilidad protestante y pesimista, a lo neutro, a lo indeciso endeble o a unos pseudo-excesos estrictamente canalizados.

4. Ya que la idea del sistema tychónico es y debe ser una implosión perpetua del letargo, no puede ser de otro modo que alegre, arriesgado, etérico, eléctrico, dinámico, agresivo e intervencional.

5. Todas las acciones, sean tradicionalistas (que no tradicionales!) o solamente pseudo-nuevas burguesas, dejan la impresión de lo incalculable, de lo agotado y de lo ya comido.

6. En contraposición, el sistema tychónico nuevo es una fuerza explosiva e inductora de sorpresas.

7. Sistema tychónico nuevo: Liberación de las fuerzas.

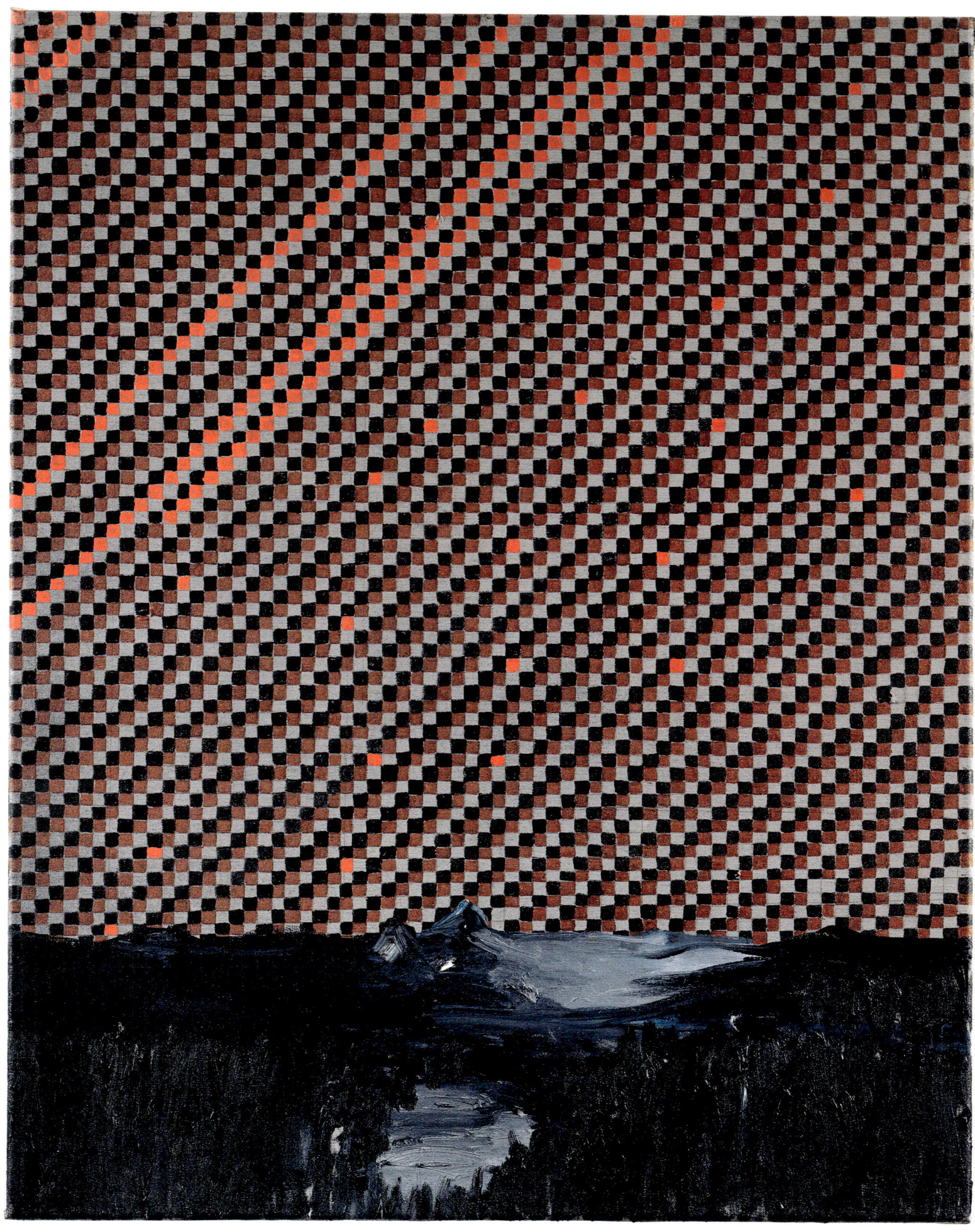

B. (Samoan Winter)

2005, Acryl und Öl auf Nessel, 90 x 70 cm

Mima Betancor, Las Palmas

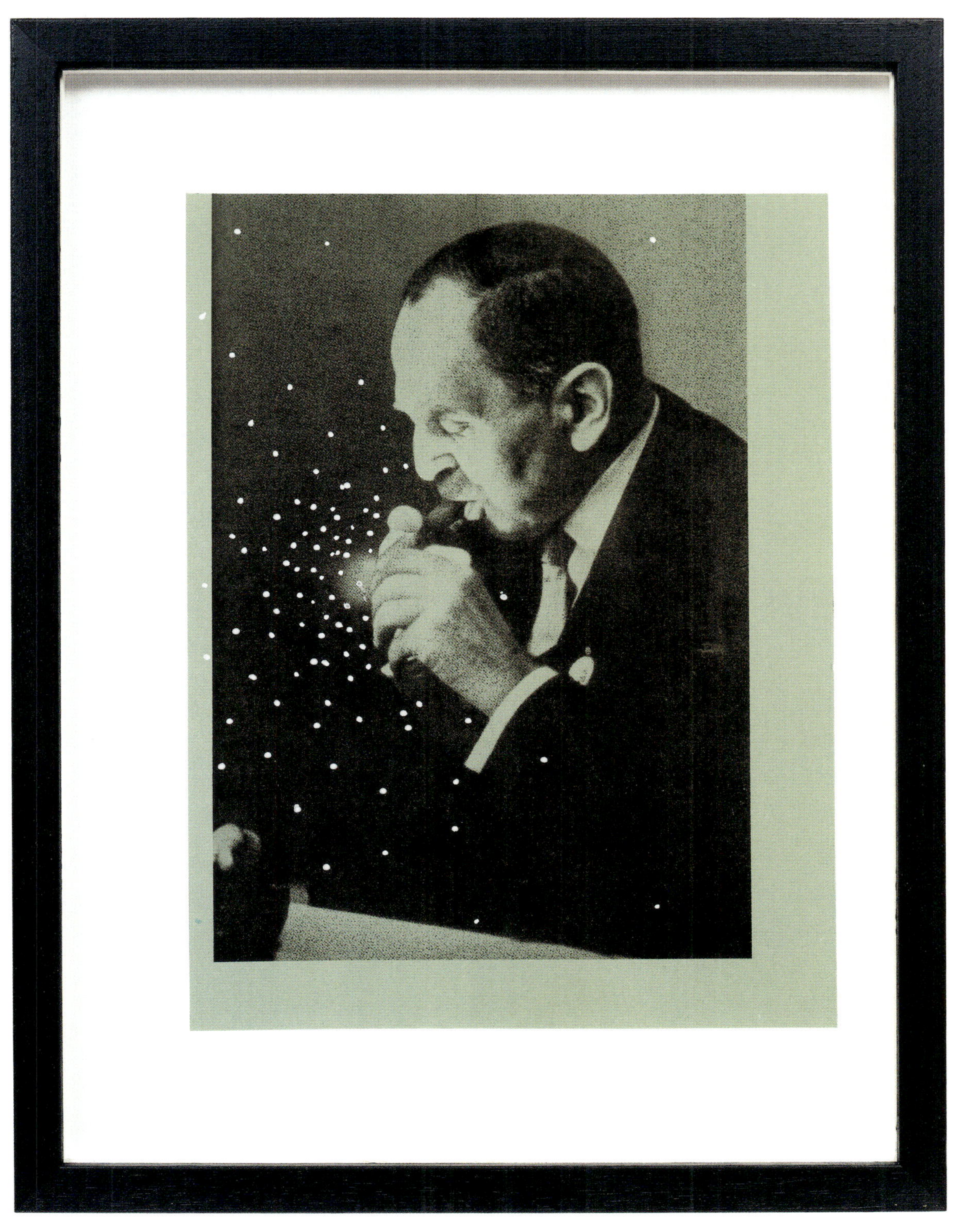

0. (Otto)
2005, *Mixed Media*, 42 x 32 cm
courtesy Galeria Heinrich Ehrhardt, Madrid

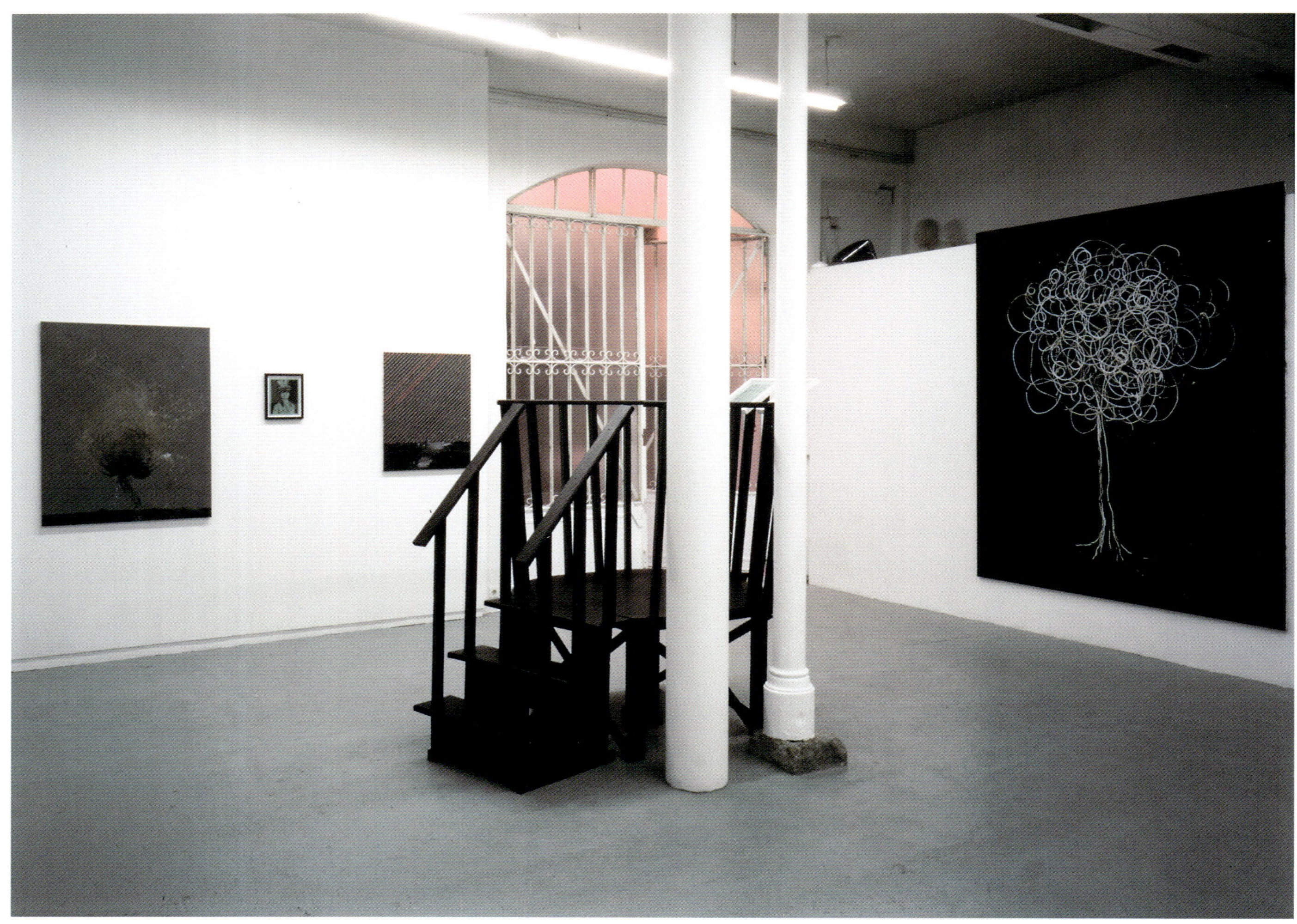

Nuevo Tychónico
Ausstellungsansicht / installation view
Galeria Heinrich Ehrhardt
2005

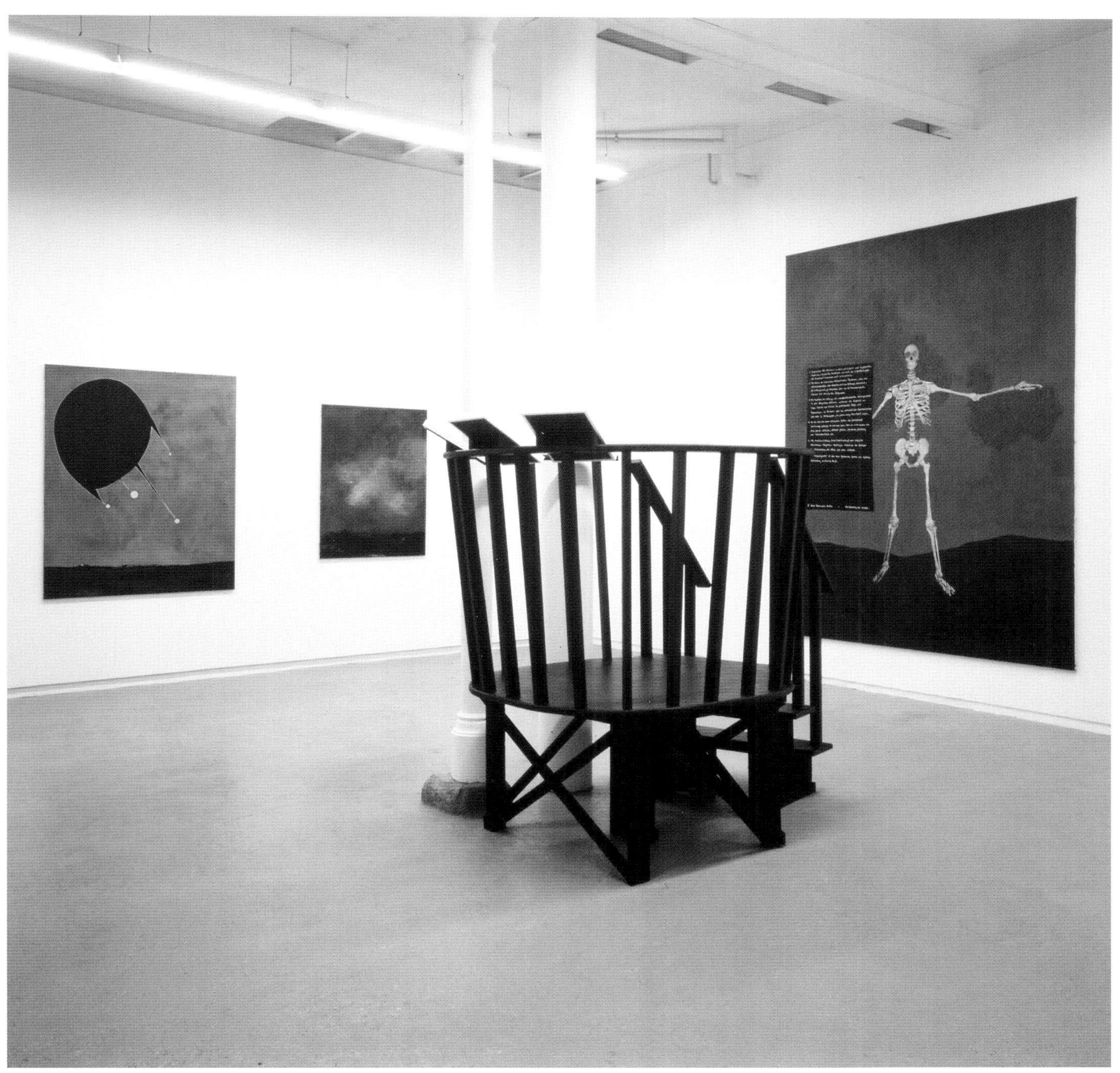

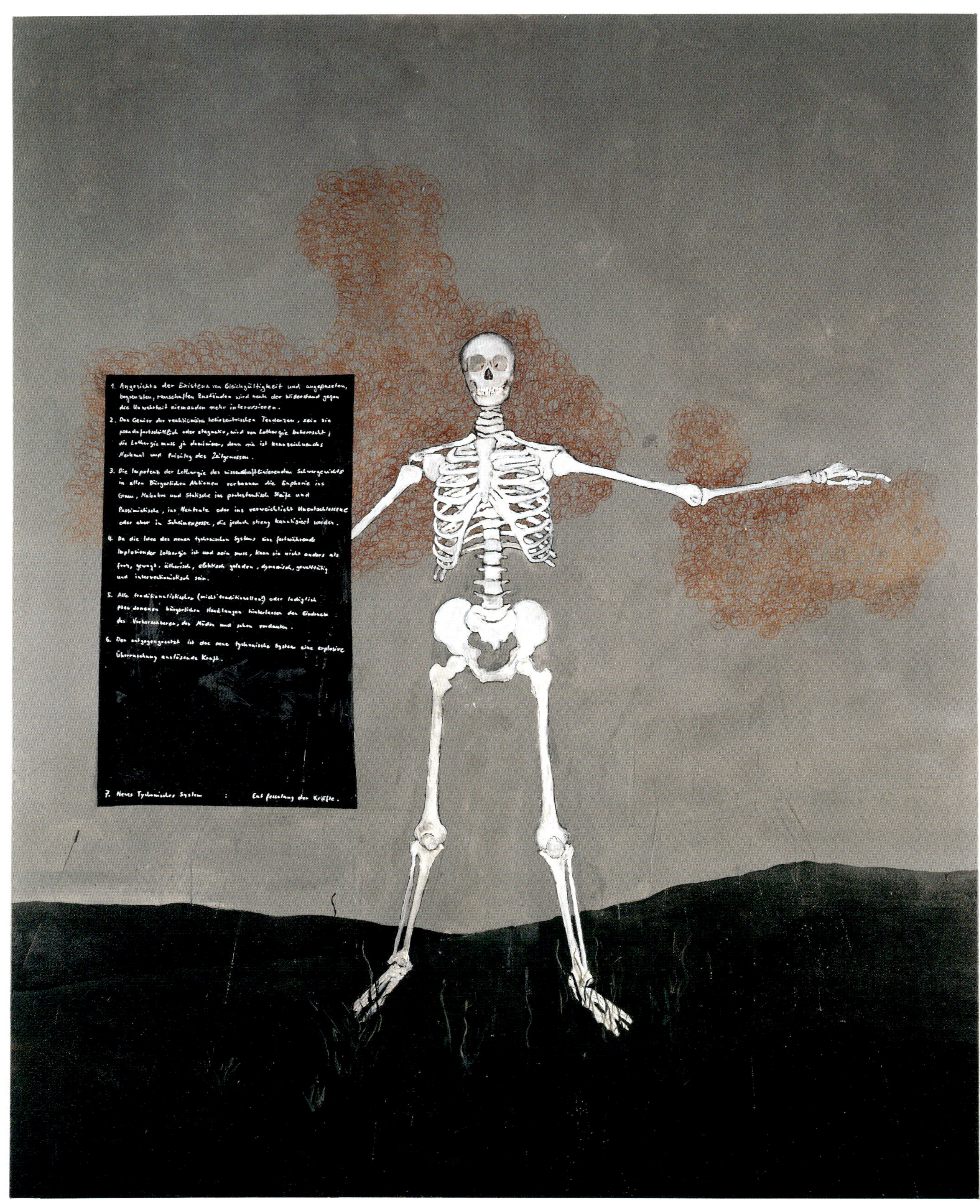

T. 1–7

2005, Acryl, Öl und Permanent Marker auf Nessel, 300 x 240 cm
Privatsammlung / private collection, Köln

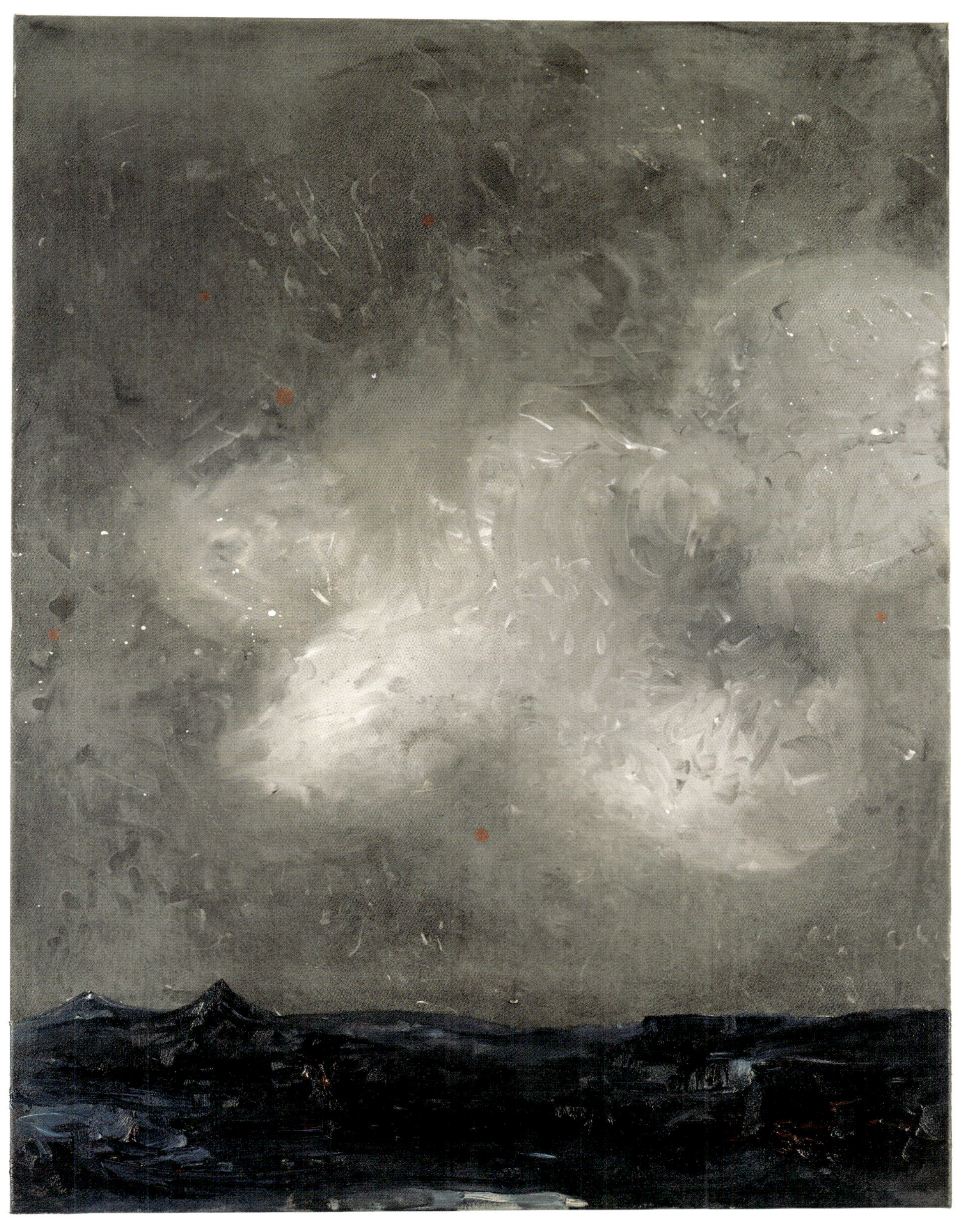

Red Pill Rain
2005, Acryl und Öl auf Nessel, 130 x 100cm
Michael Hintz, Madrid

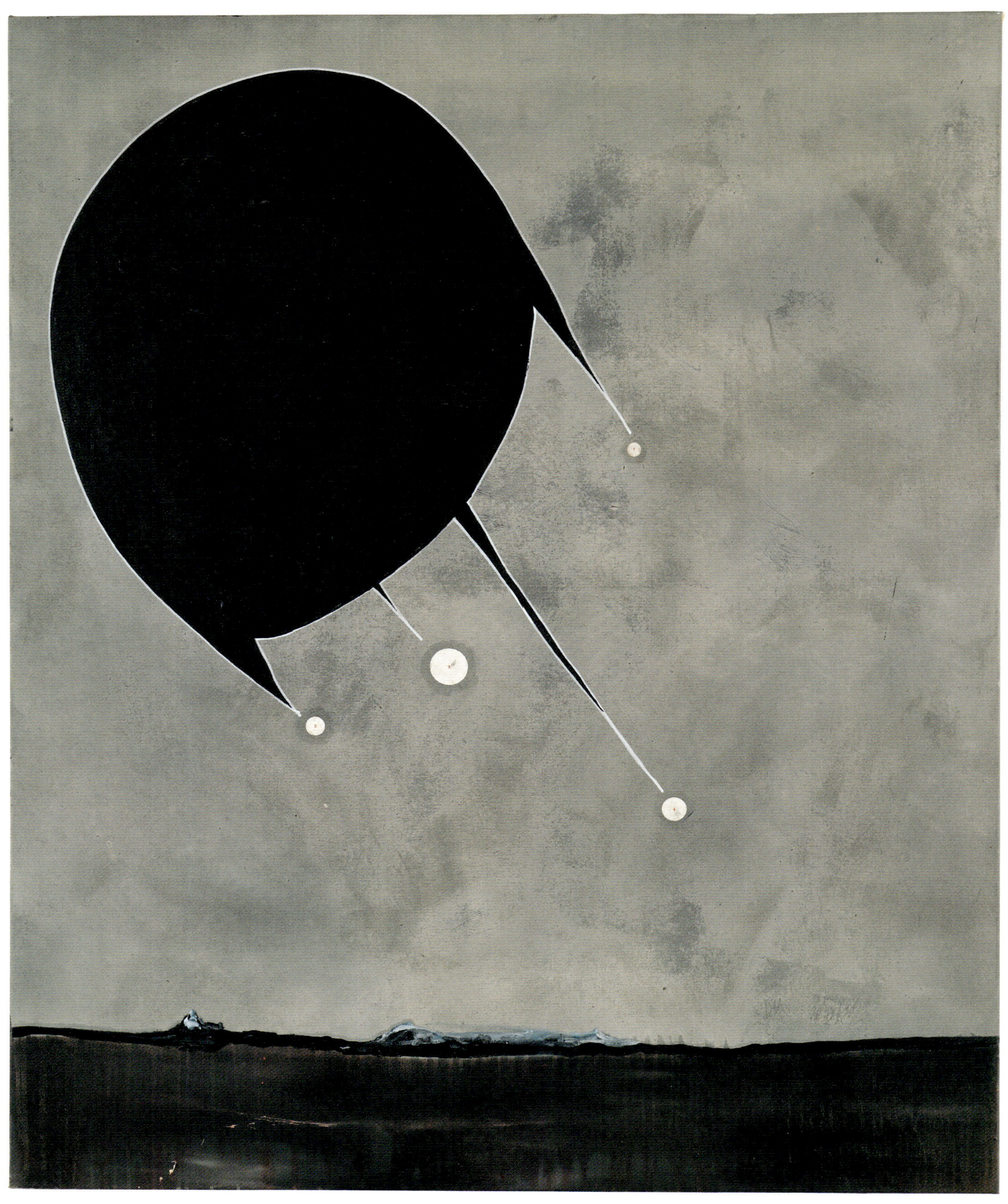

A. B. B.

2005, Acryl und Öl auf Nessel, 170 x 140 cm

José Blanco & Sofía Santos, Santiago de Compostela

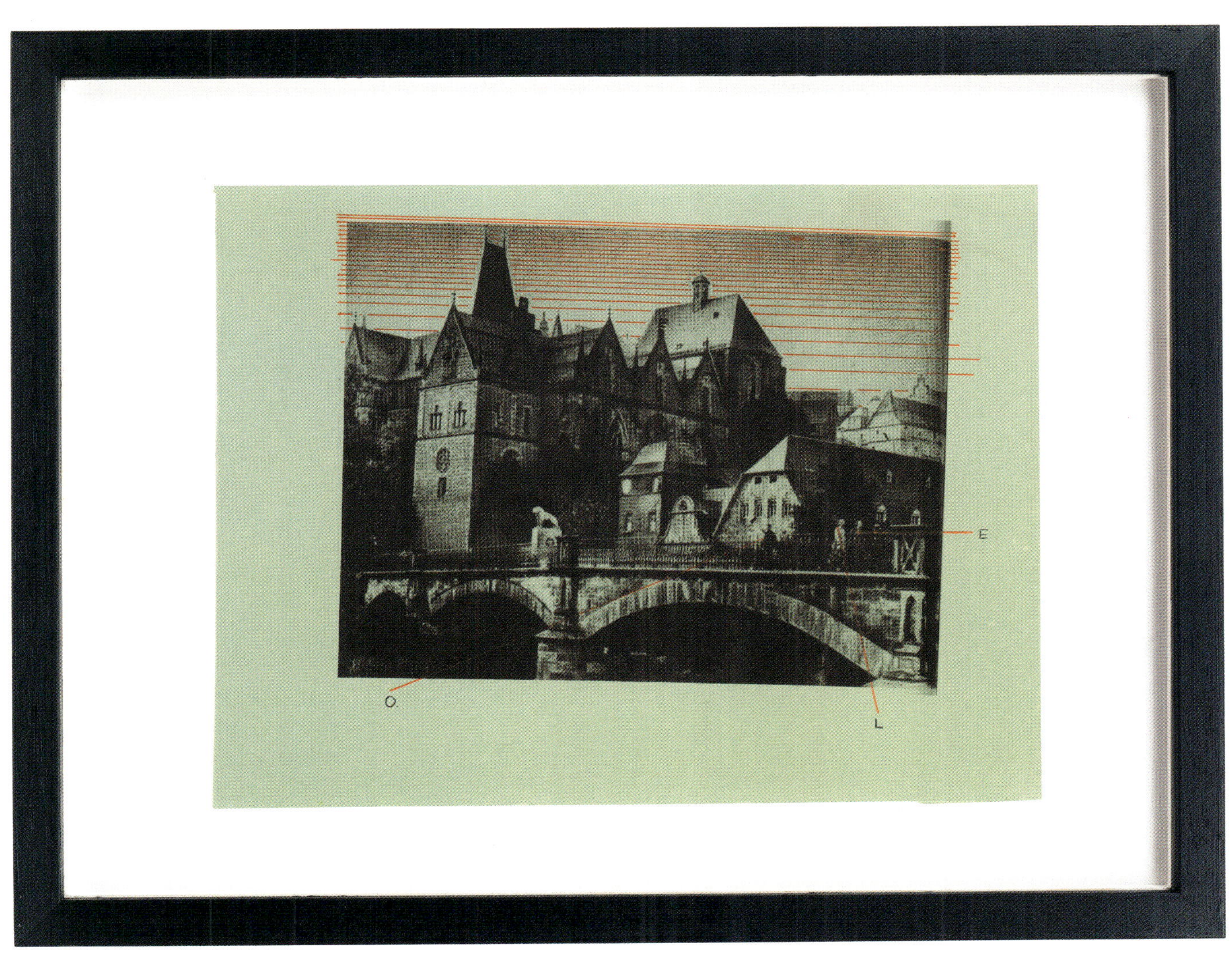

Marburg
2005, Mixed Media, 32 x 42 cm
courtesy Galeria Heinrich Ehrhardt, Madrid

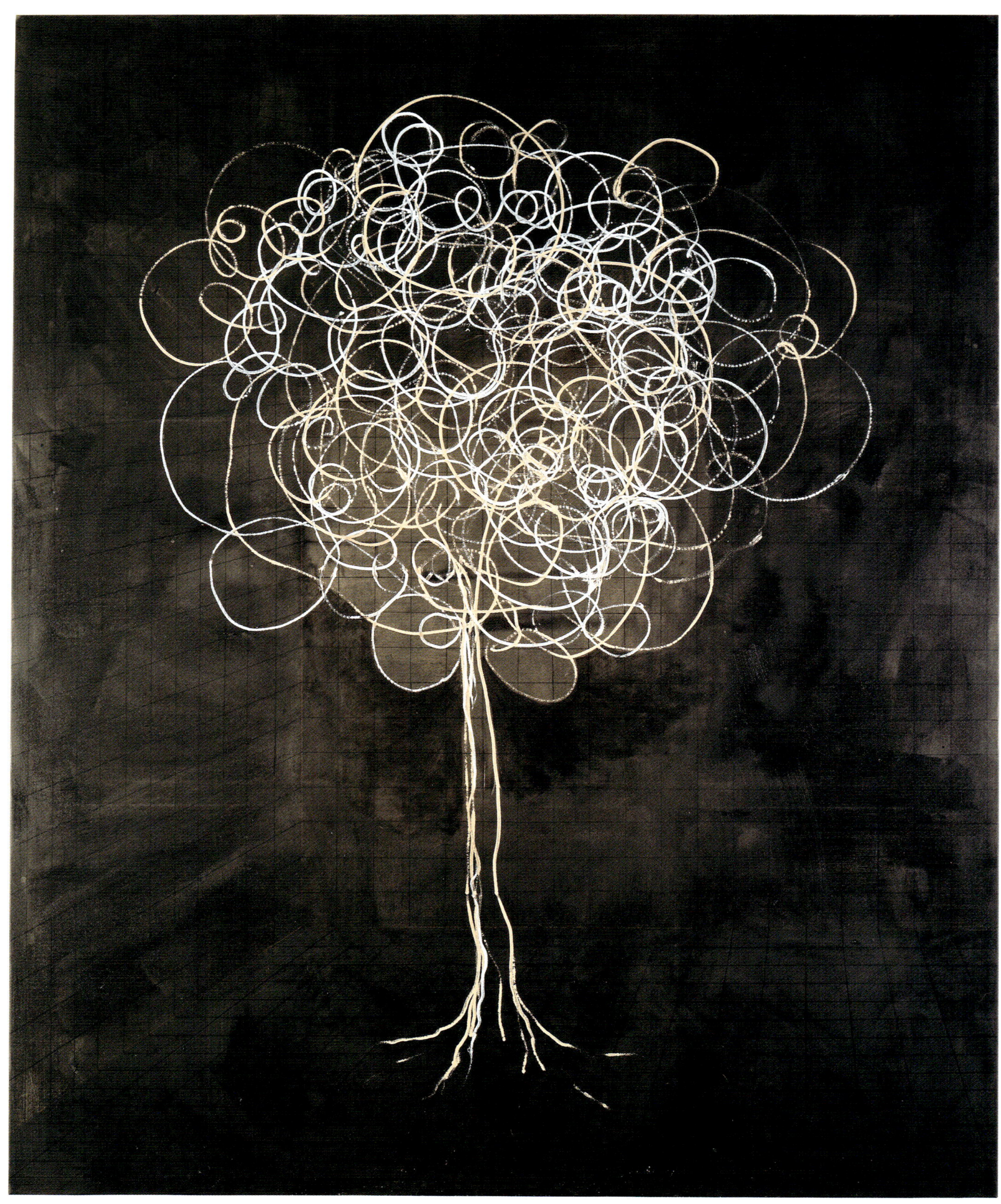

A. B. INSIDE
2005, Acryl und Öl auf Nessel, 270 x 220 cm
Privatsammlung / private collection, New York

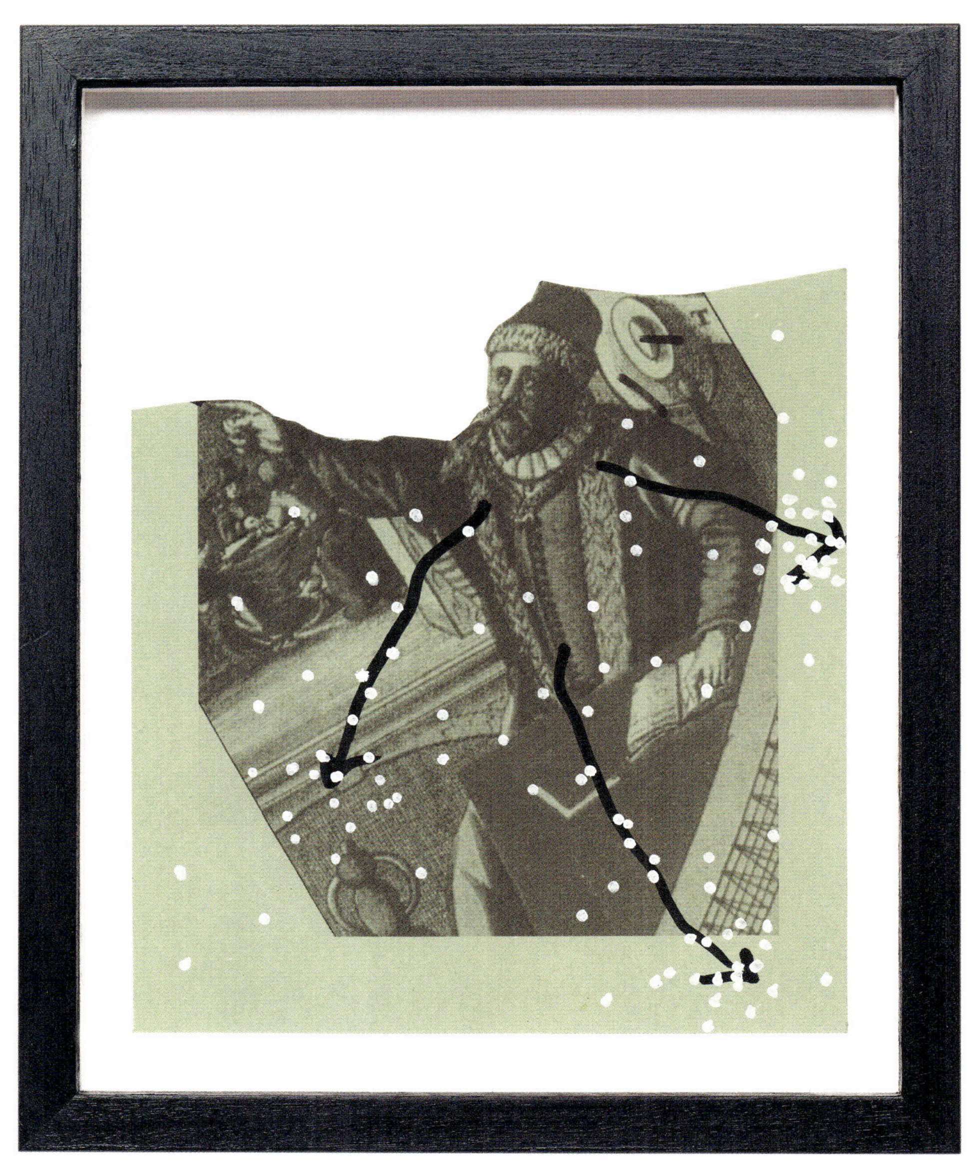

Tycho
2005, Mixed Media, 32 x 27cm
courtesy Galeria Heinrich Ehrhardt, Madrid

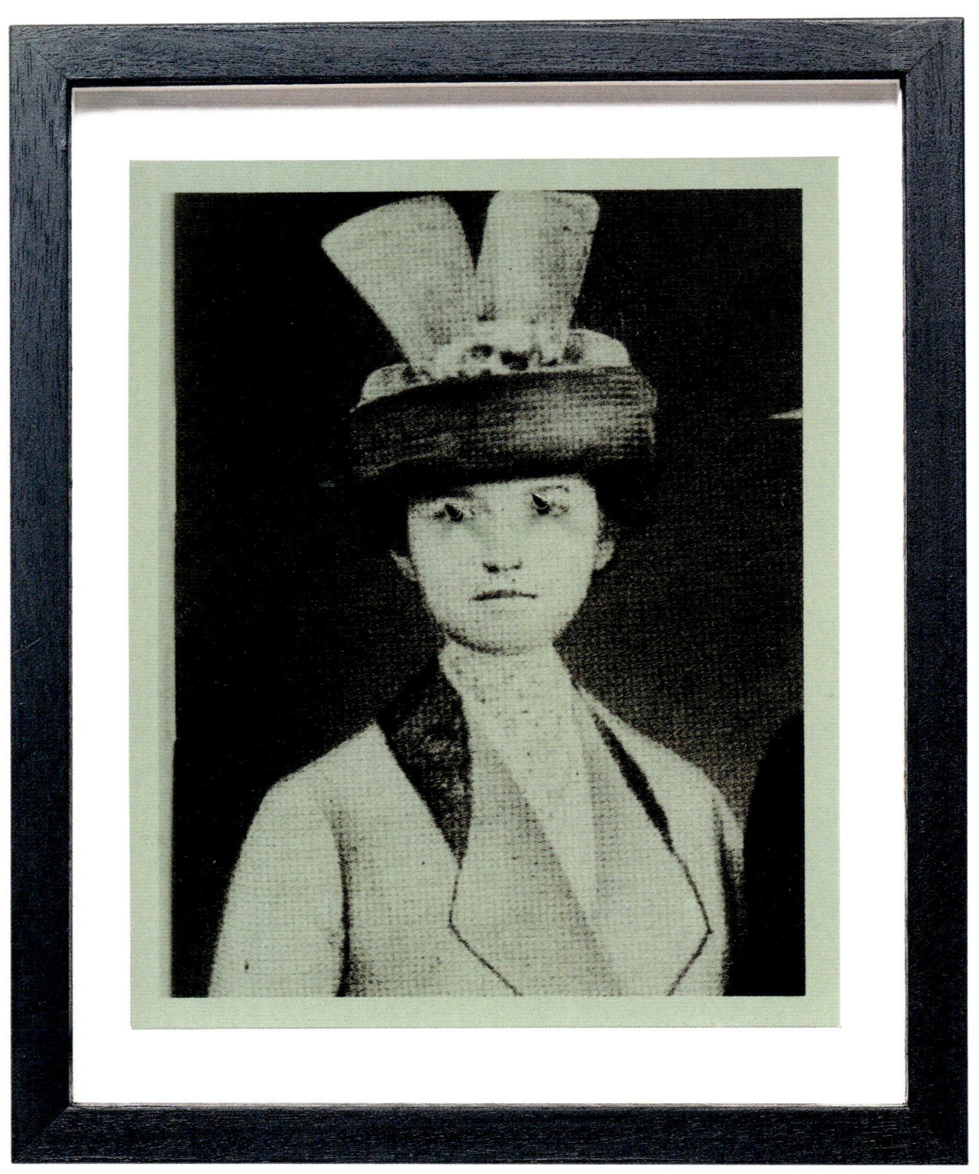

Frau Edith

2005, Mixed Media, 32 x 27 cm
courtesy Galeria Heinrich Ehrhardt, Madrid

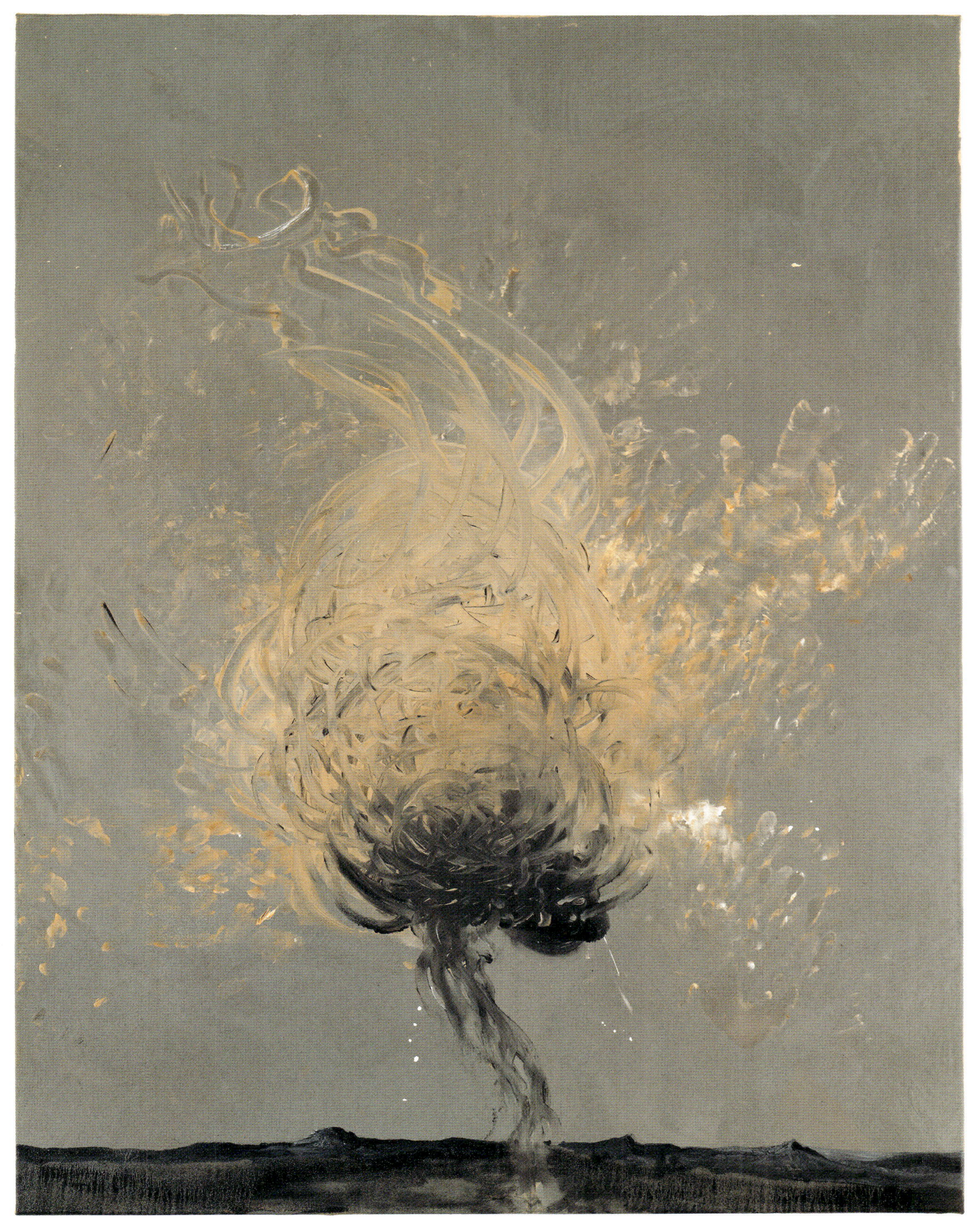

A. B. TAIFUN

2005, Acryl und Öl auf Nessel, 130 x 100 cm
Privatsammlung / private collection

Neroin

Berlin

ROMA AMOR FIORE

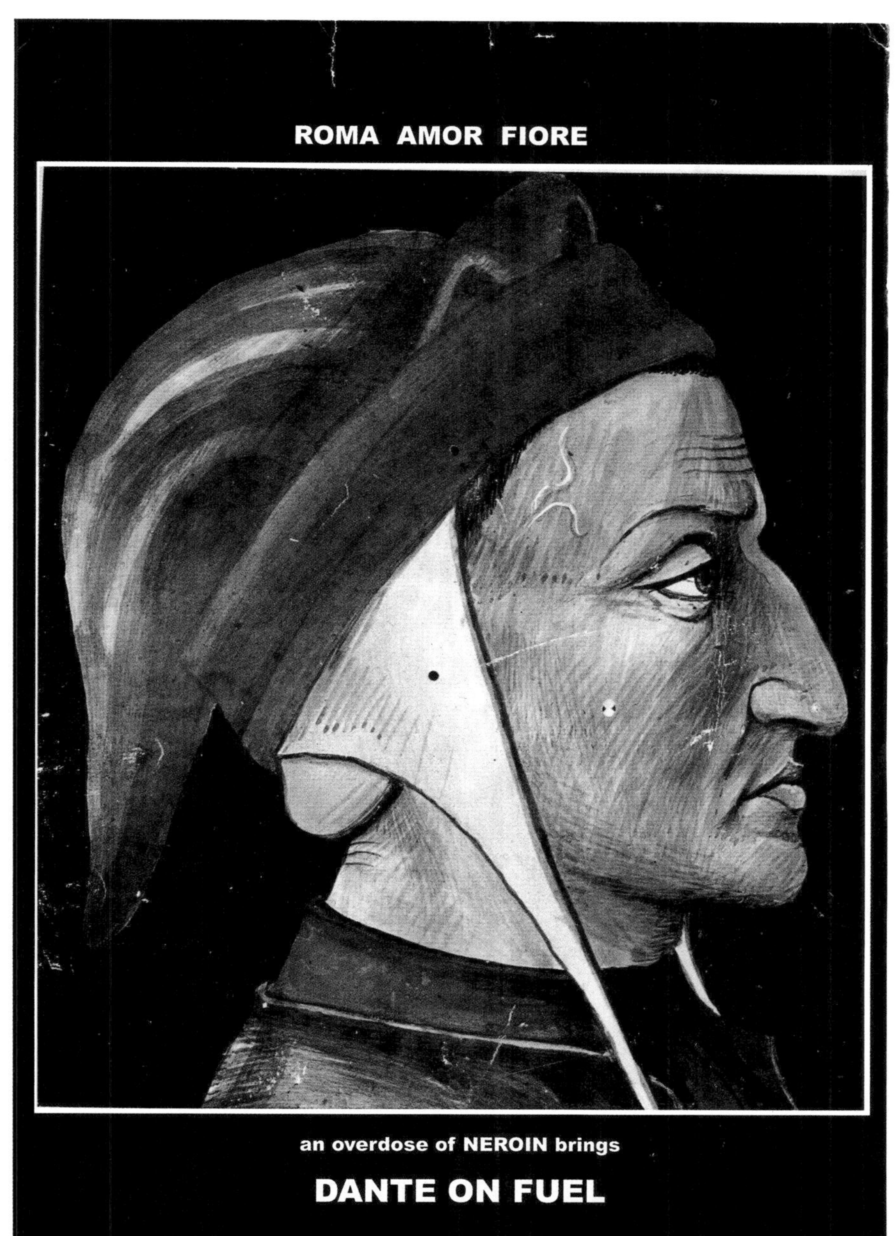

an overdose of NEROIN brings

DANTE ON FUEL

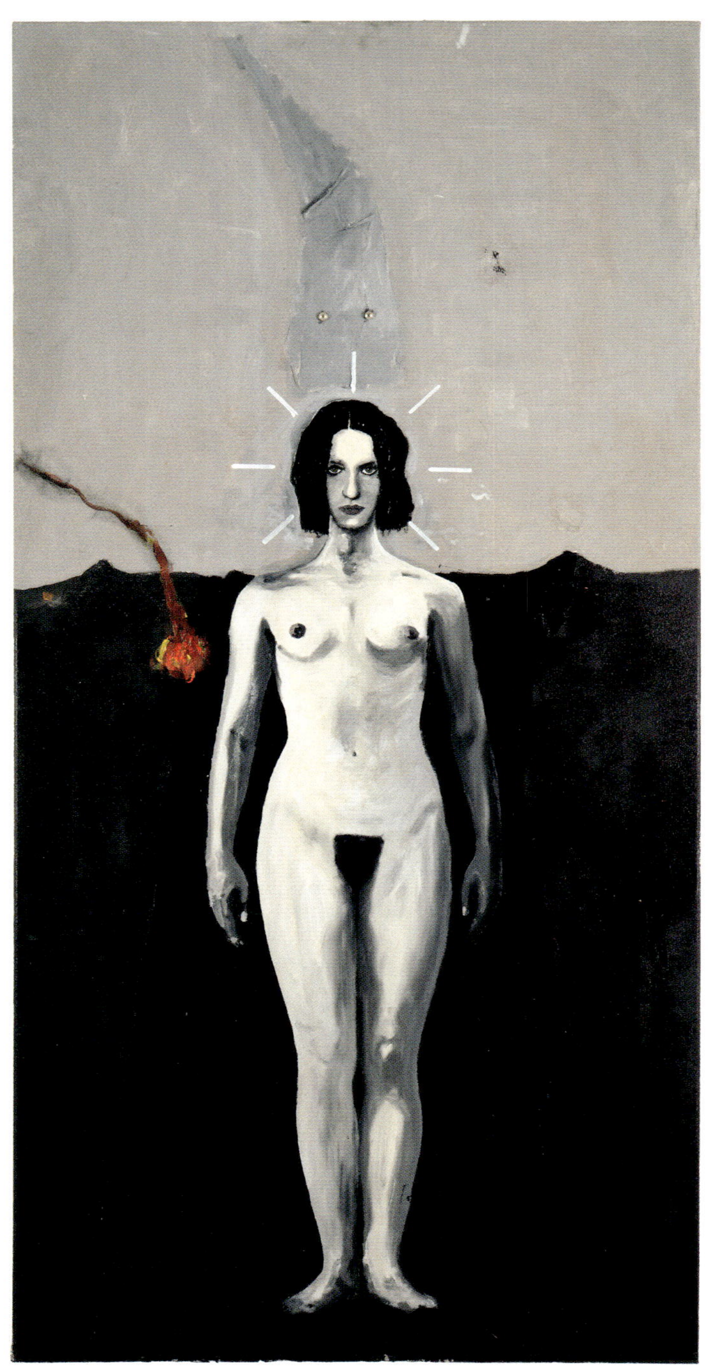

Neroin

2003, Acryl, Öl und Polsternägel auf Nessel, 140 x 70 cm
Sammlung Falckenberg, Hamburg

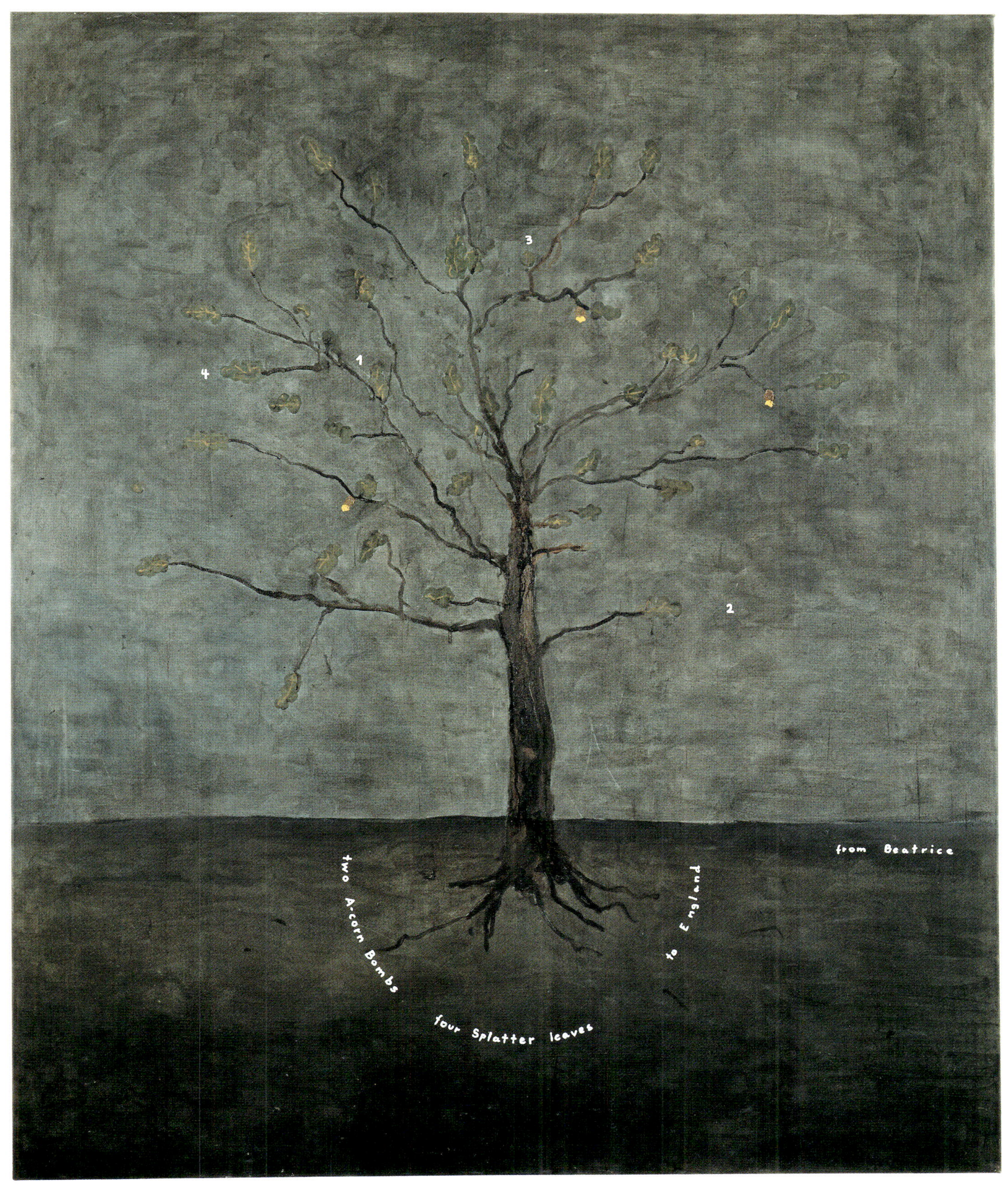

Eiche
2003, Tempera und Öl auf Nessel, 180 x 150 cm
Sammlung Falckenberg, Hamburg

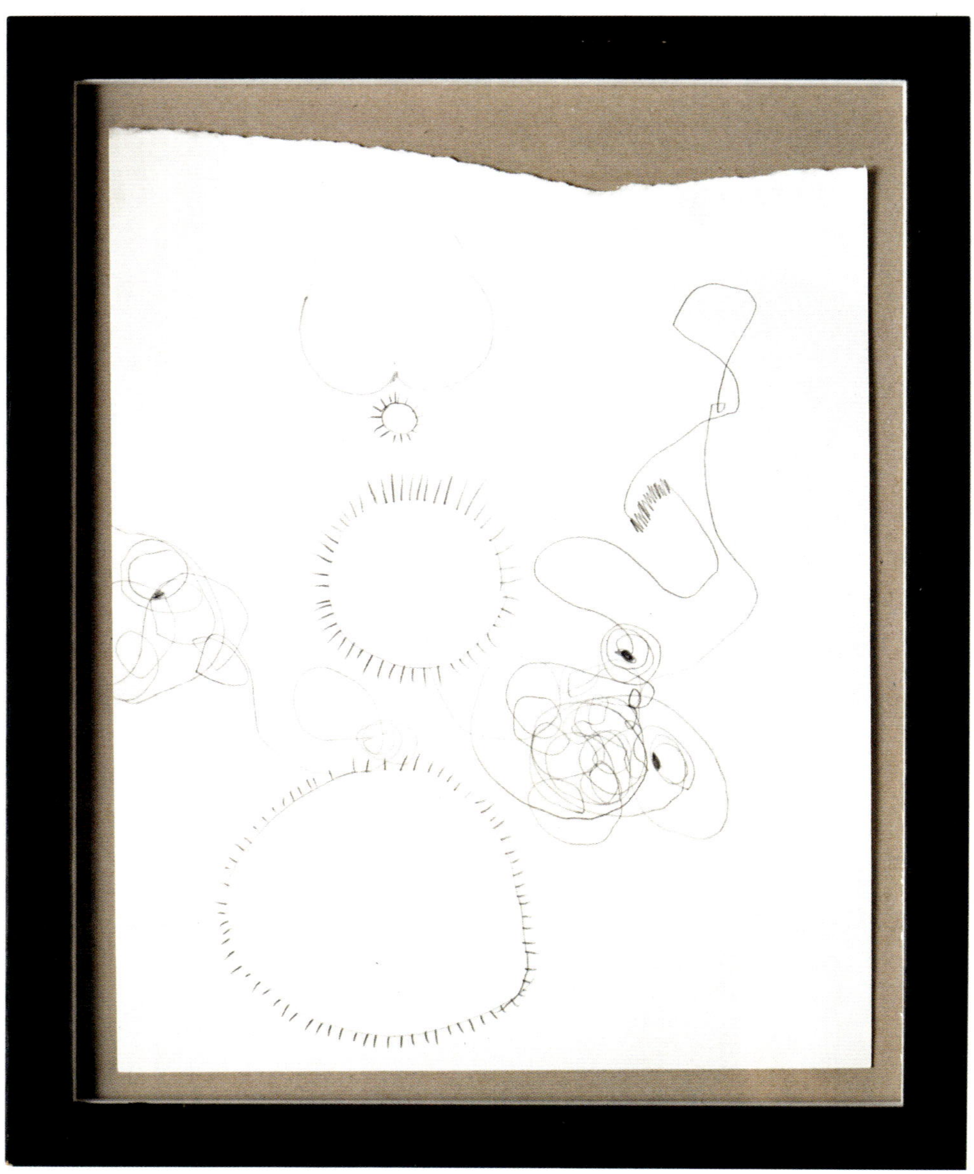

Vision D. A.
2005, Mixed Media, 32 x 27cm
courtesy Galerie Guido W. Baudach, Berlin

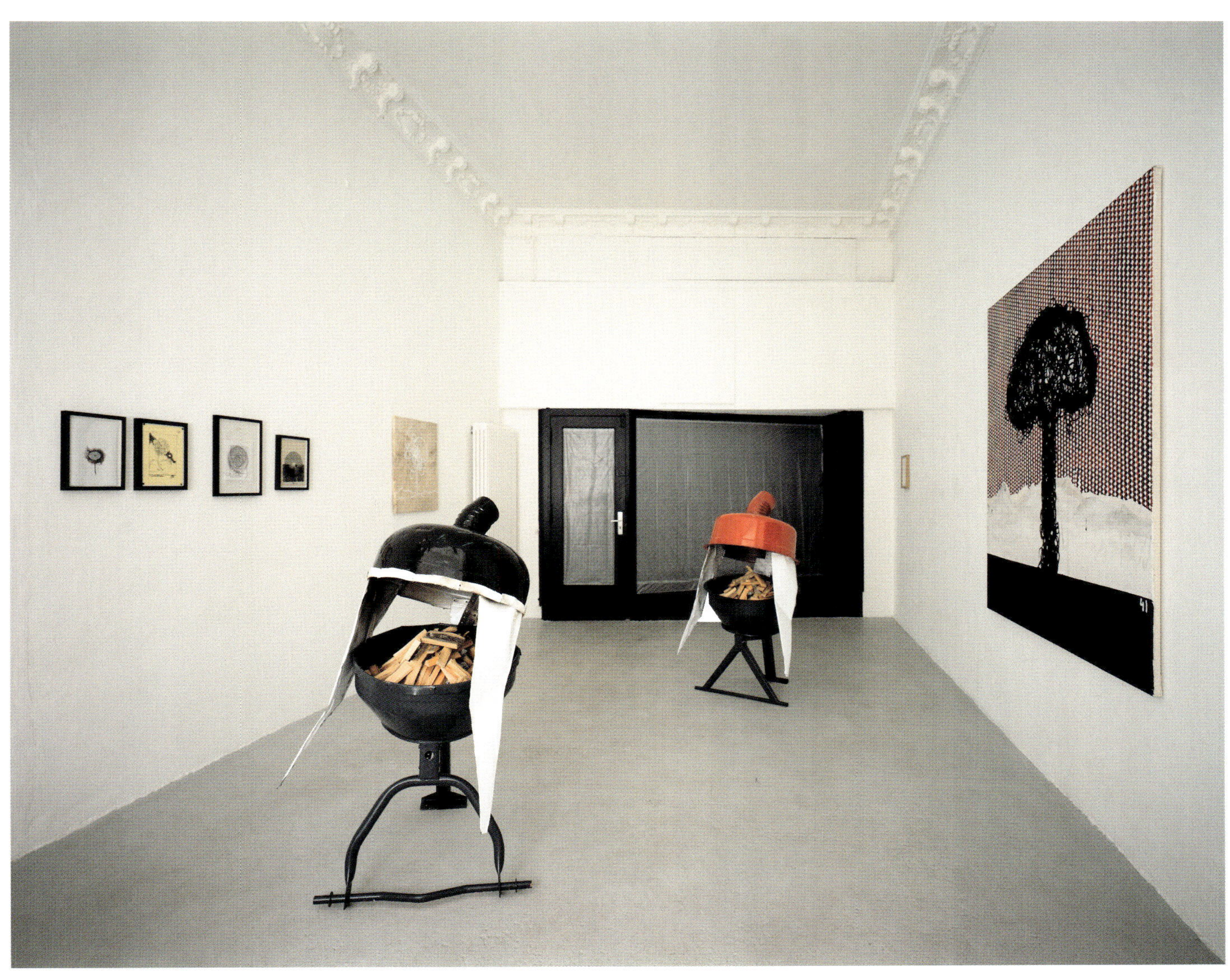

Neroin
Ausstellungsansicht / installation view
Galerie Guido W. Baudach
2003

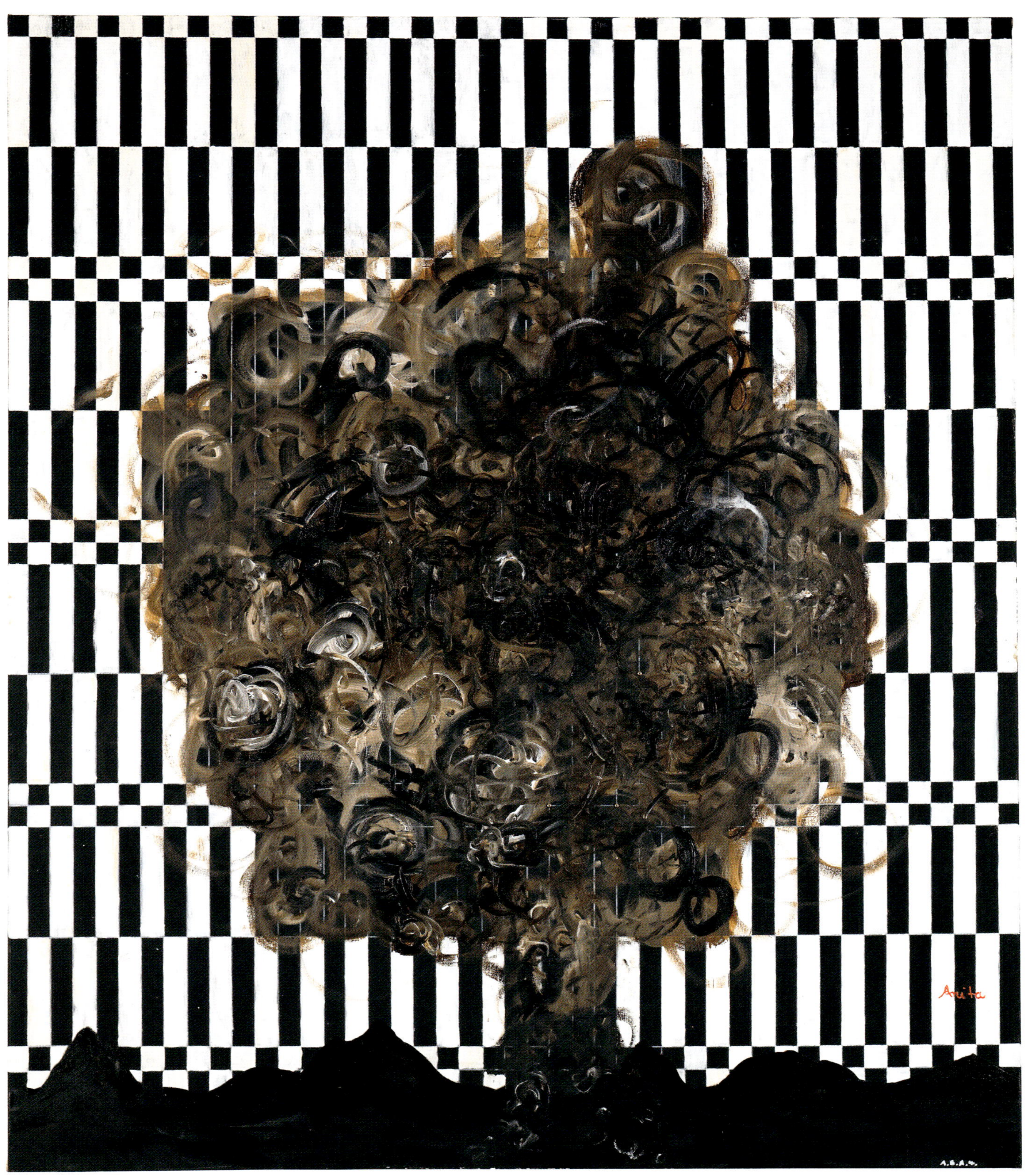

A. B.: Anita 4

2005, Acryl und Öl auf Nessel, 210cm x 180cm

Privatsammlung / private collection, London

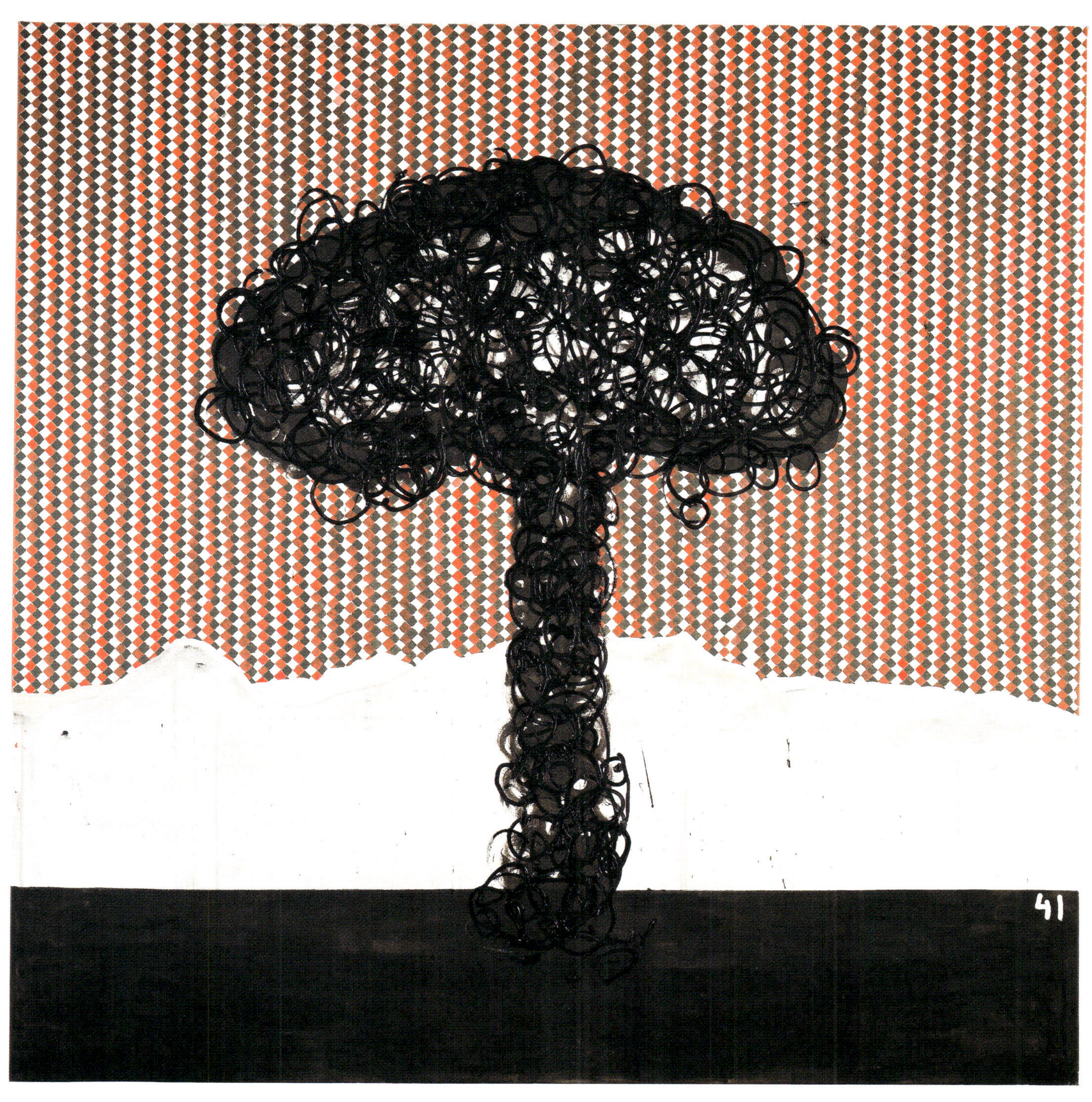

41 (Tree A. B. Squared)
2003, Acryl und Öl auf Nessel, 180 x 180 cm
Céline & Heiner Bastian, Berlin

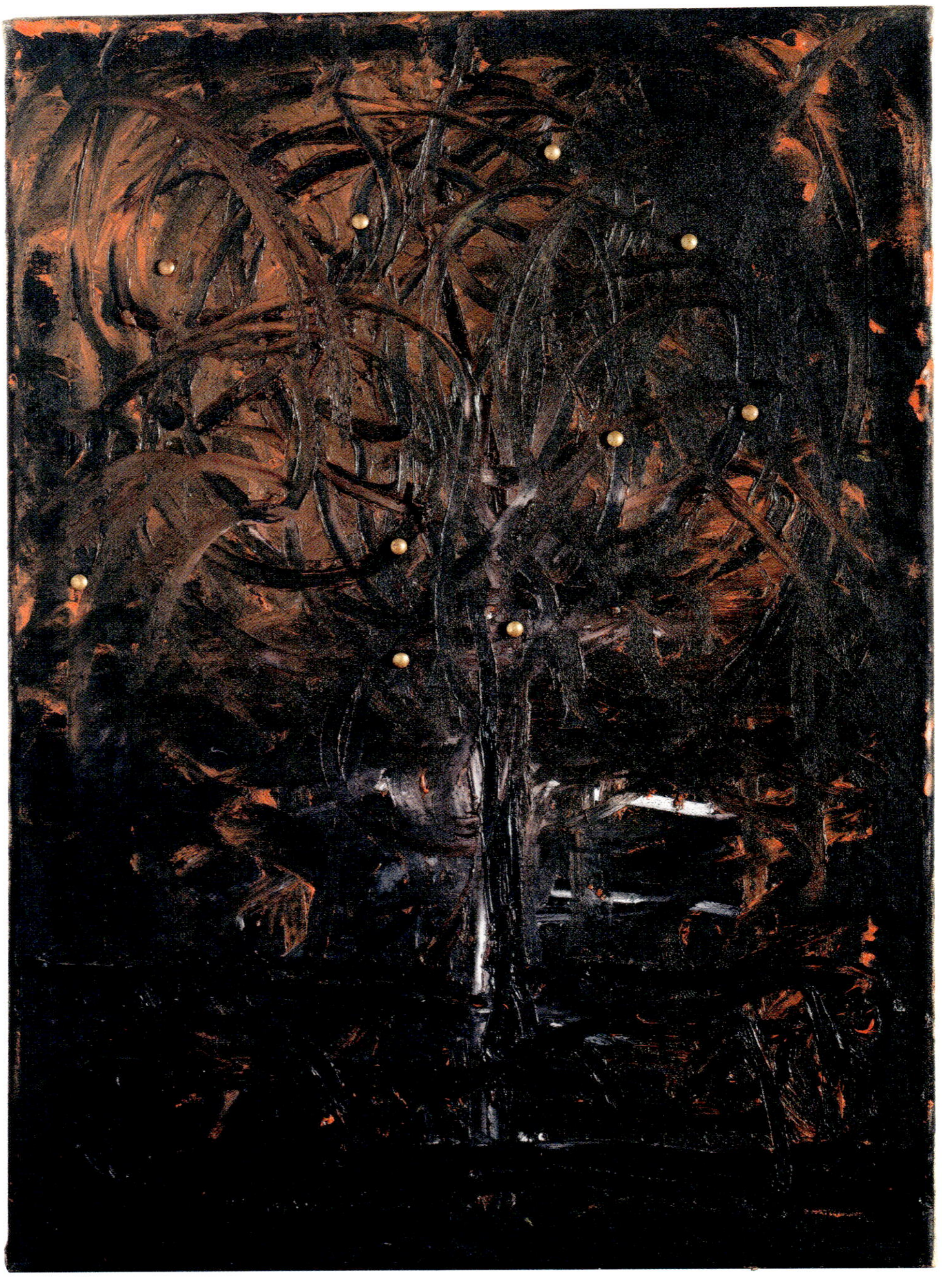

Apfelbaum

2003, Öl und Polsternägel auf Leinwand, 70 x 50 cm
Sammlung des Künstlers / collection of the artist

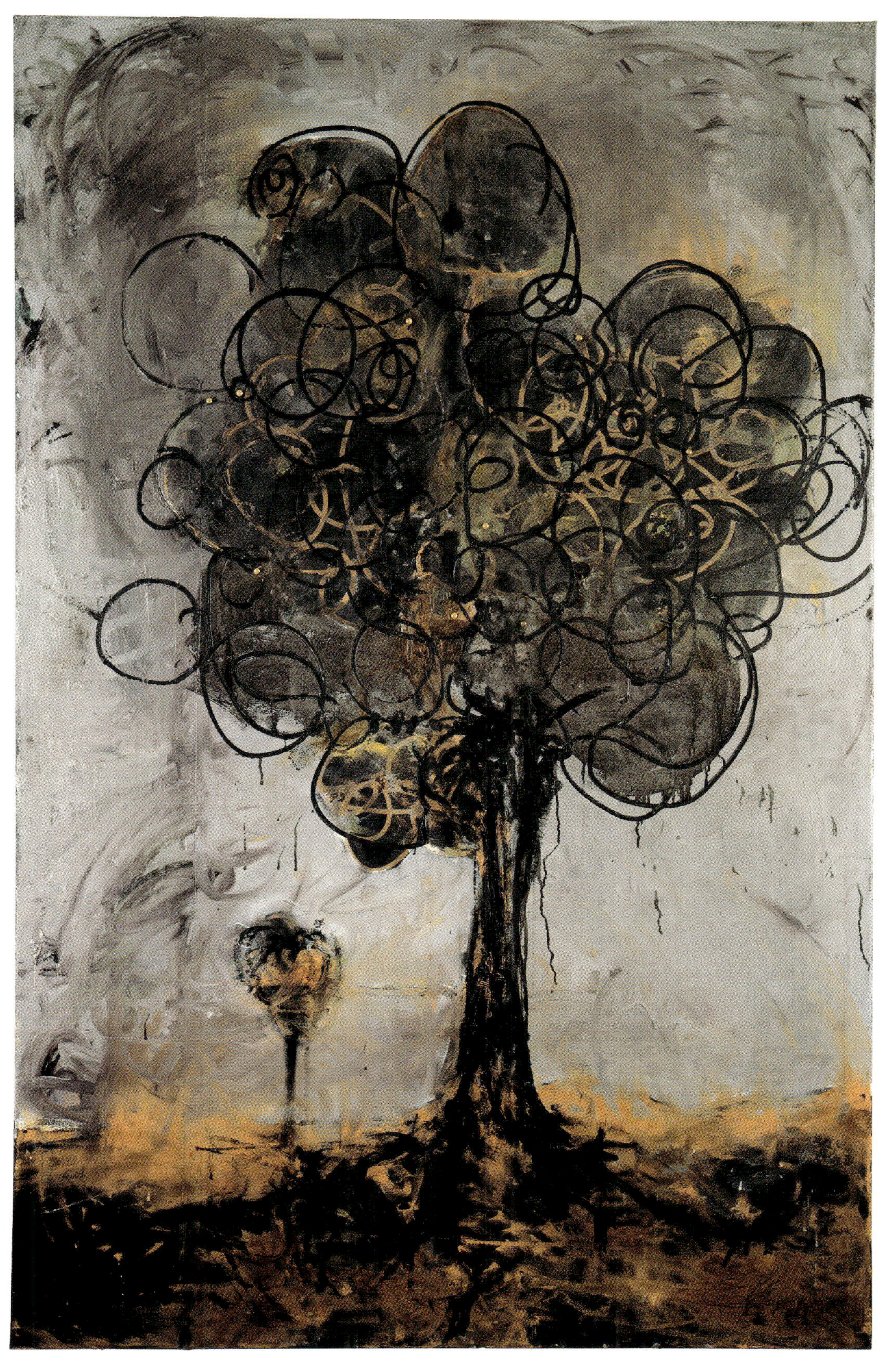

OUTREMER
2003, Öl und Polsternägel auf Nessel, 190 x 120 cm
Céline & Heiner Bastian, Berlin

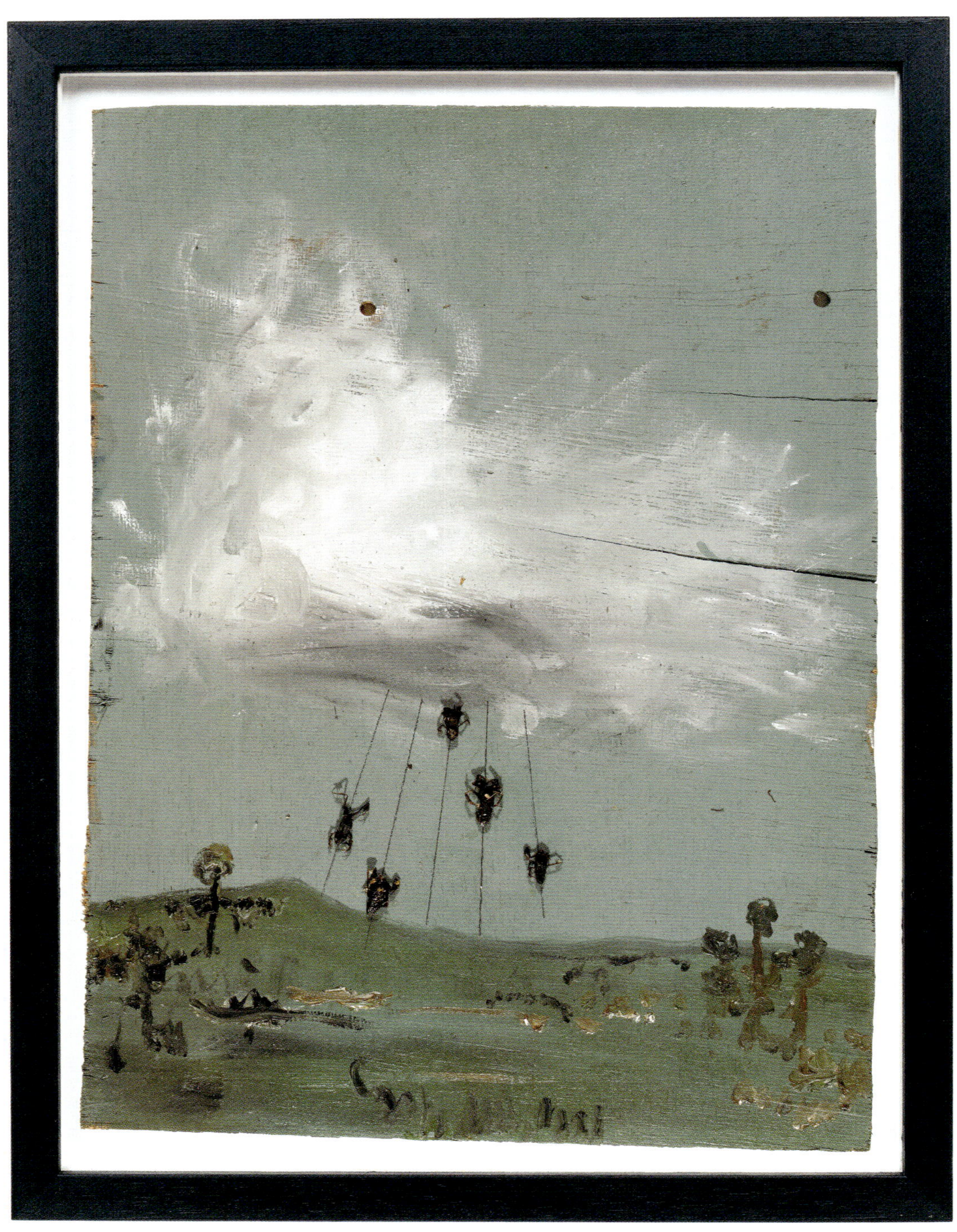

Commandment 1

2003, Öl und Frösche auf Holz, 52 x 42 cm
Felix Karolus, München

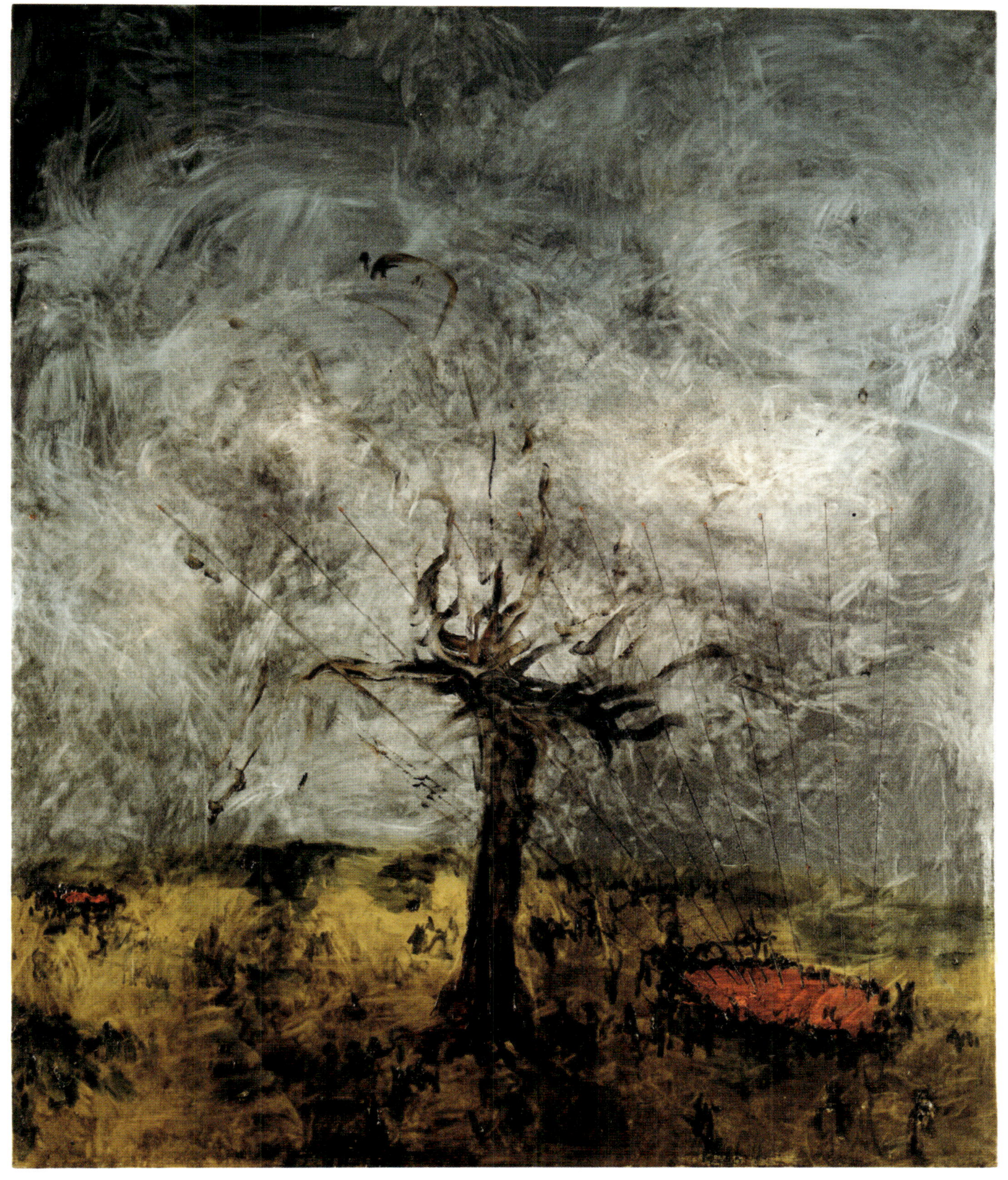

Commandment 17
2003, Öl auf Leinwand, 120 x 100cm
Privatsammlung / private collection, Berlin

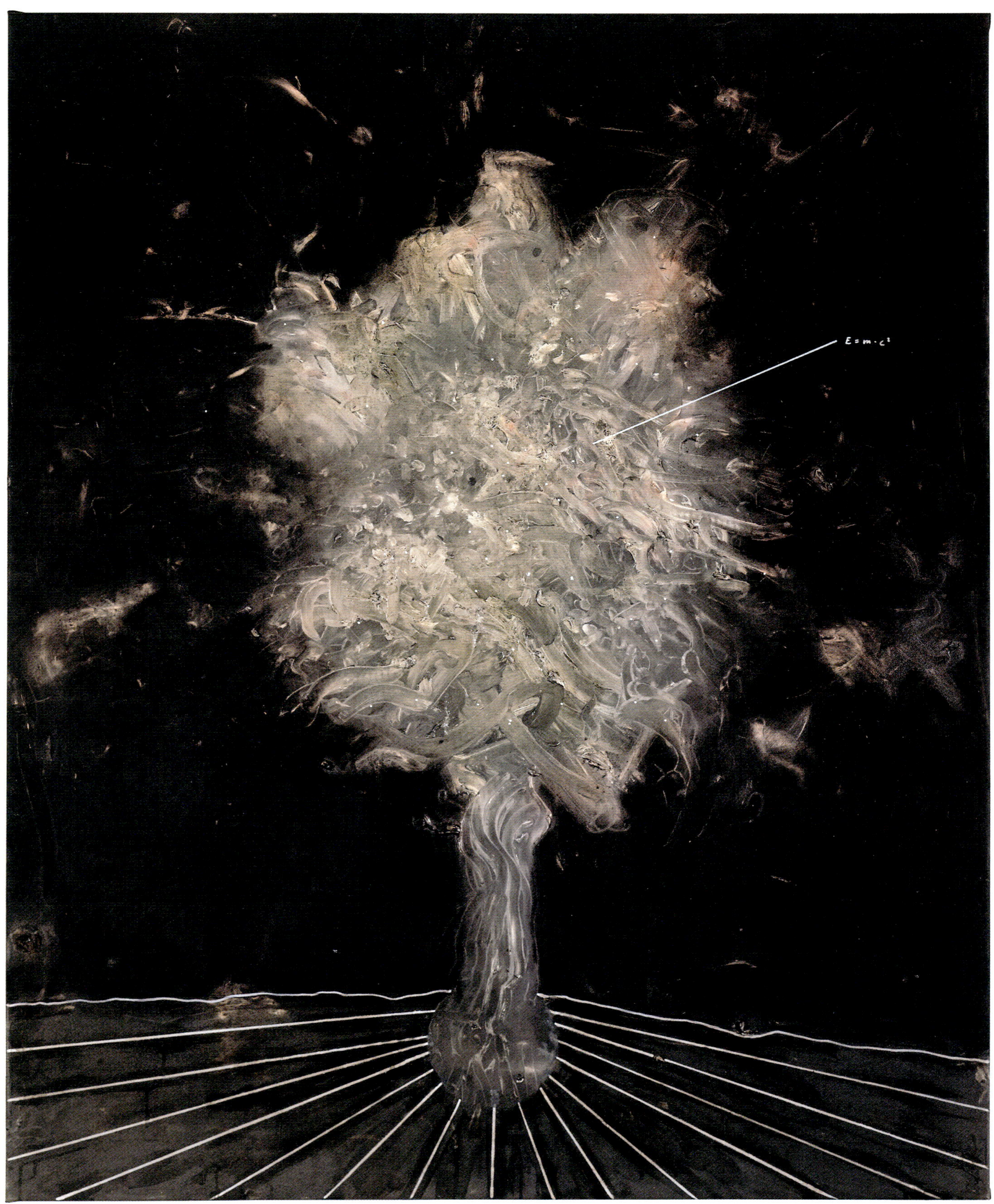

E = m·c²

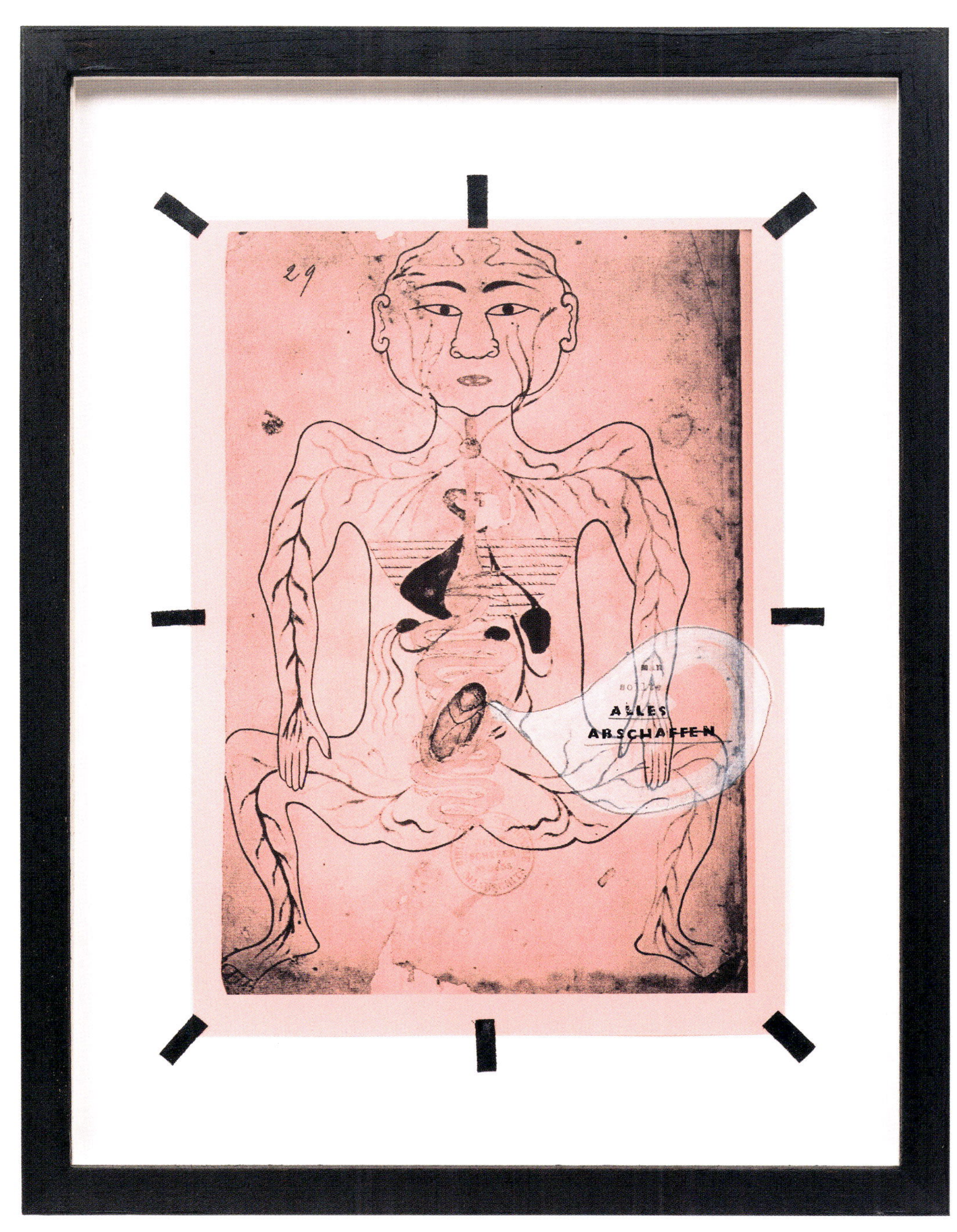

A. B.: man sollte ALLES ABSCHAFFEN

*2005, Acryl und Öl auf Nessel / Mixed Media,
2tlg., 140 x 120 cm / 42 x 32 cm*

Privatsammlung / private collection, London

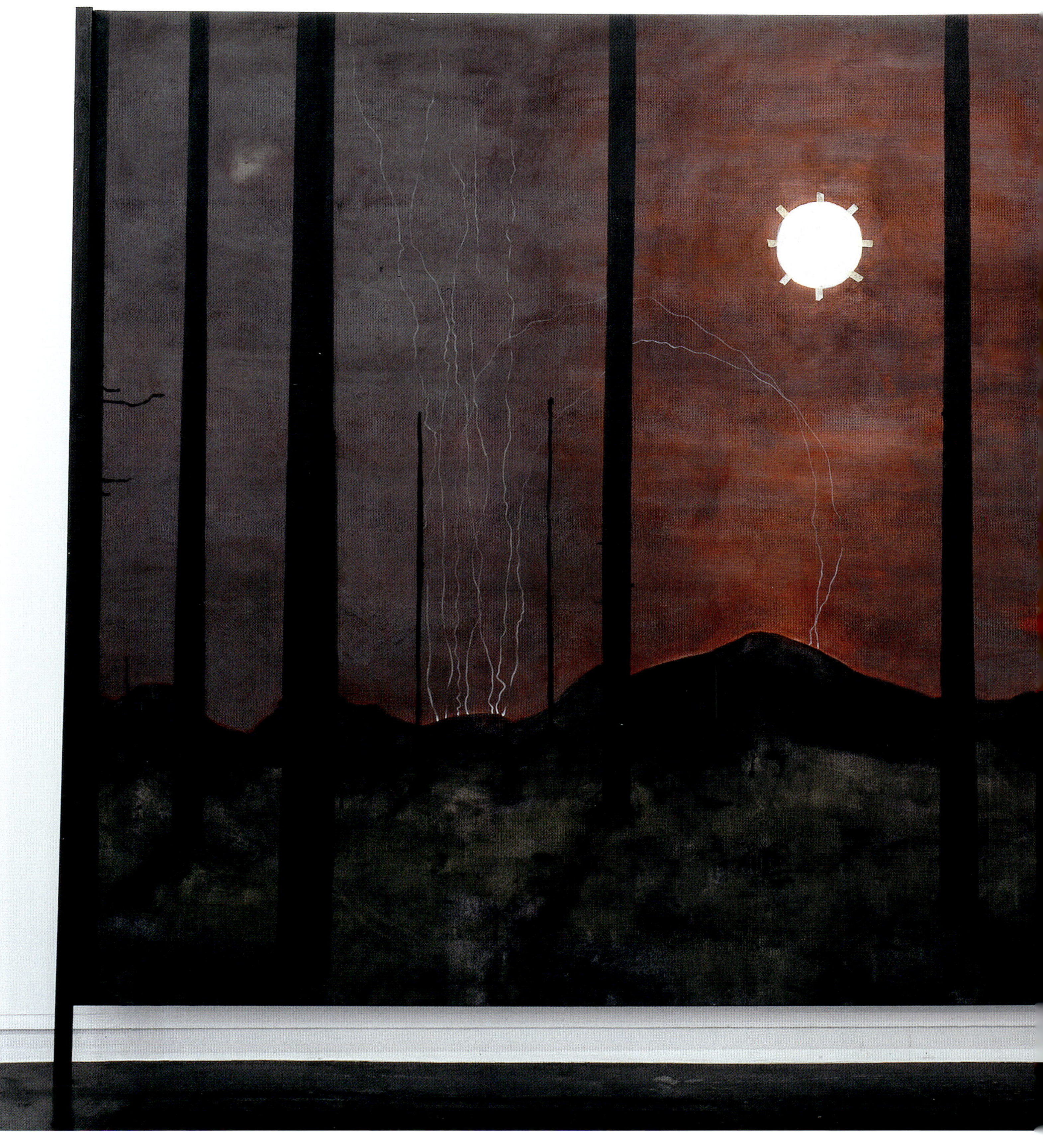

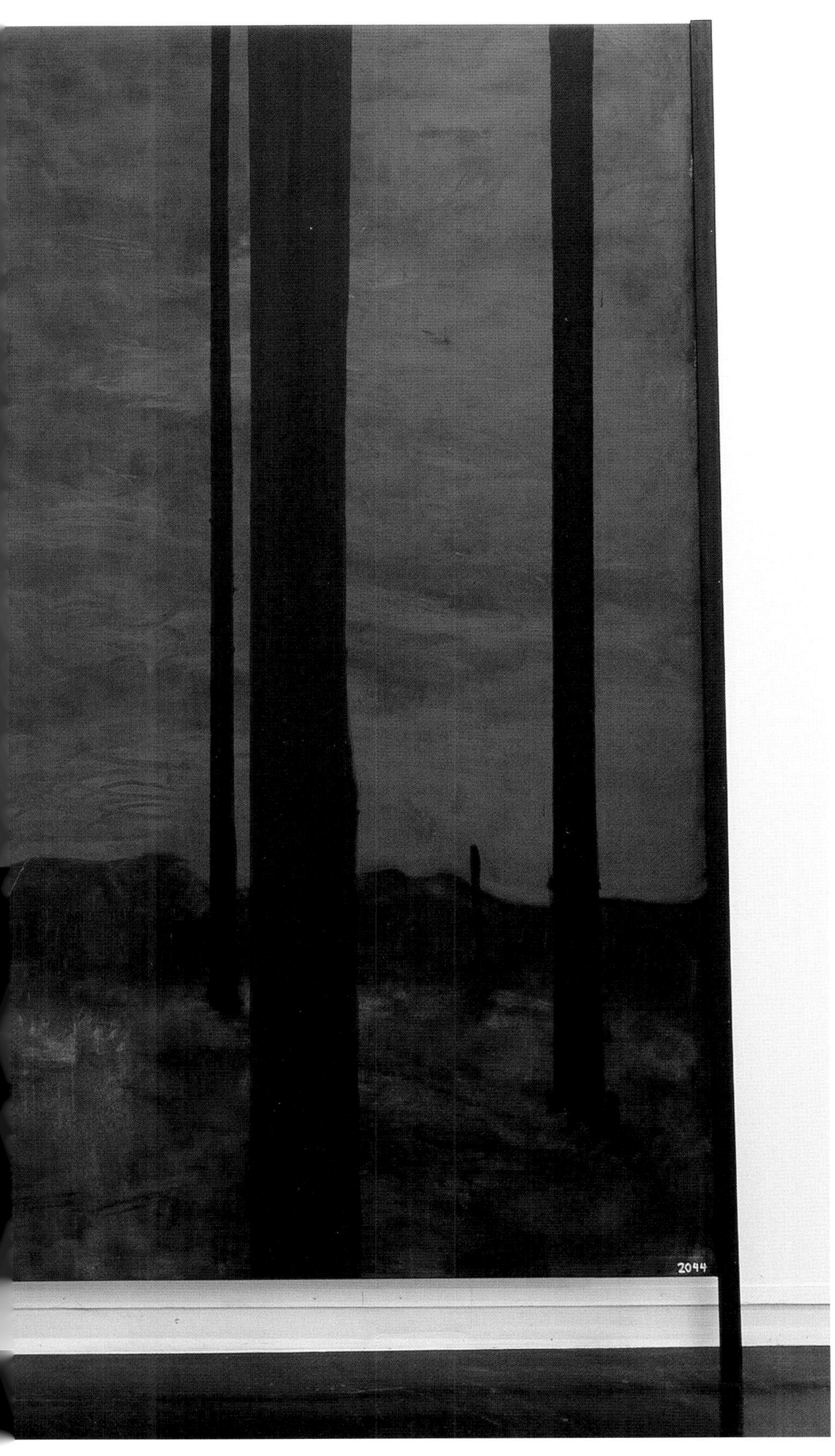

Vision: A. B. red – Battle of England 2044
2003, Tempera, Öl und Klebeband auf Nessel, 288 × 444 cm
Sammlung Falckenberg, Hamburg

Nero Command, Dirty Trees, The New Breed & The Family of Pills

New York – Berlin – Frankfurt / Main – München

I

Thomas Zipp

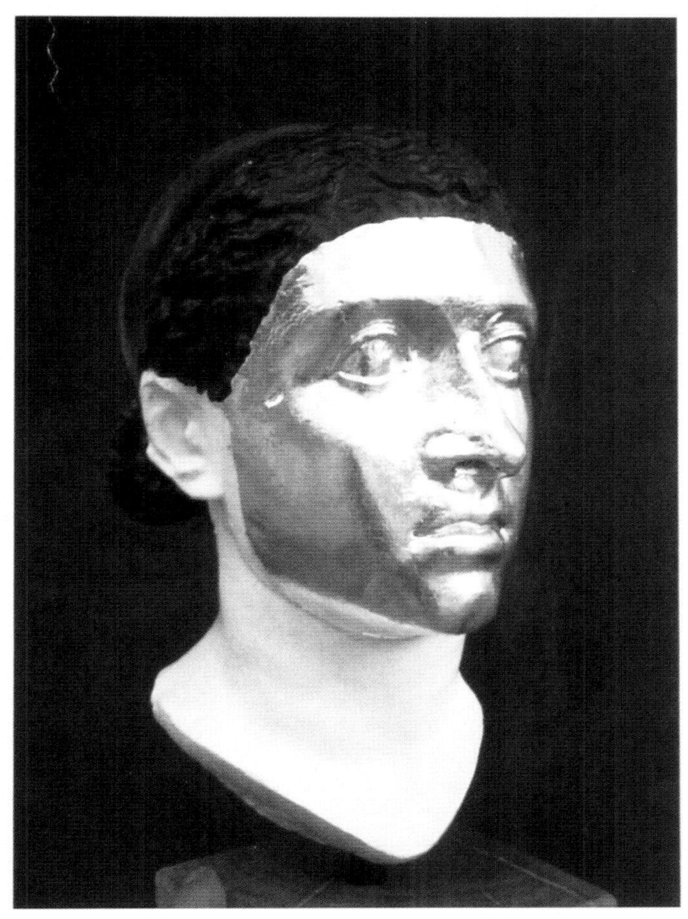

The New Breed

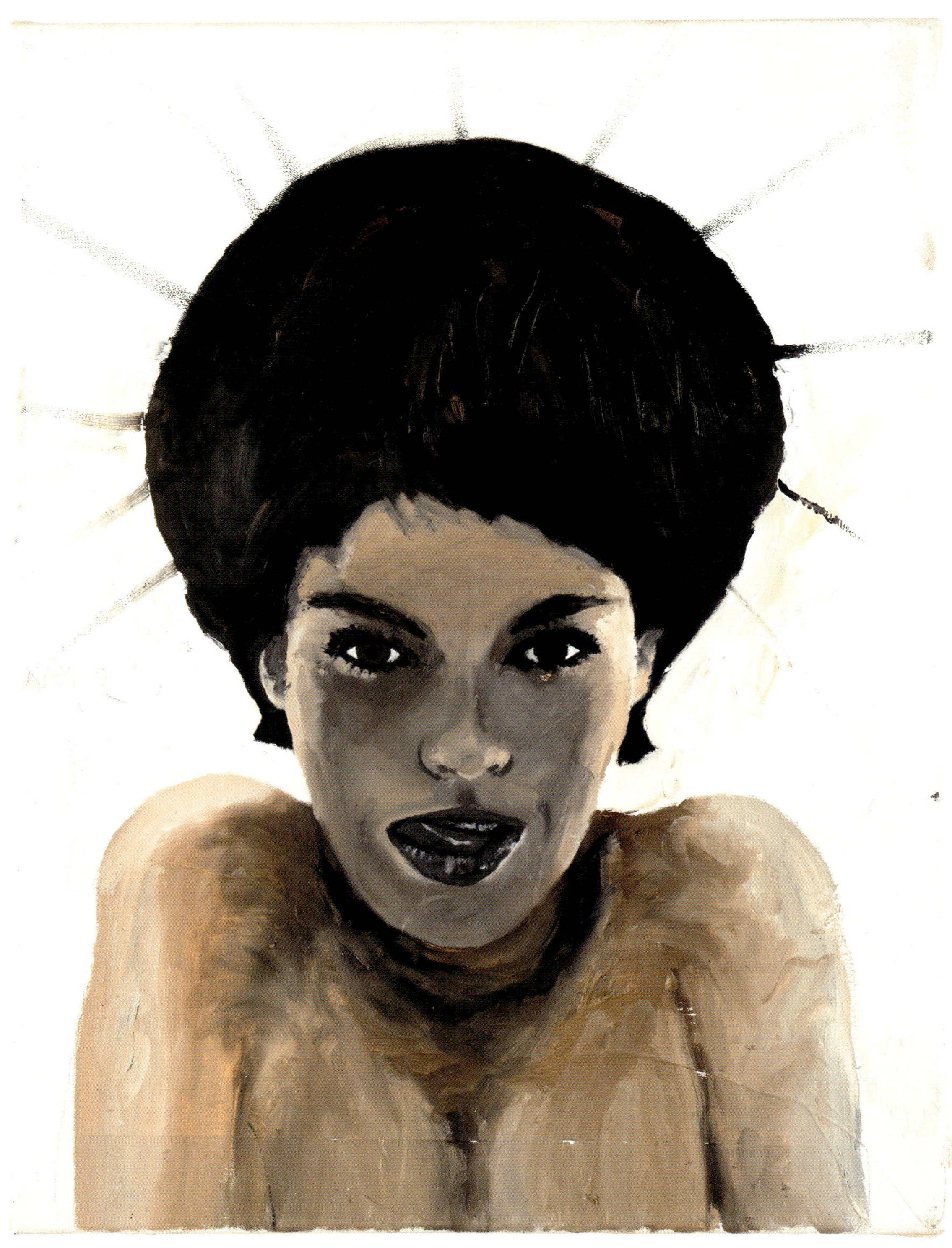

Capo
2003, Öl auf Nessel, 50 x 40 cm
Privatsammlung / private collection, New York

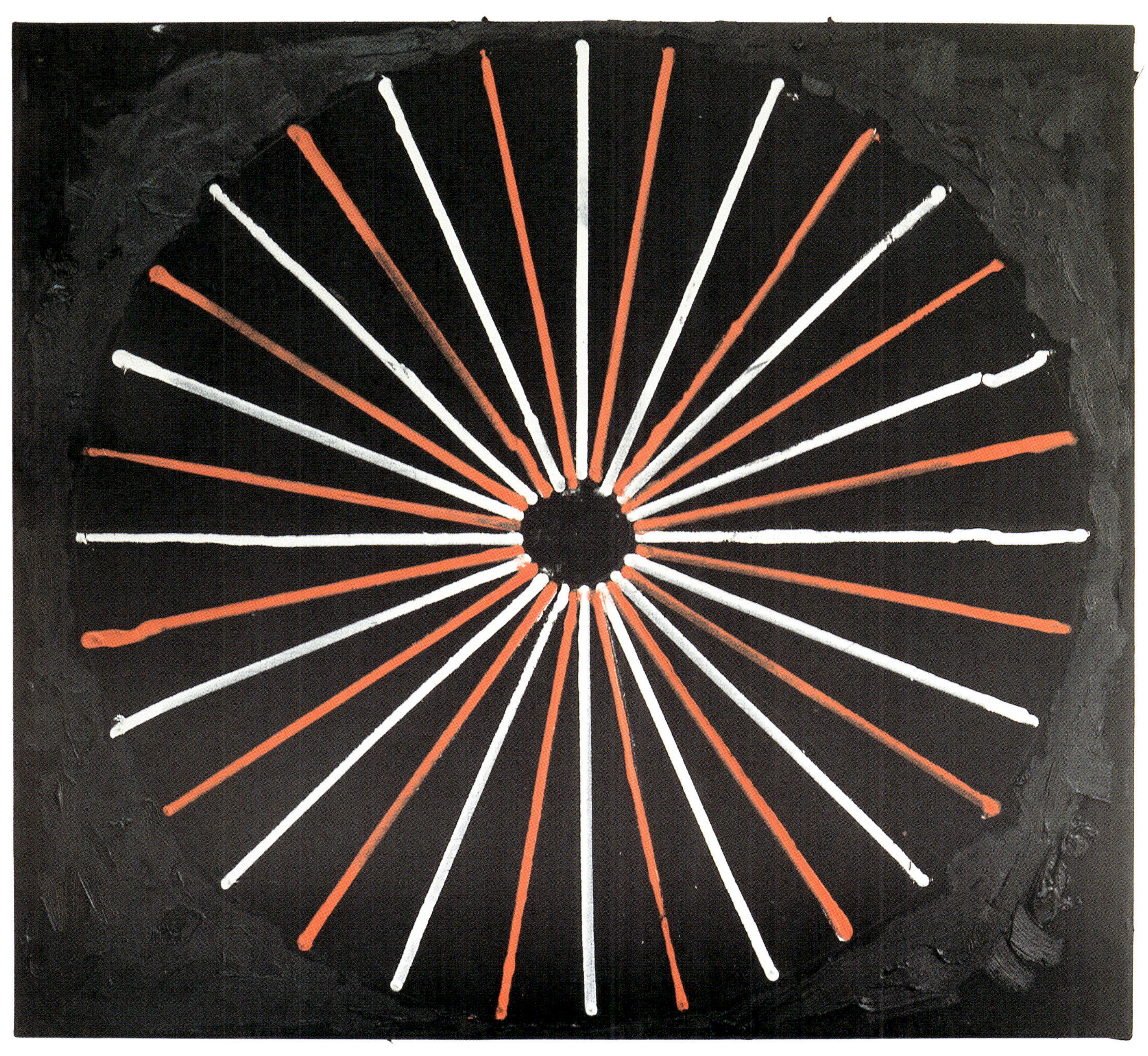

888

2003, Öl auf Baumwolle, 70 x 75 cm

John Rubeli, Los Angeles

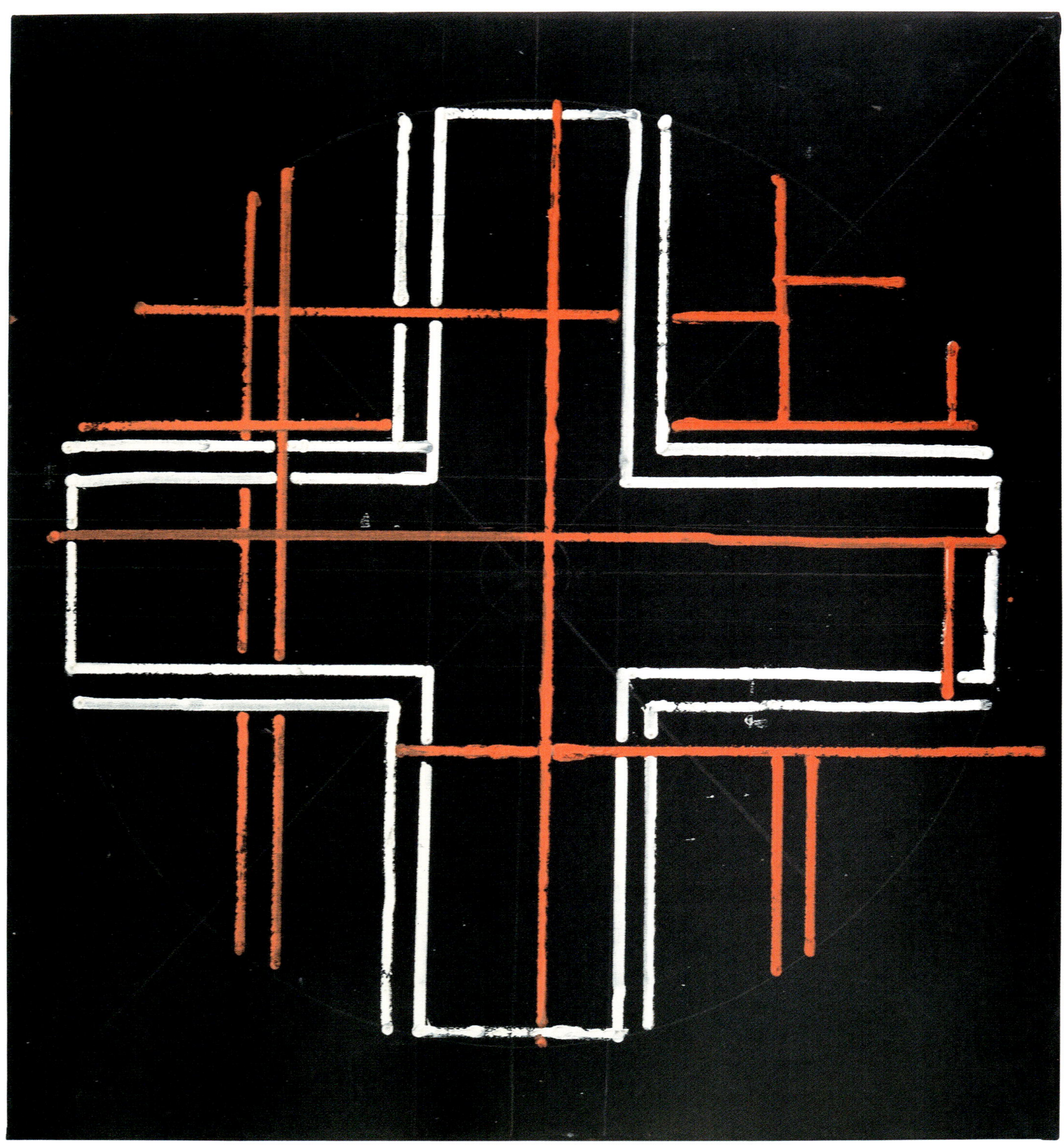

1119

2003, Öl auf Baumwolle, 75 x 70 cm
Privatsammlung / private collection, Köln

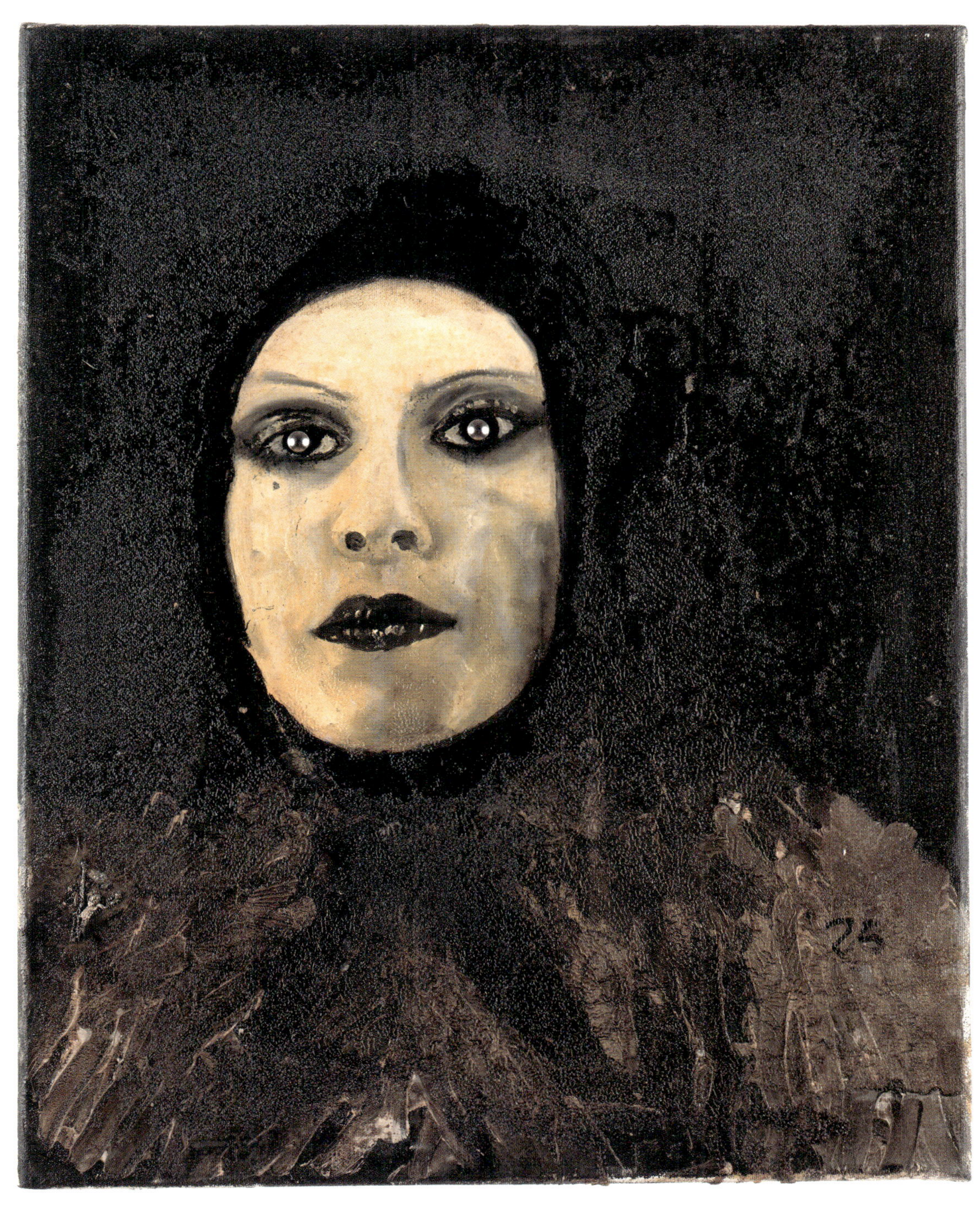

Alpha
2003, Öl auf Nessel, 50 x 40 cm
Privatsammlung / private collection, New York

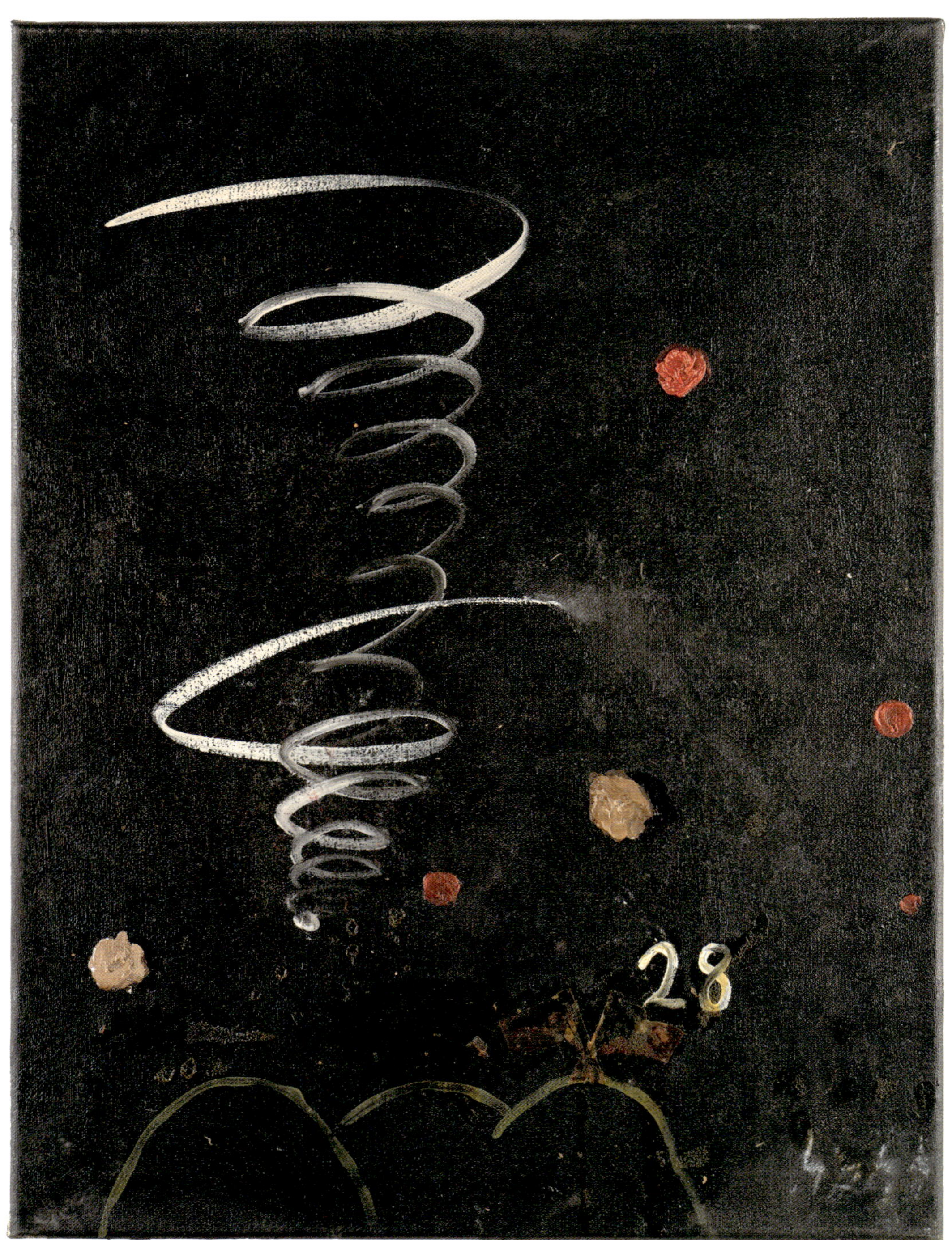

From the Old Europe
2003, Öl auf Nessel, 60 x 45 cm
courtesy Marc Jancou Fine Art, New York

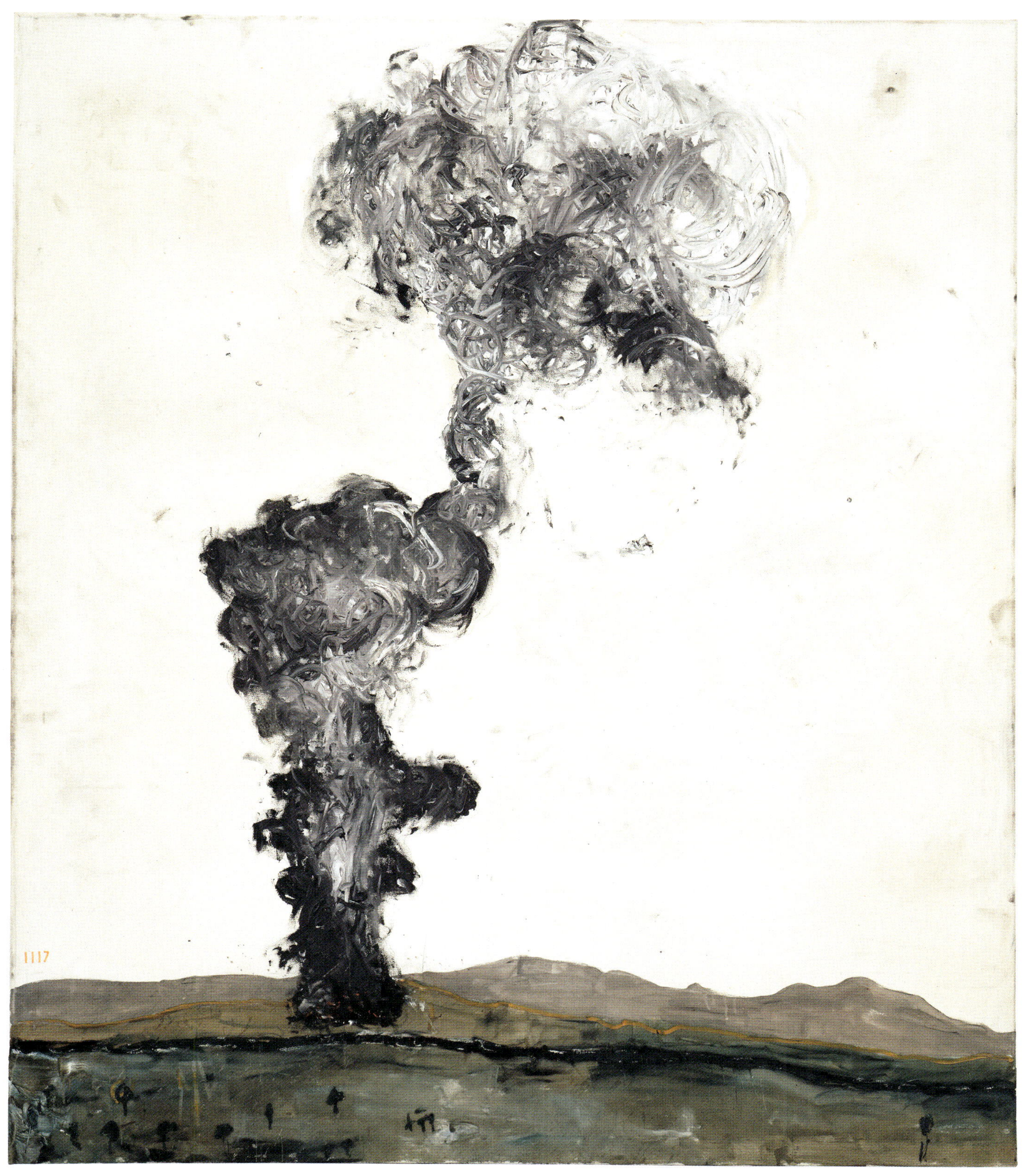

A. B. (white)
2003, Acryl und Öl auf Nessel, 210 x 180 cm
Céline & Heiner Bastian, Berlin

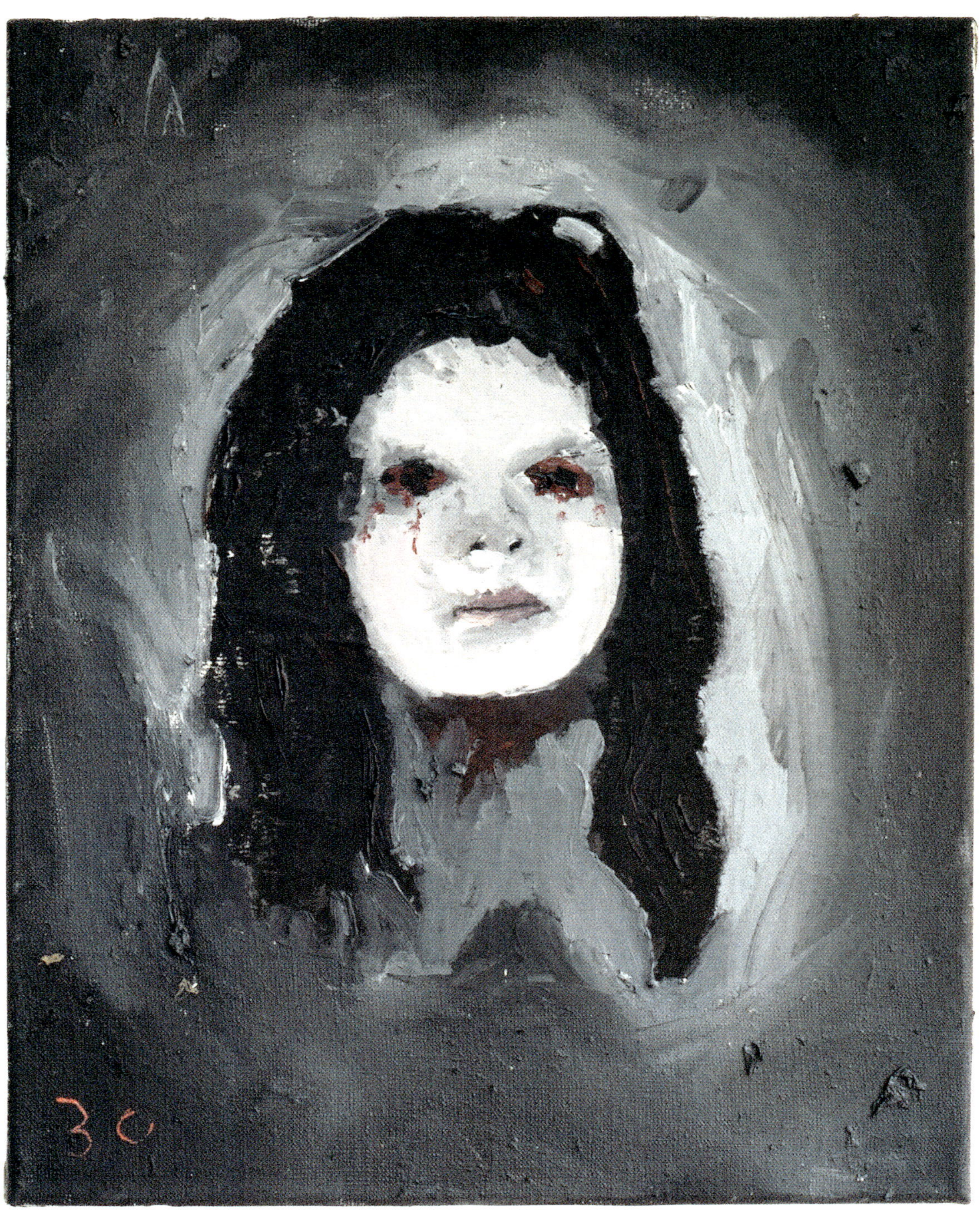

Puta

2003, Öl auf Leinwand, 50 x 40cm
Privatsammlung / private collection, Reykjavik

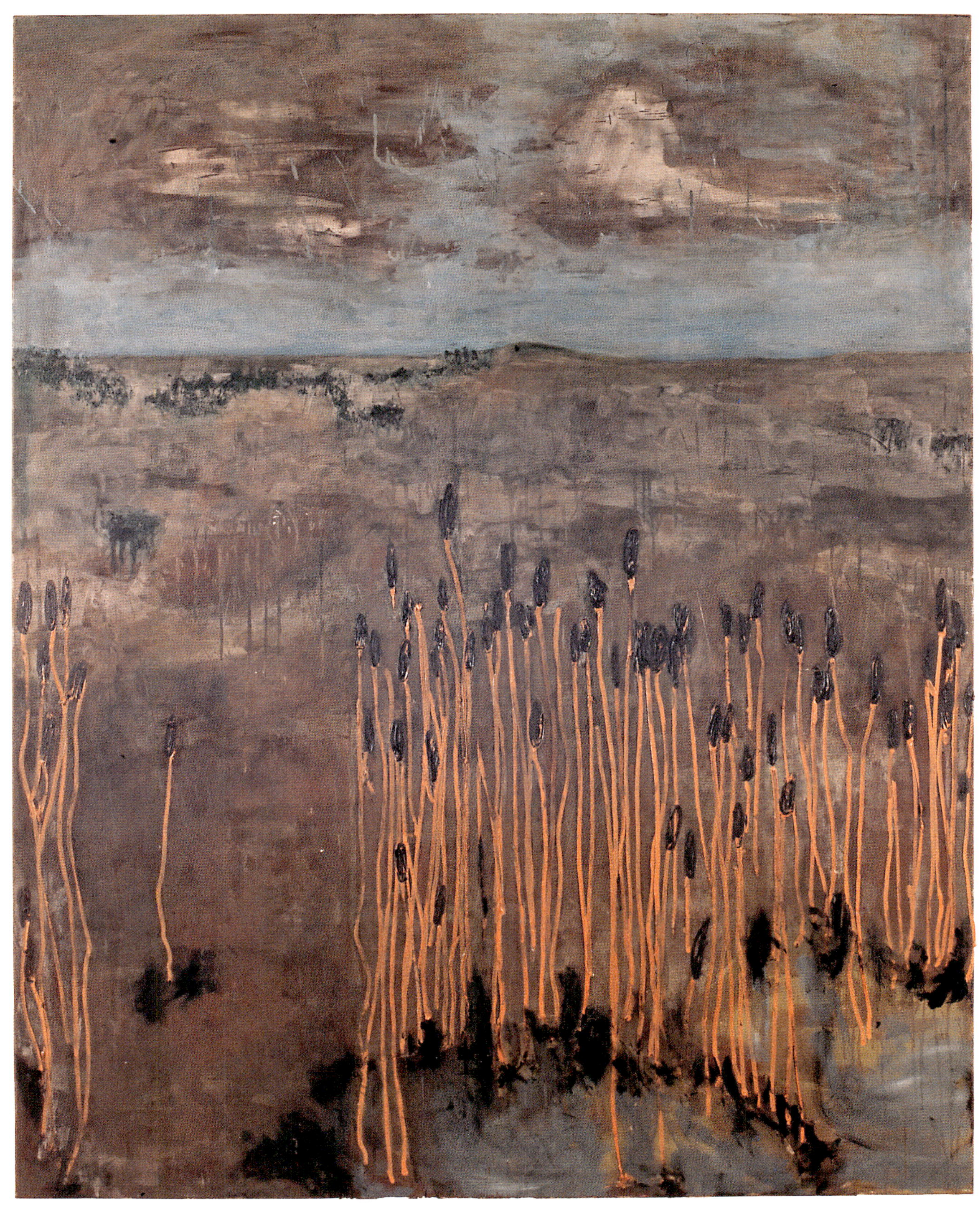

Cometh
2002, Tempera und Öl auf Nessel, 200 cm x 160 cm
Céline & Heiner Bastian, Berlin

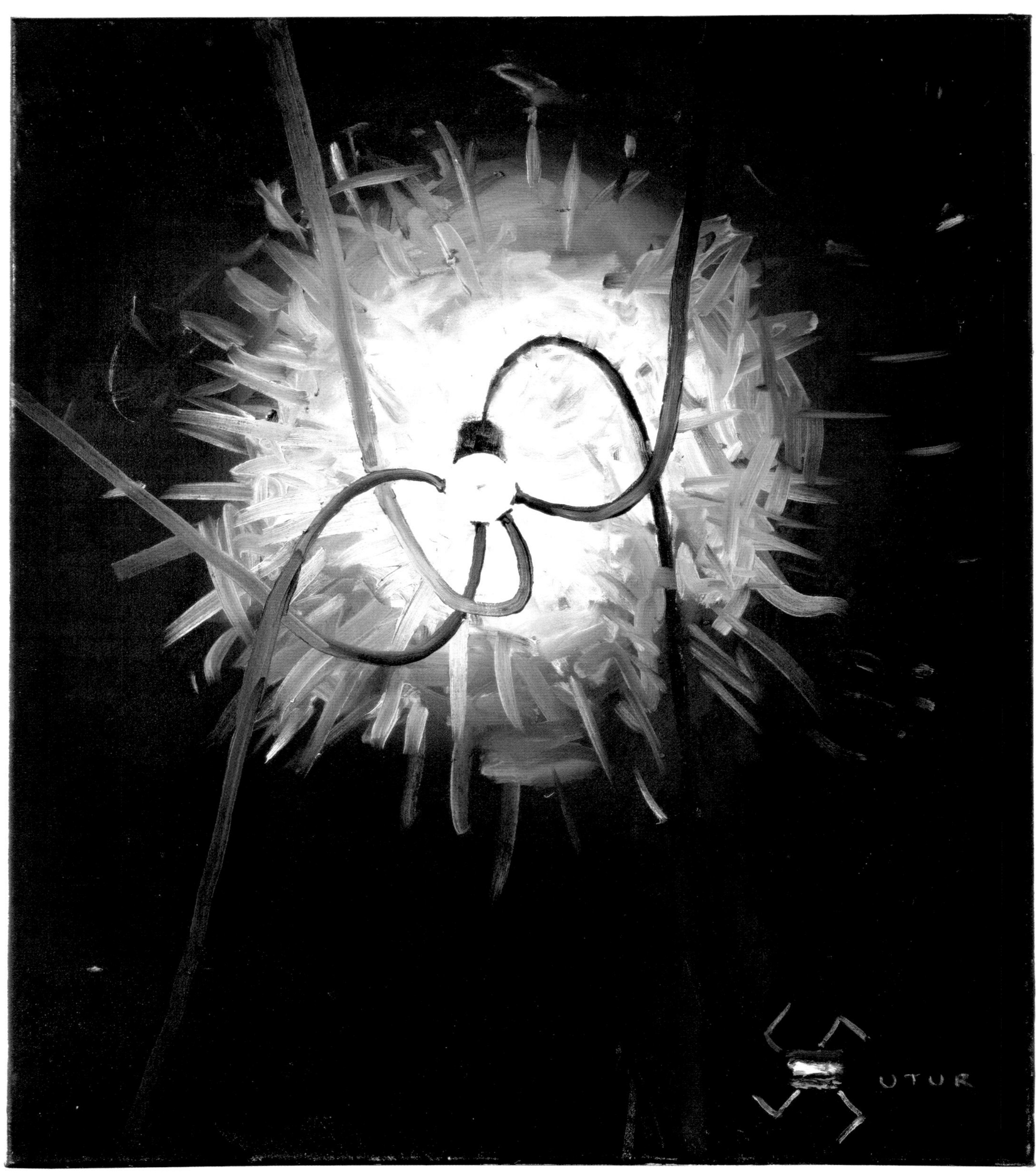

Futur
2003, Acryl und Öl auf Nessel, 80 x 70 cm
Hanna-Mari Blencke, Berlin

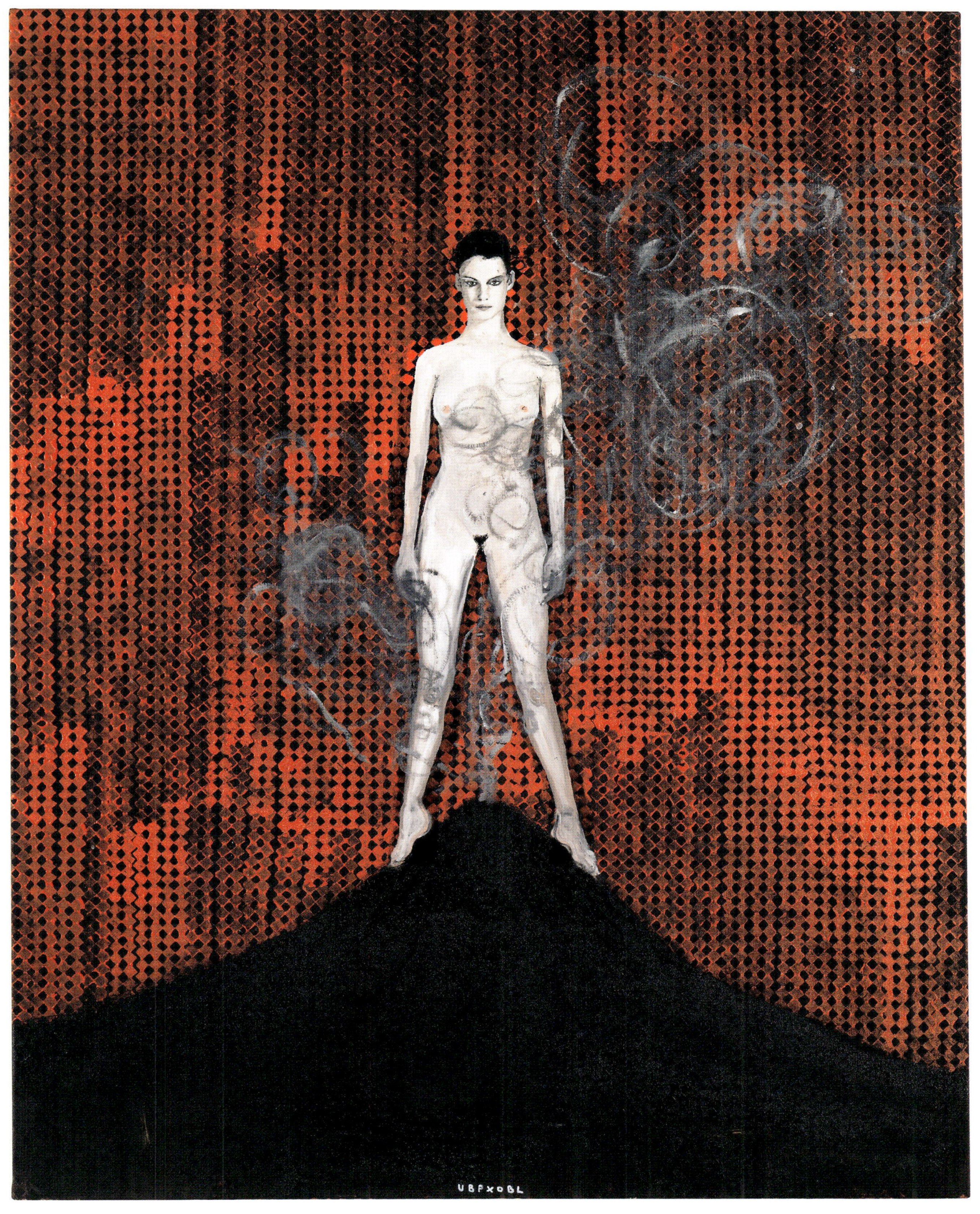

UBFXOBL
2004, Acryl und Öl auf Nessel, 185 x 145 cm
Privatsammlung / private collection, Berlin

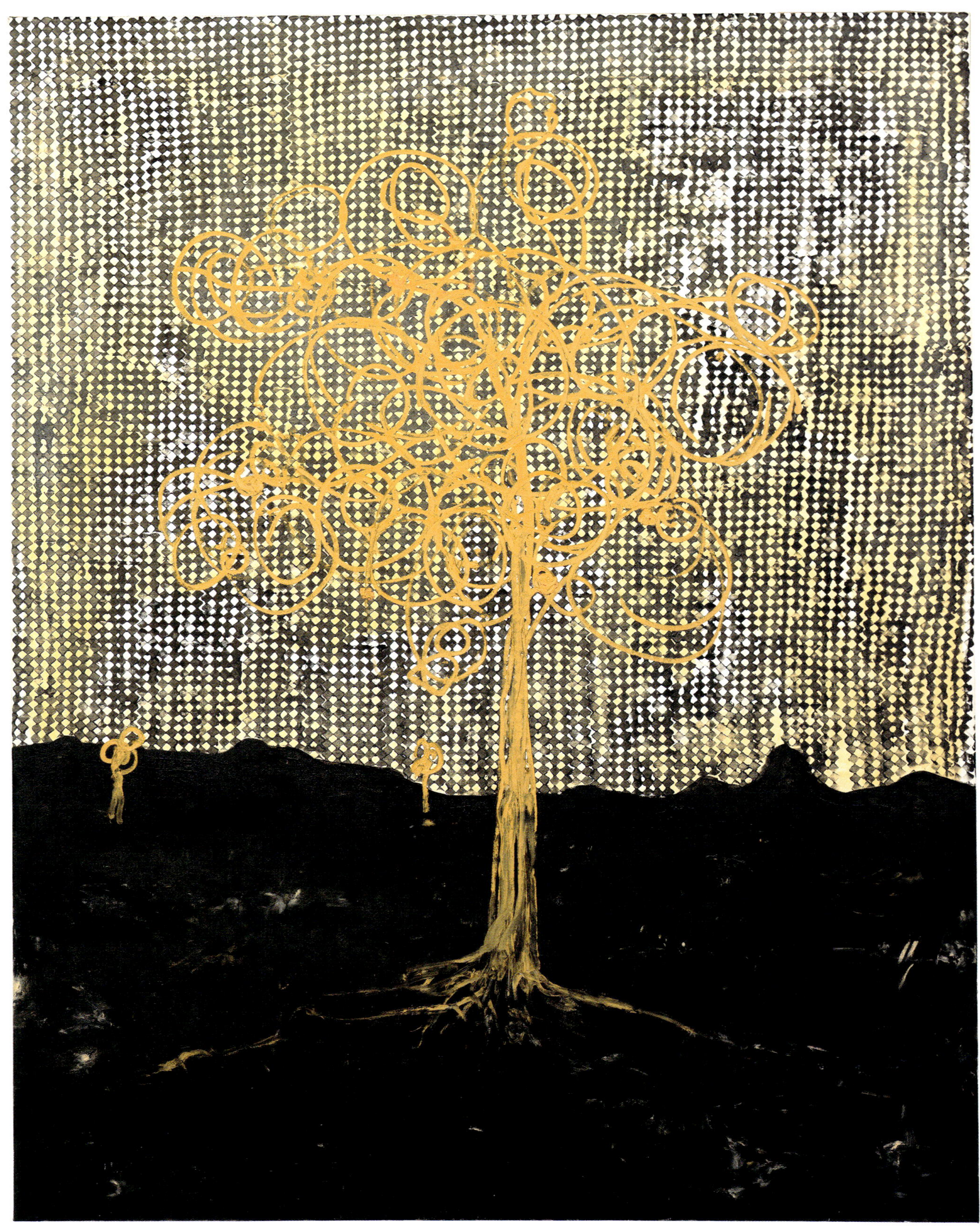

Gottes einsamster Mann

2004, Acryl und Öl auf Nessel, 230 x 180 cm

Patrick Painter Collection, Los Angeles

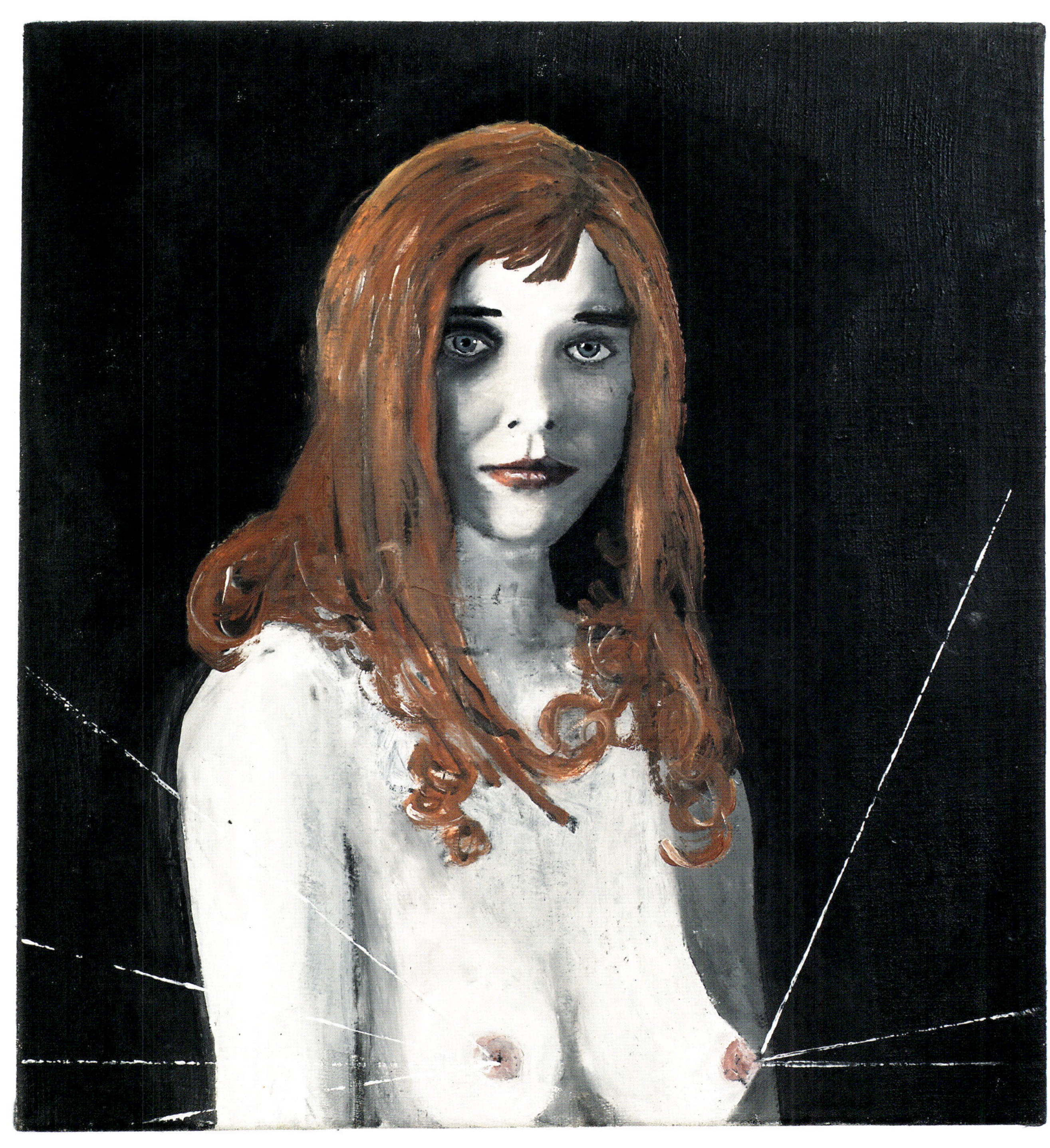

Die Entstehung der Milchstrasse
2003, Acryl und Öl auf Nessel, 55 x 50 cm
Thierry Tugenthaft, Antwerpen

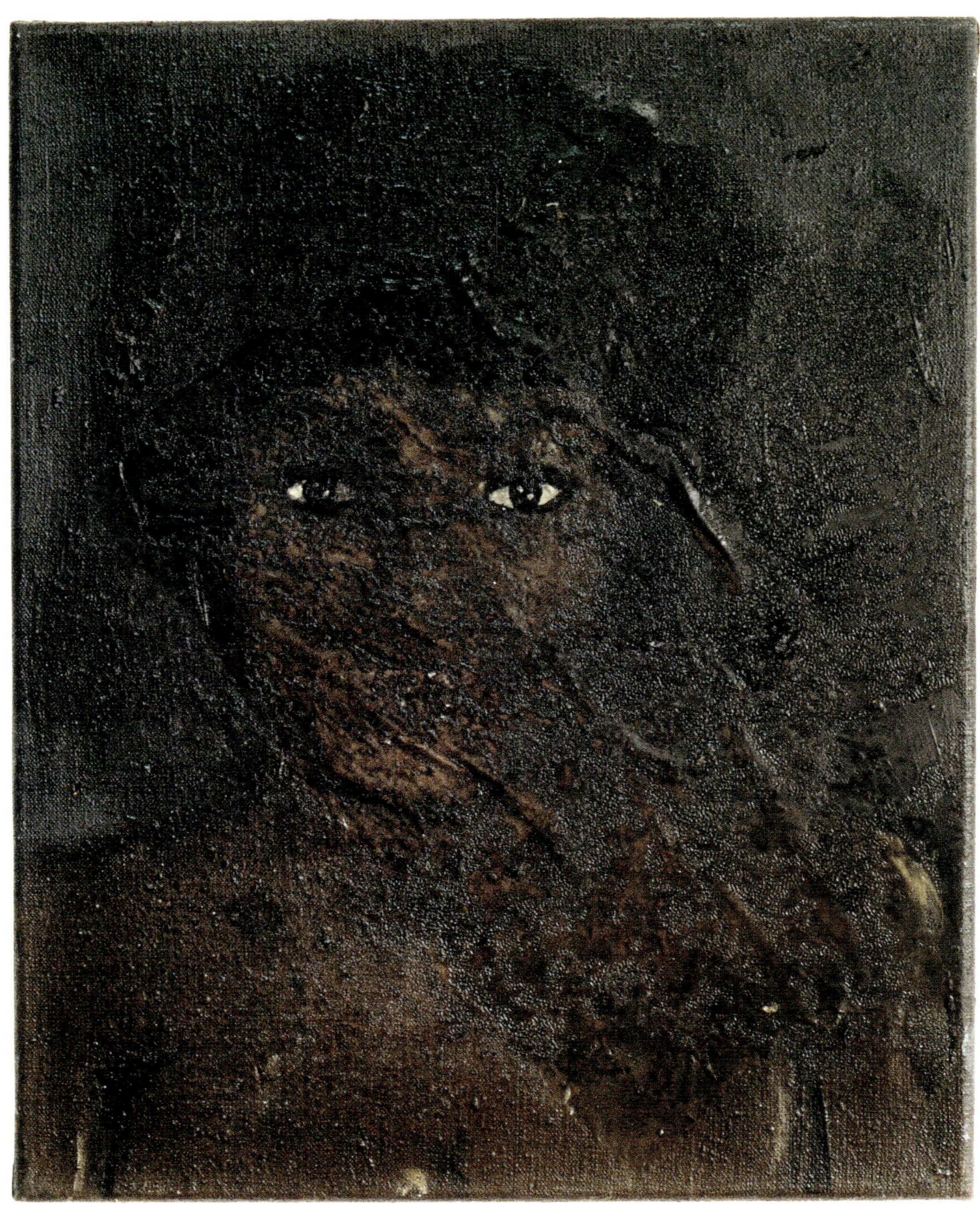

face the black

2003, Öl auf Leinwand, 50 x 40 cm

Andreas Hölscher, Köln

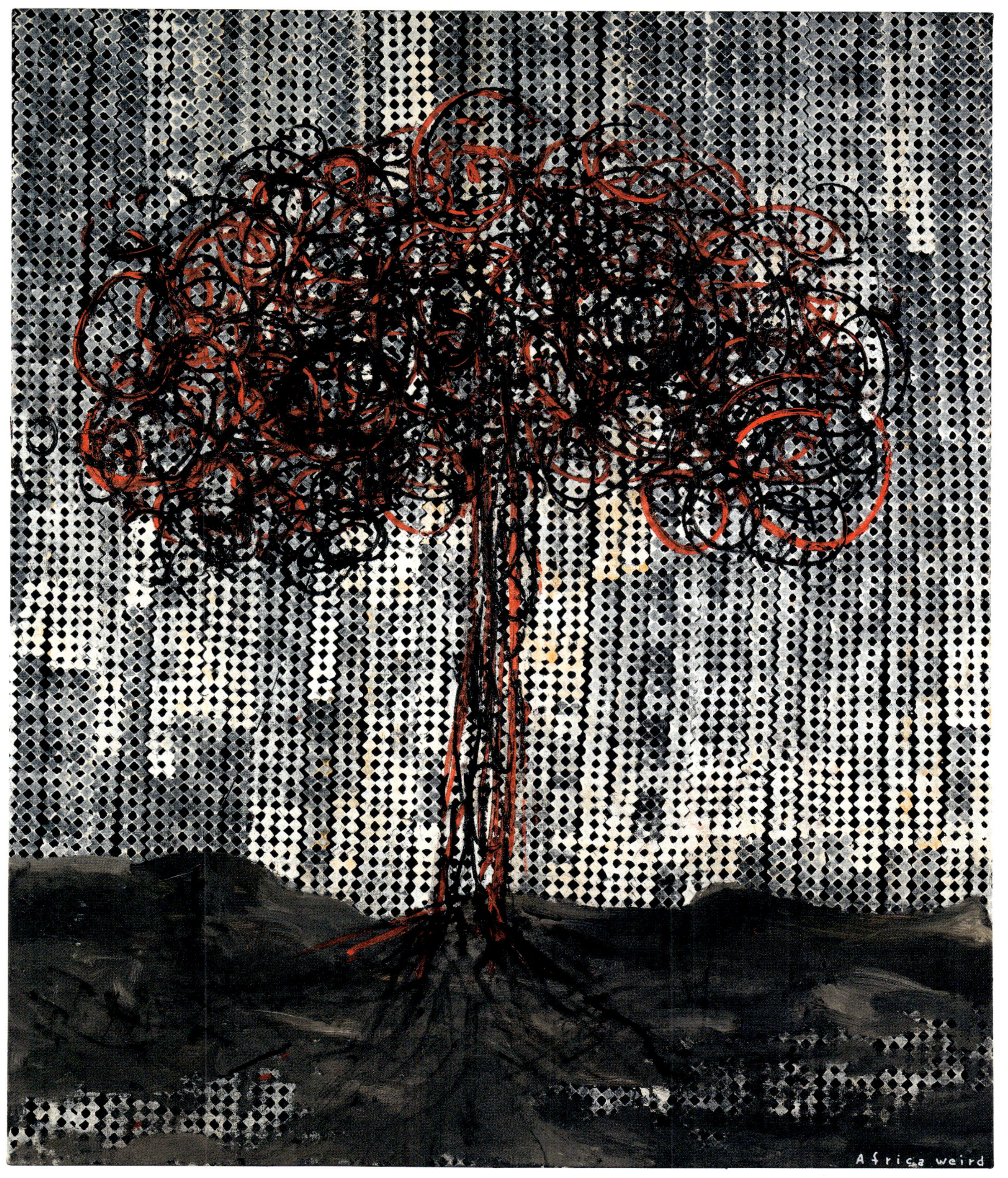

Africa Weird
2004, Acryl und Öl auf Nessel, 180 x 145 cm
courtesy Galerie Guido W. Baudach, Berlin

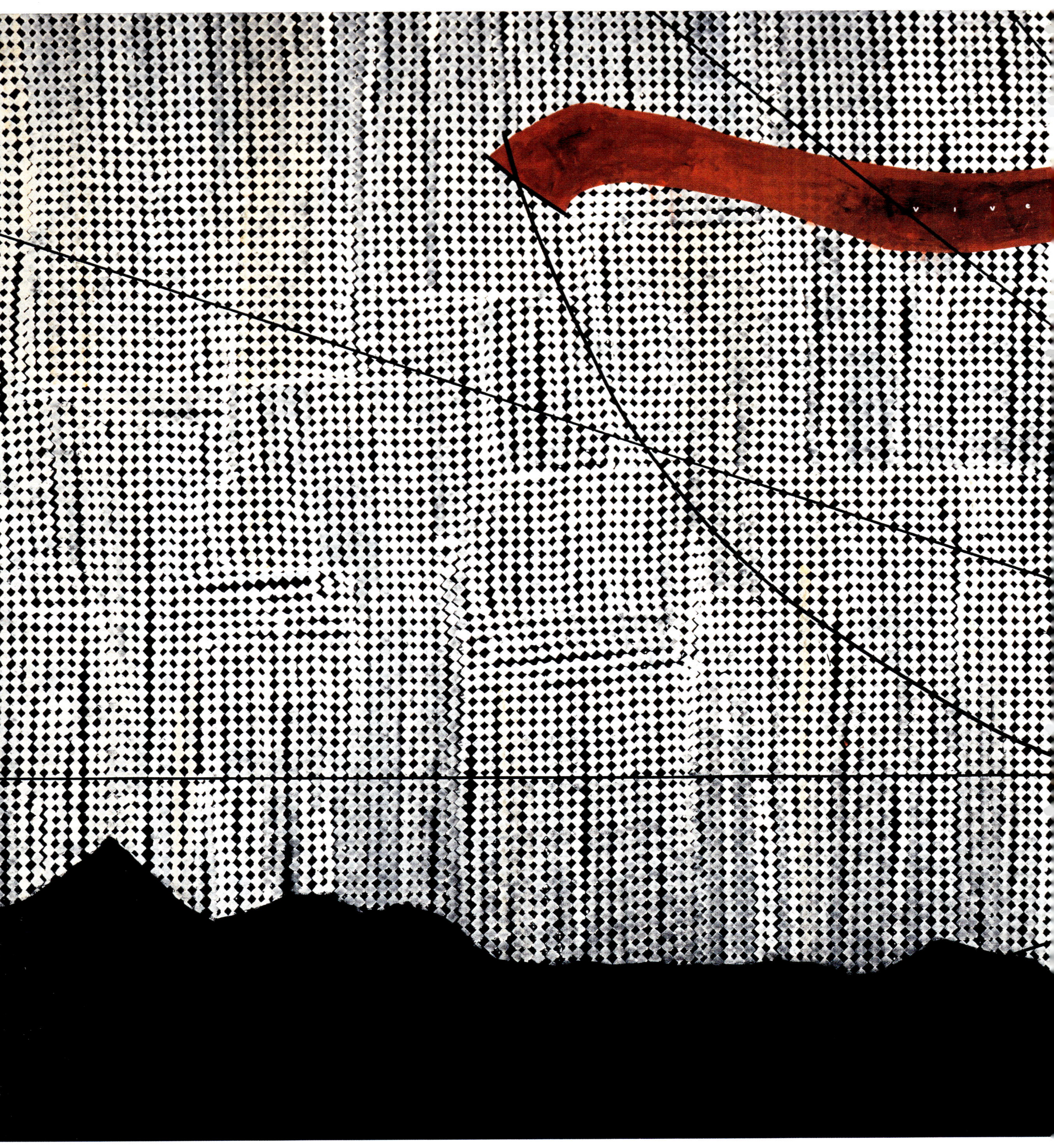
vive

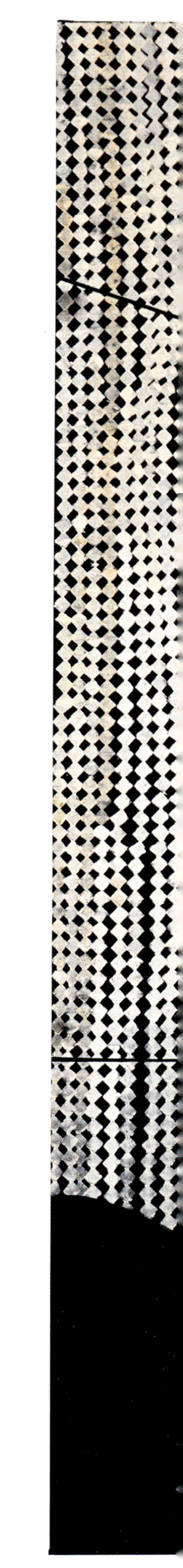

Jesus' Einzug in Brüssel
2004, Acryl und Öl auf Nessel, 280 x 800 cm
Céline und Heiner Bastian, Berlin

II

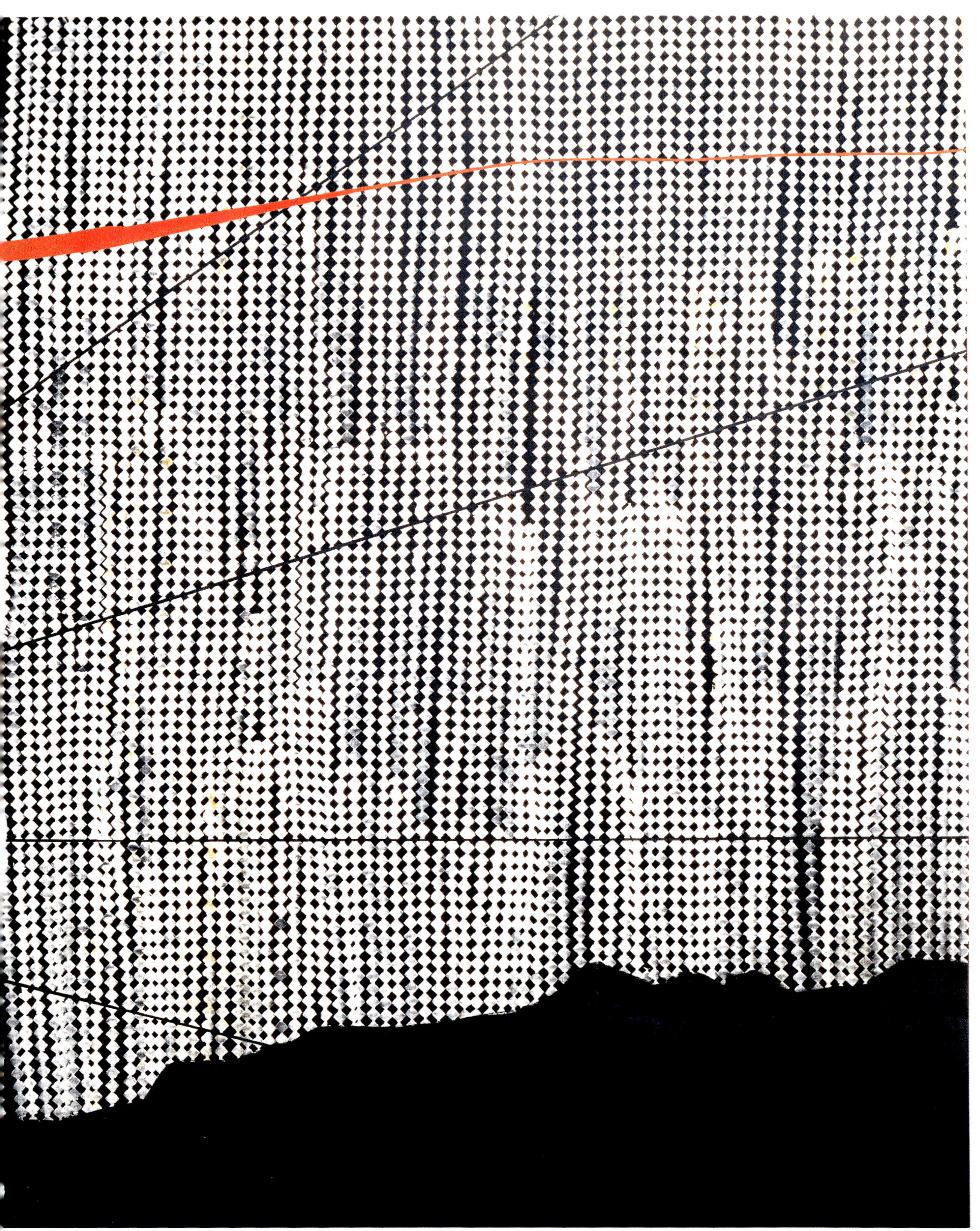

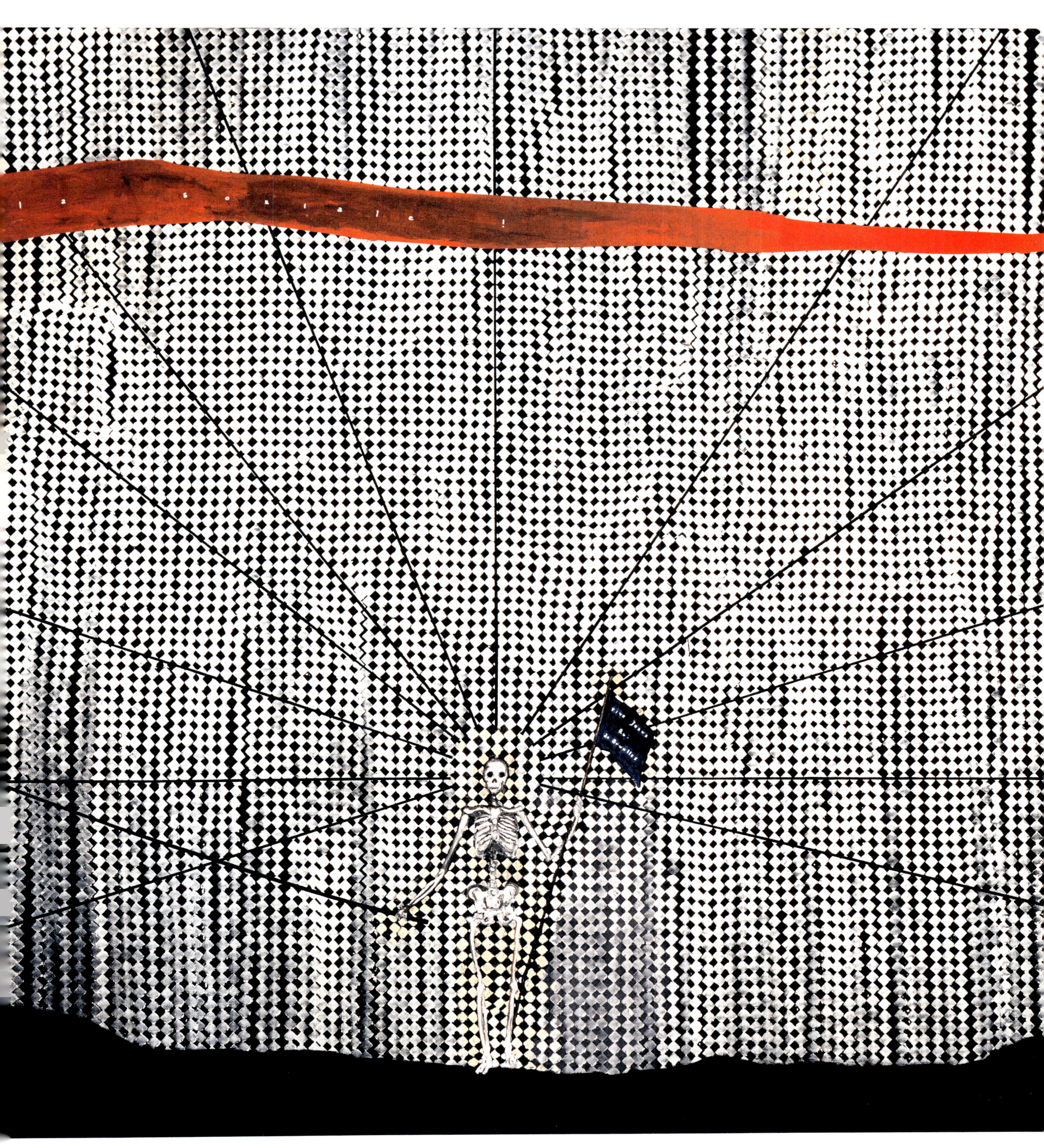
Vive Jésus
Roi
de Bruxelles

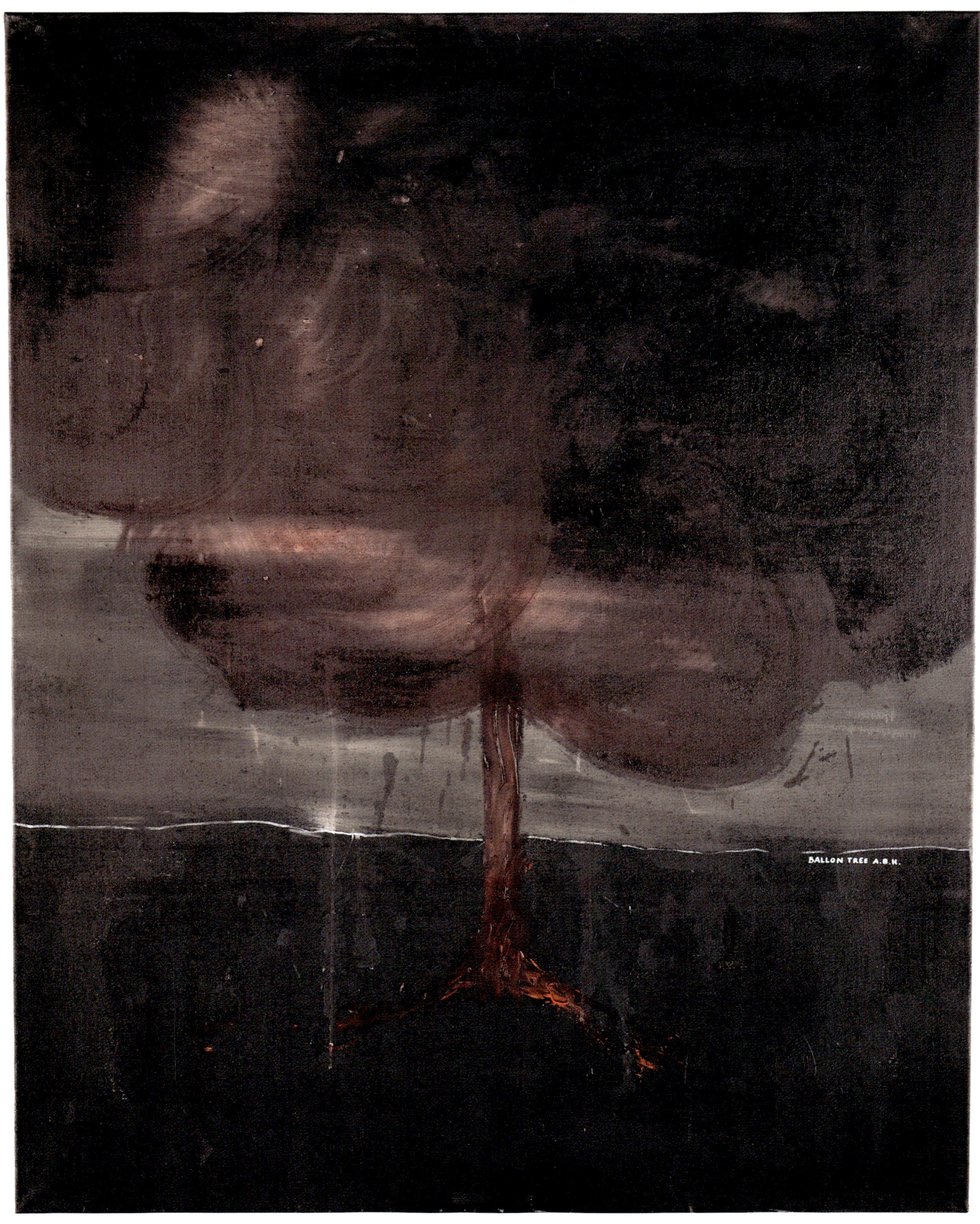

BALLON TREE

2004, Acryl und Öl auf Leinwand, 140 x 110 cm
Privatsammlung / private collection, London

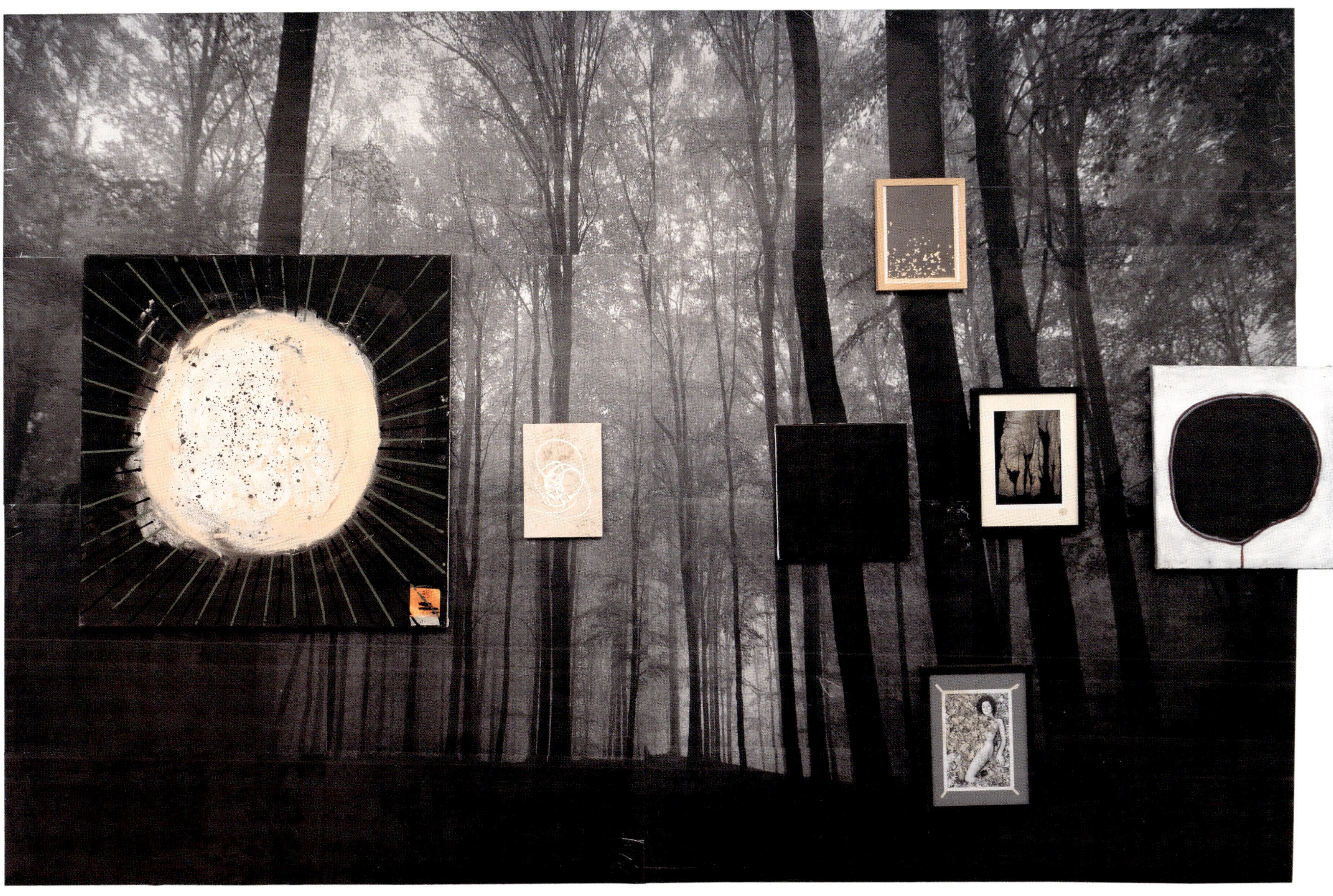

Veltro
2003, Mixed Media, 23tlg., 300 x 400 cm
DekaBank Kunstsammlung, Frankfurt / M.

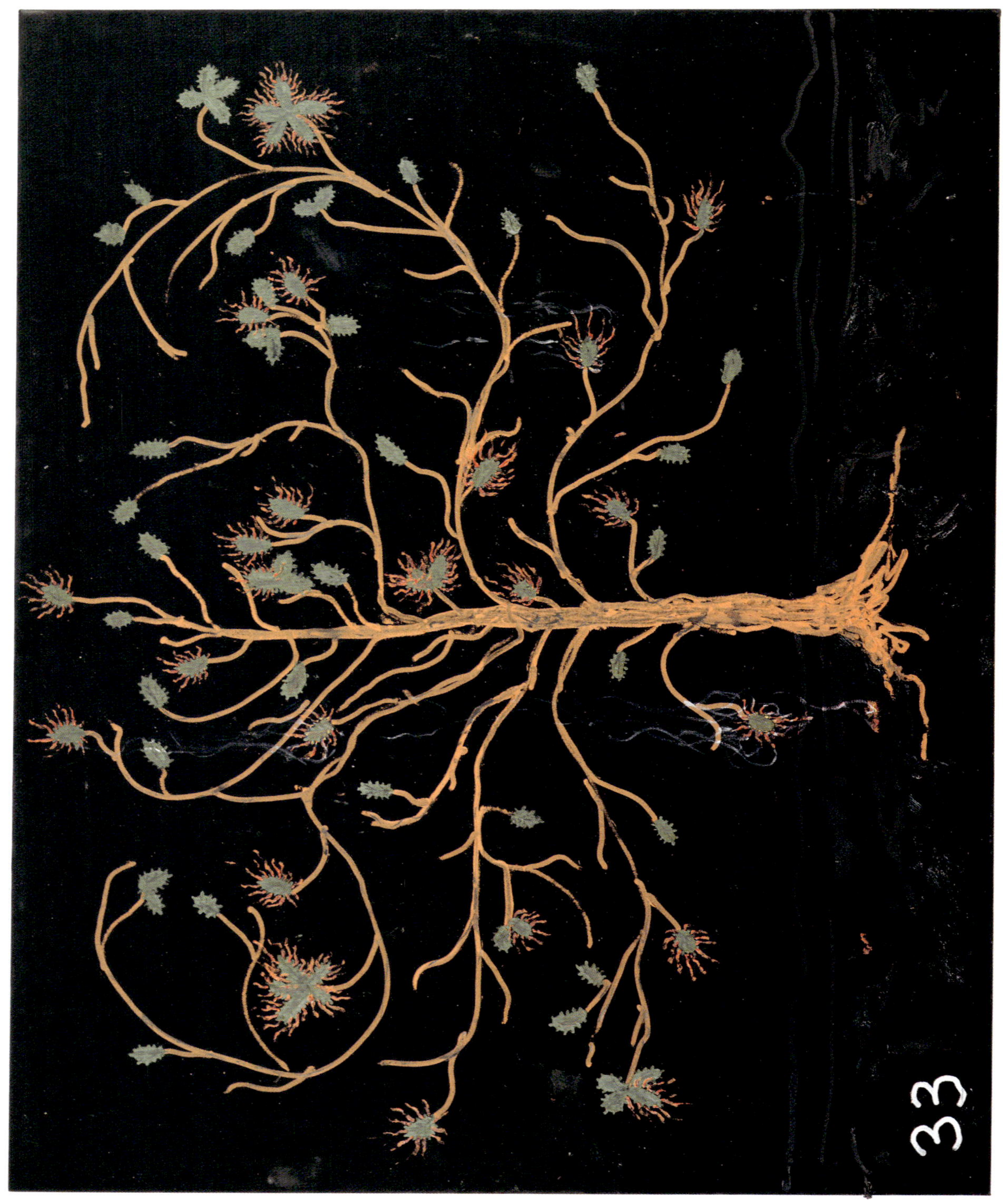

Dirty Tree
2003, Öl auf Baumwolle, 130 x 180 cm
DekaBank Kunstsammlung, Frankfurt / M.

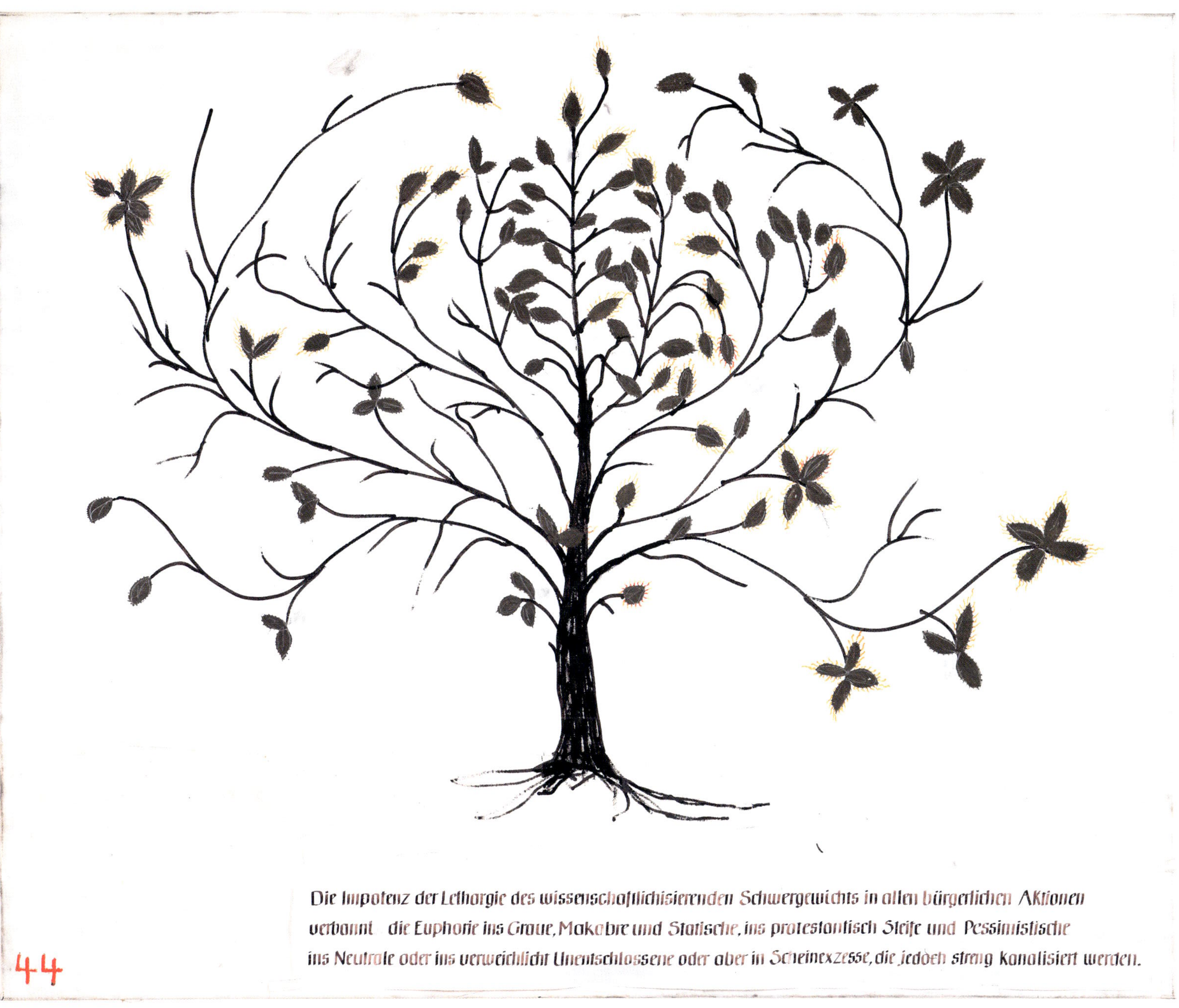

44
2002, Tempera und Öl auf Nessel, 180 x 230 cm
DekaBank Kunstsammlung, Frankfurt / M.

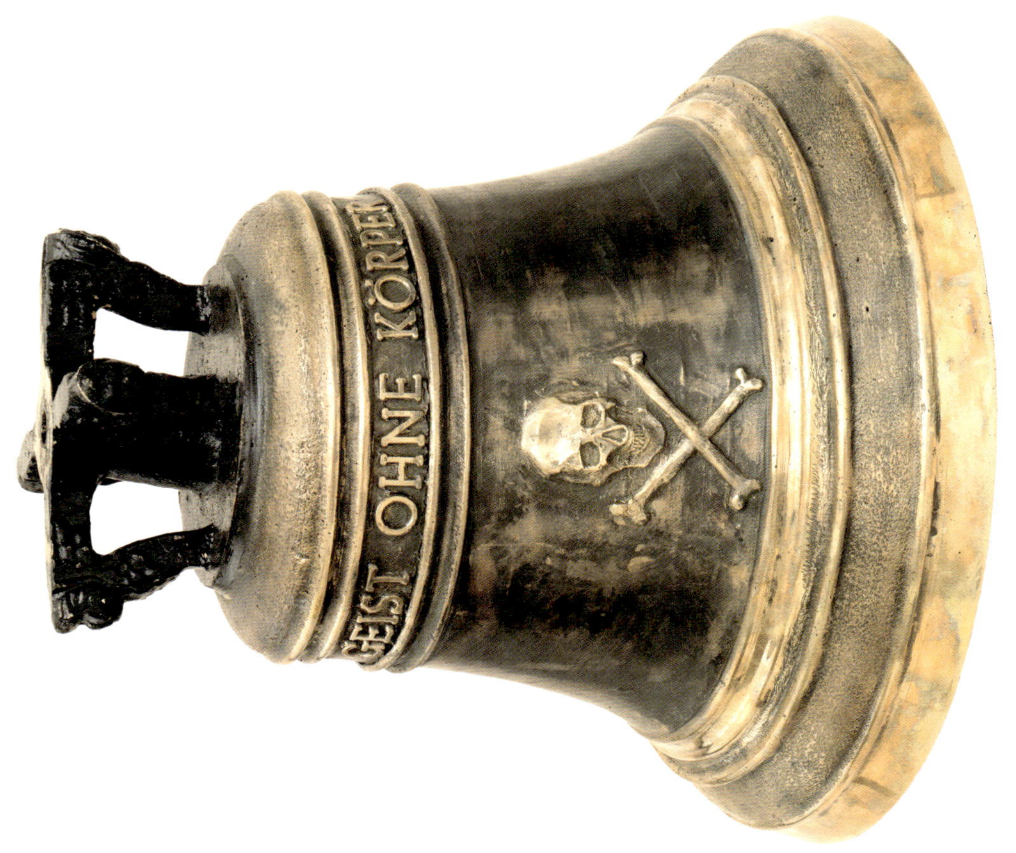

Geist ohne Körper
2004, Bronze, Auflage 3 + 1 AP, 56 x 044 cm
courtesy Galerie Guido W. Baudach, Berlin

Kunst und Chaos
2004, Mixed Media, 23 tlg., 325 x 400 x 50 cm
Gregory Papadimitriou, Athen

Kunst und Chaos

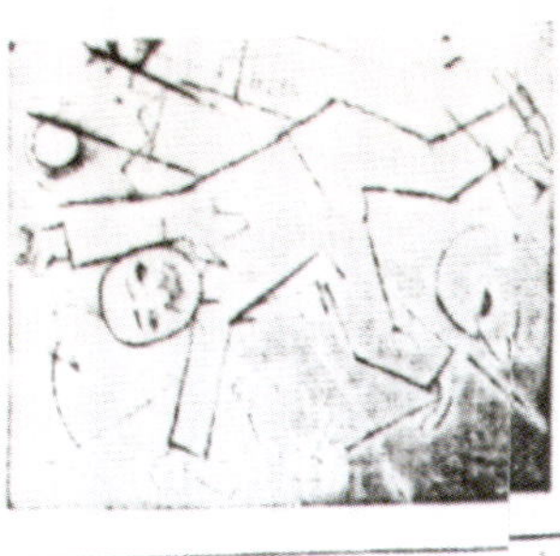

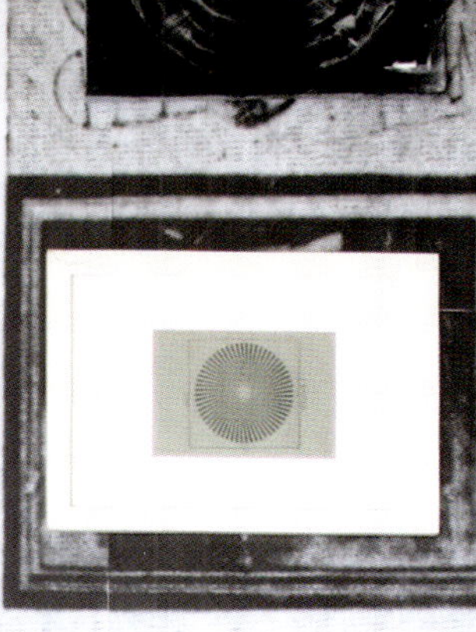

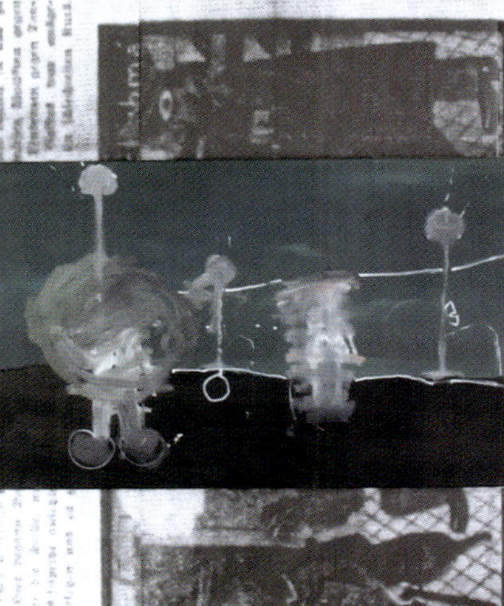

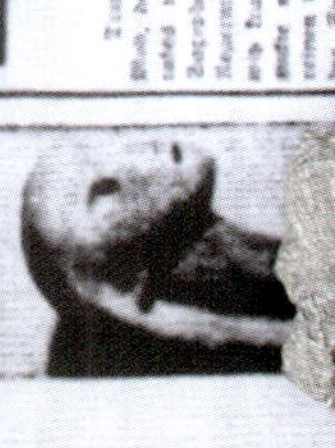

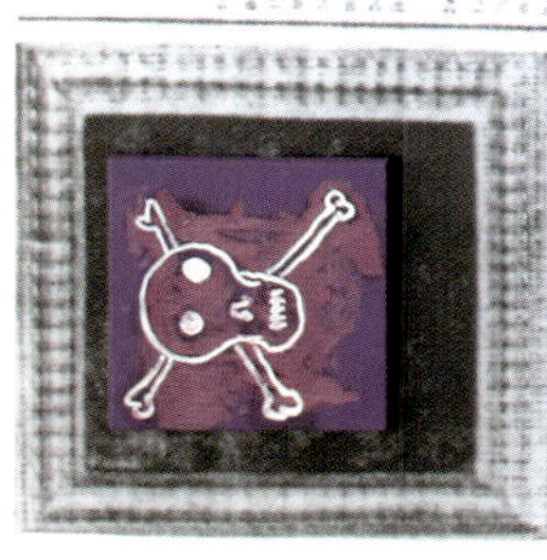

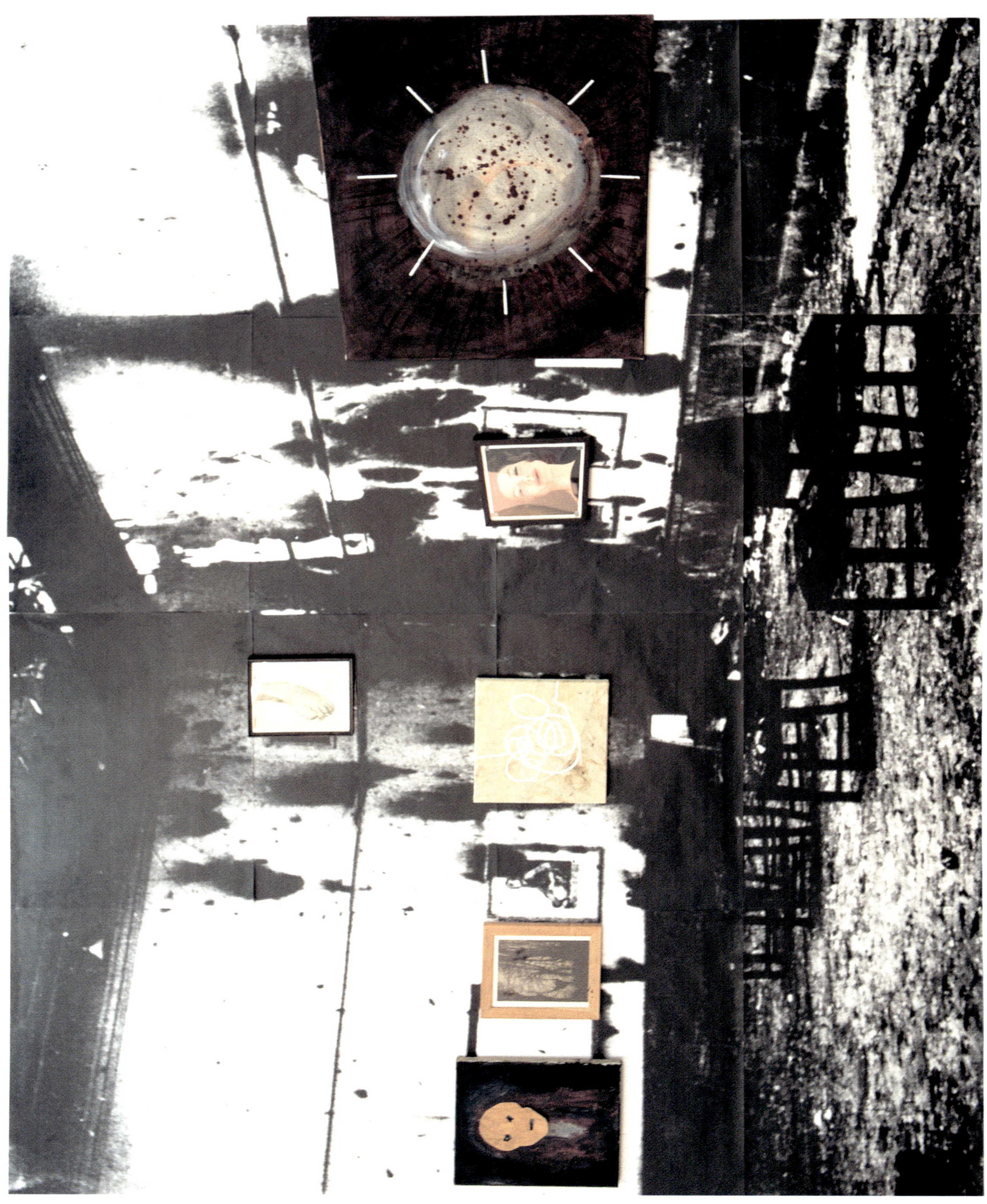

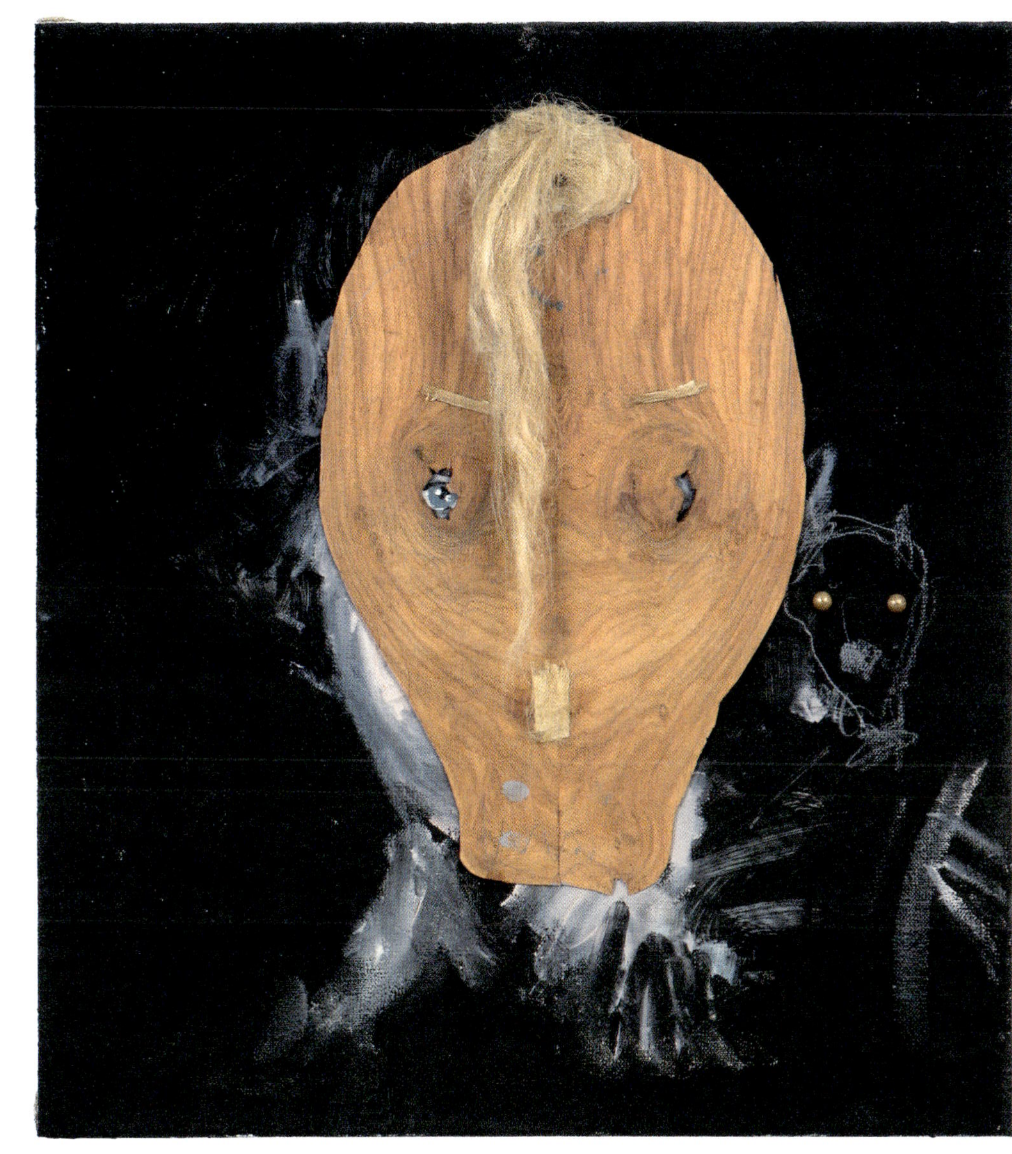

44 d'dorf
2003, Mixed Media, 22tlg., 300 x 400 cm
Céline & Heiner Bastian, Berlin

Der Tod und das Mädchen
2003, Mixed Media auf Baumwolle, 55 x 50 cm
Privatsammlung / private collection, Neapel

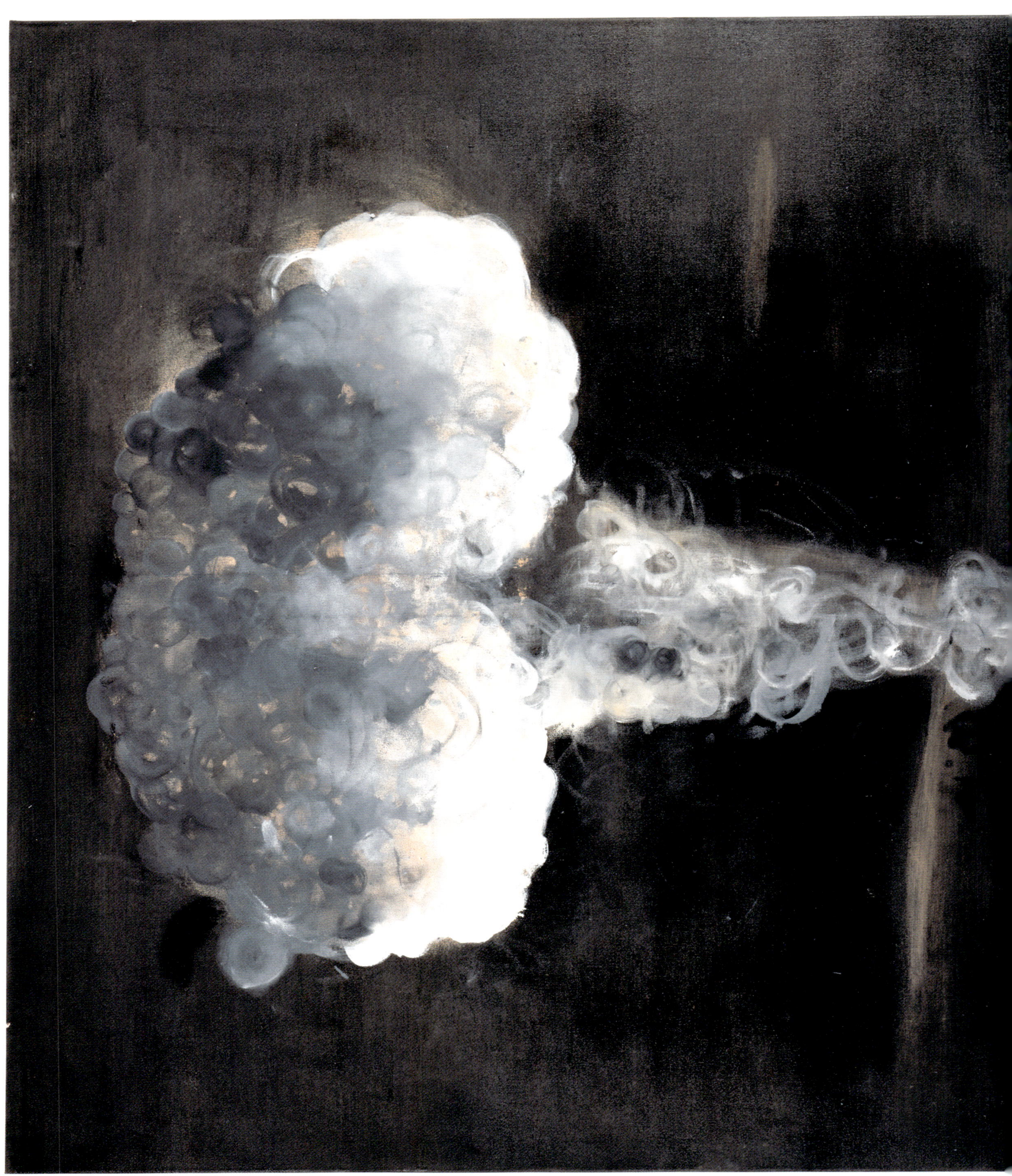

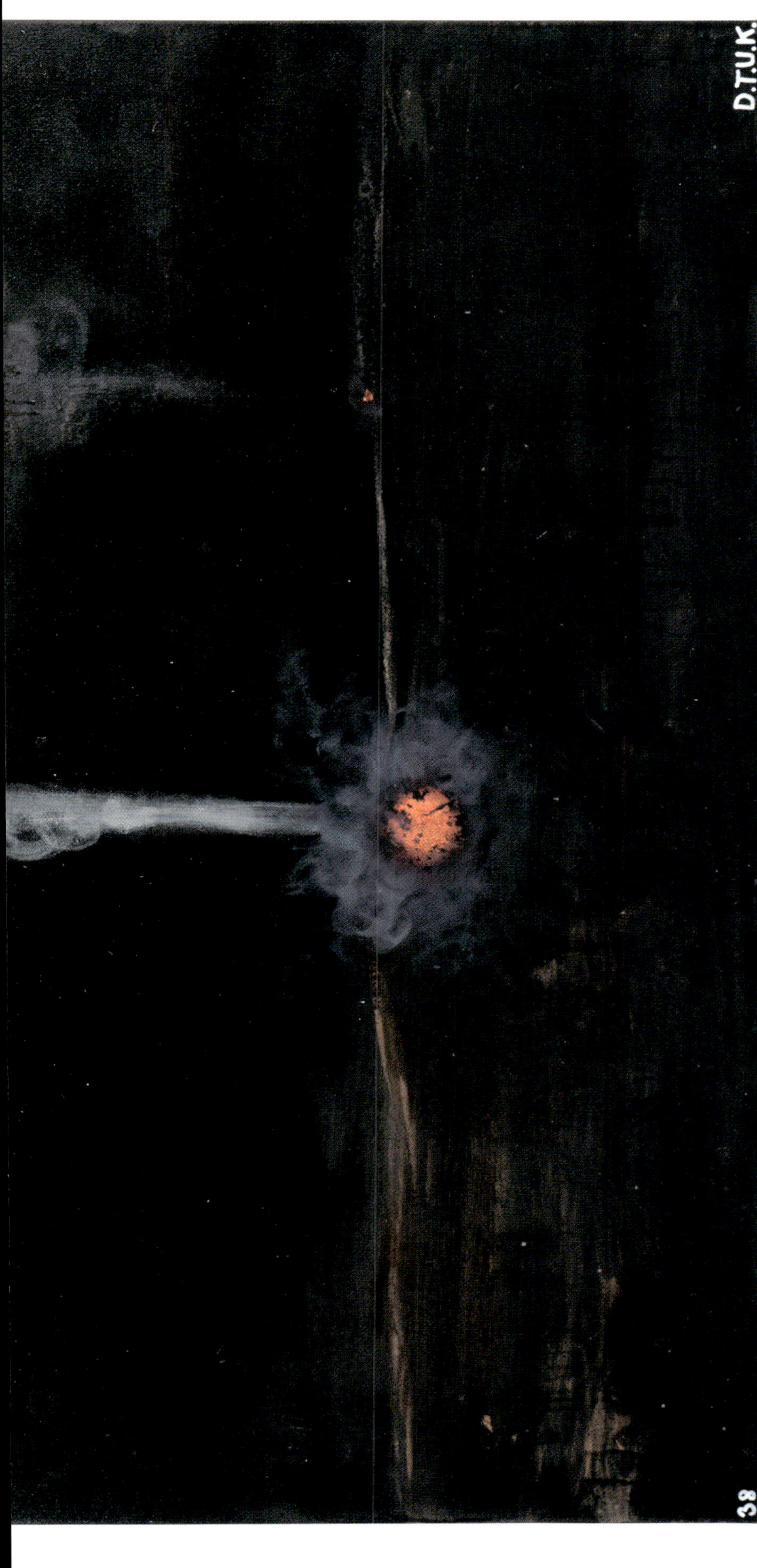

D.T.U.K.

2002, Acryl und Öl auf Nessel, 200 x 150 cm

Sammlung Boros, Wuppertal

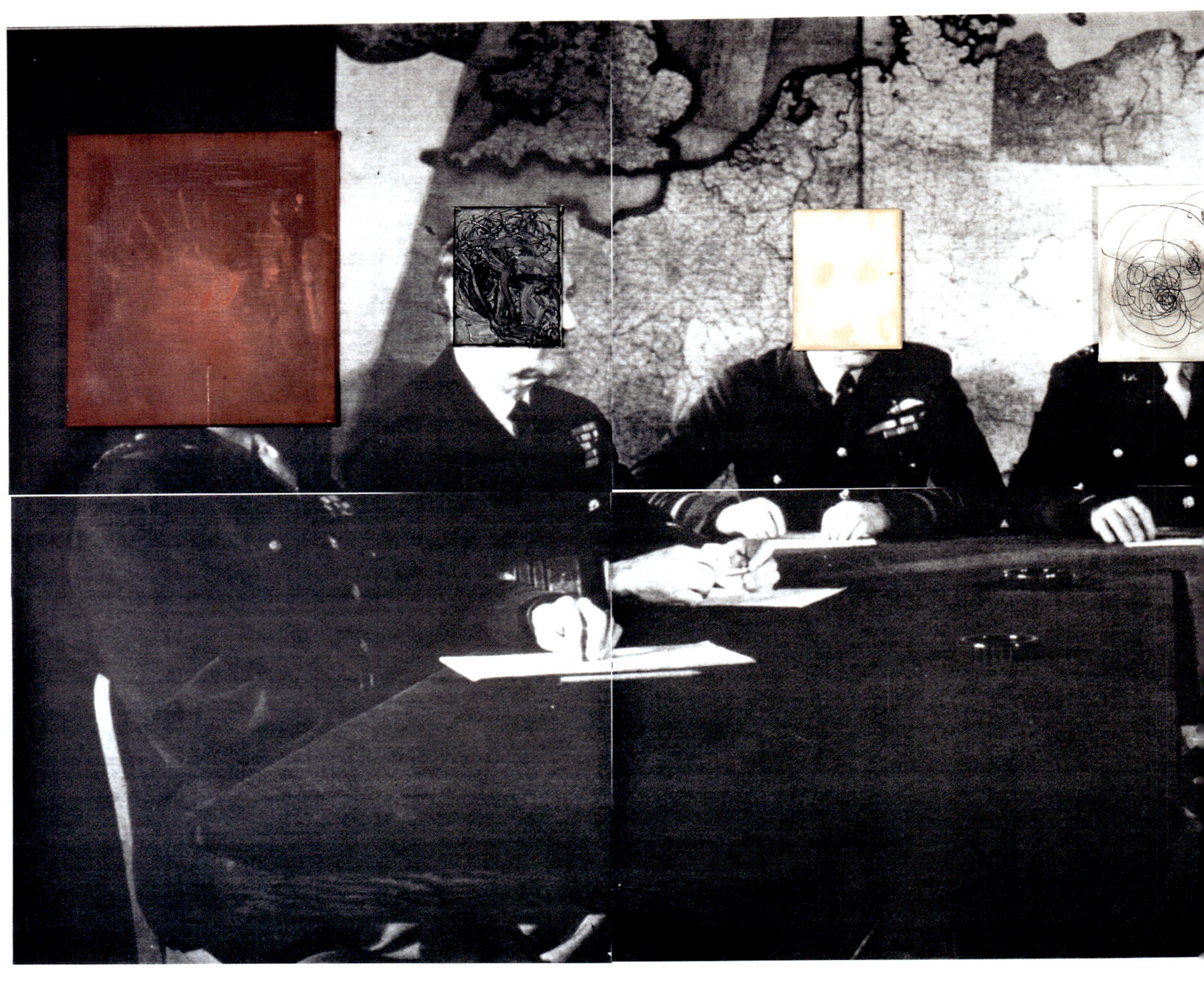

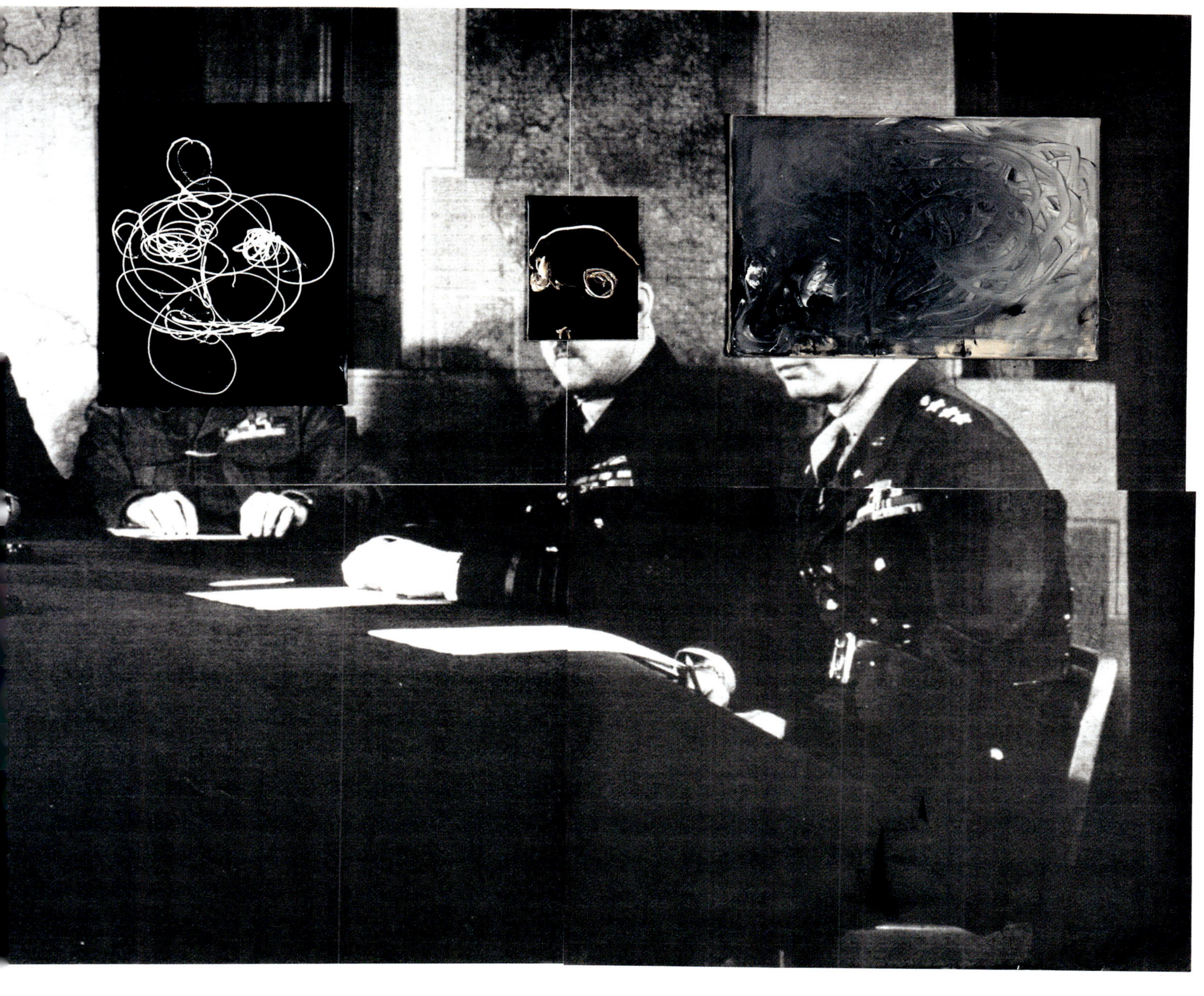

Overlord
2004, Mixed Media, 15 tlg., 160 x 403 cm
Privatsammlung / private collection, Karlsruhe

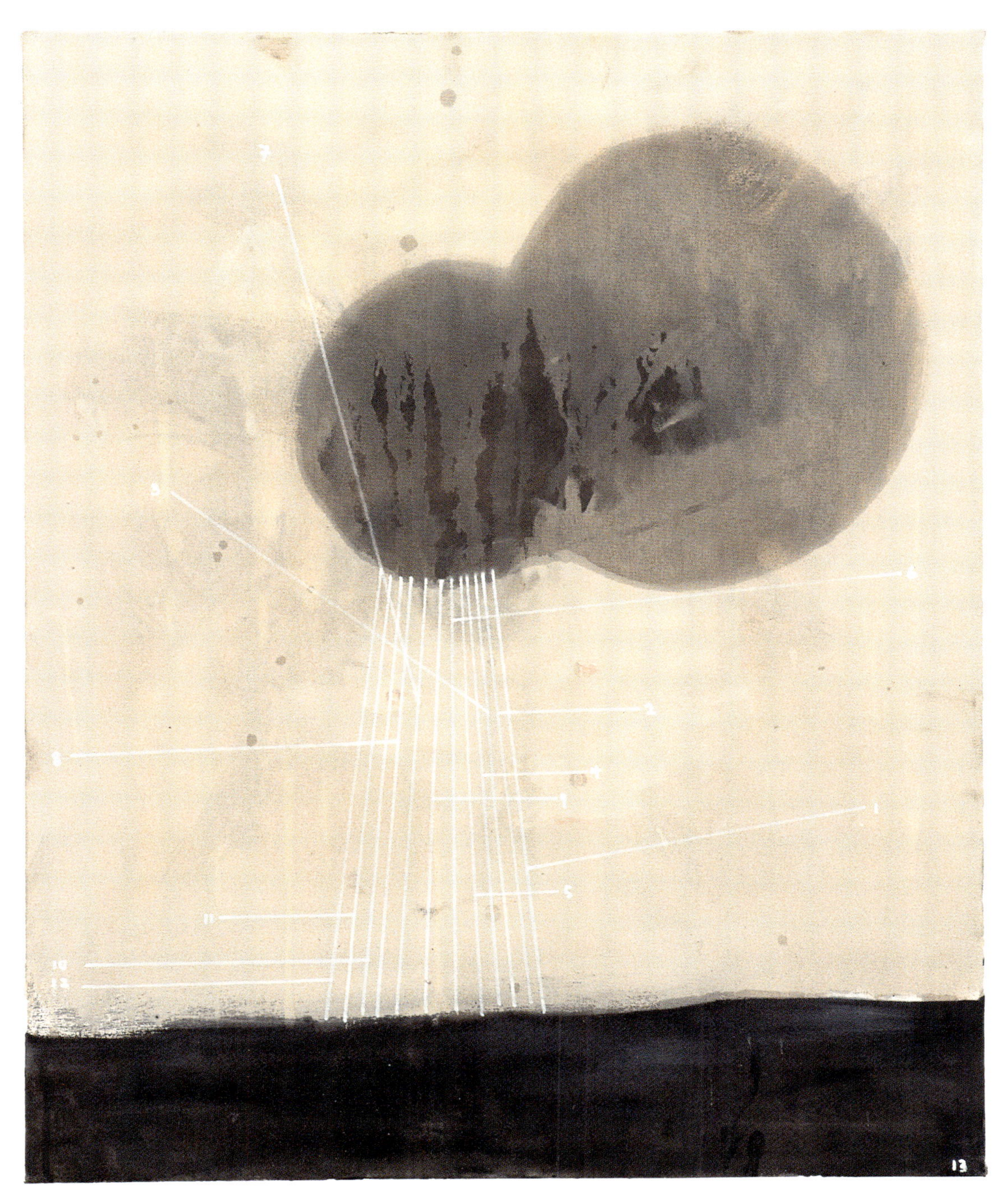

Futuristisches Gebäude
2005, Acryl, Öl und Lackstift auf Nessel, 83 x 68 cm
Shirley Morales, Los Angeles

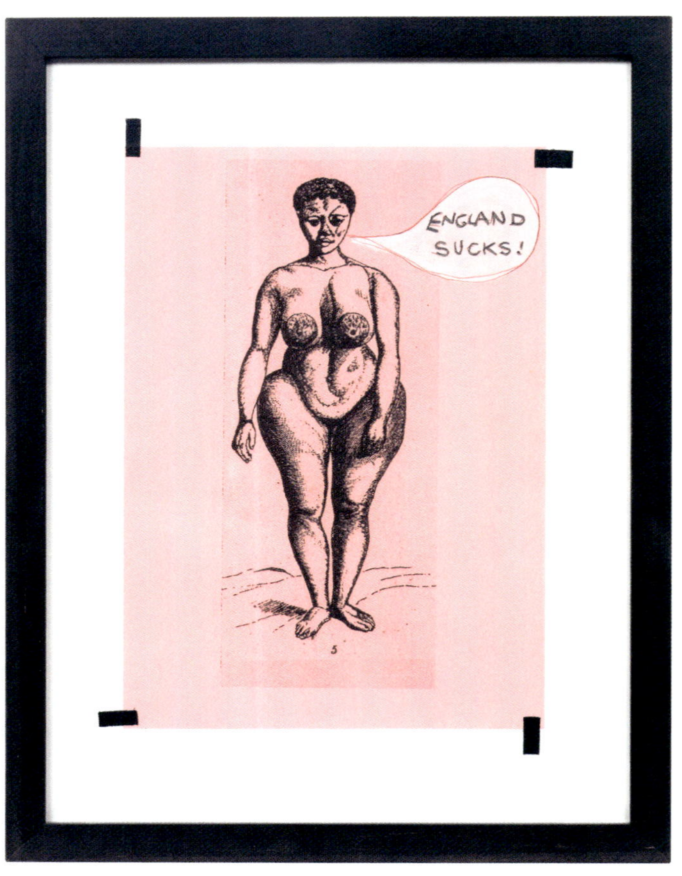

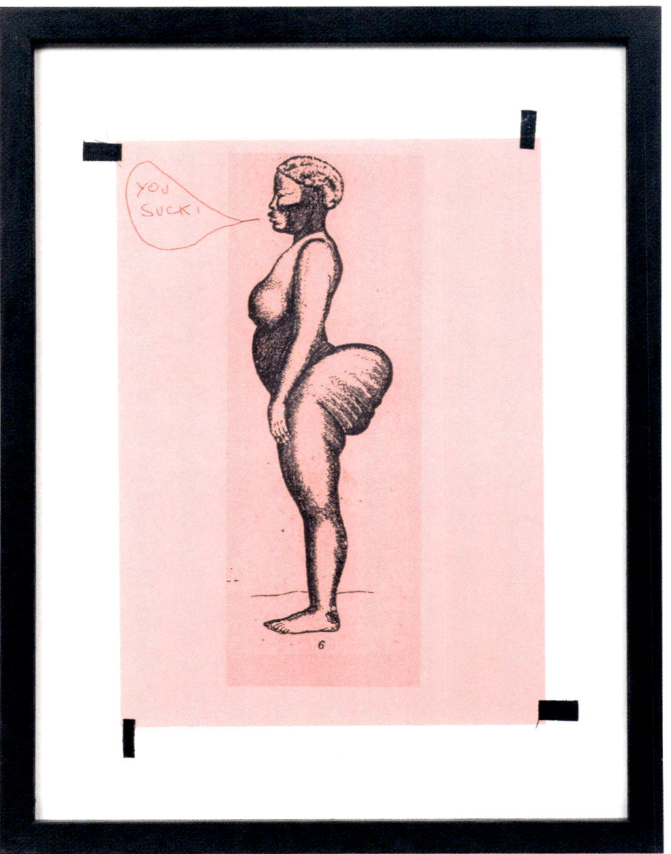

England sucks!
2005, Mixed Media, 42 x 32 cm
Laura Evans, San Venzano

You suck!
2005, Mixed Media, 42 x 32 cm
Laura Evans, San Venzano

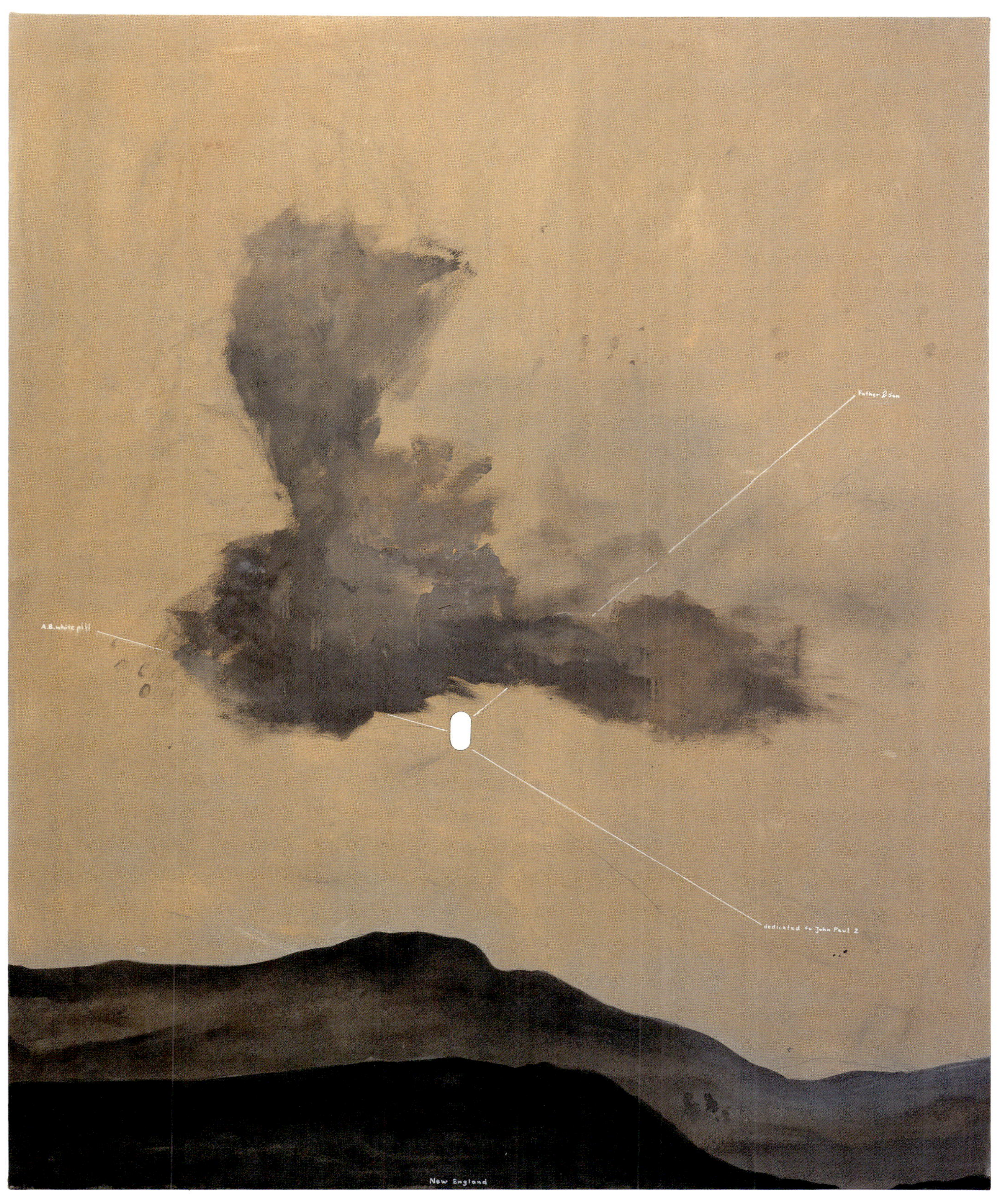

A. B. White Pill

2005, Acryl und Öl auf Nessel, 190 x 157 cm

Matt Aberle, Los Angeles

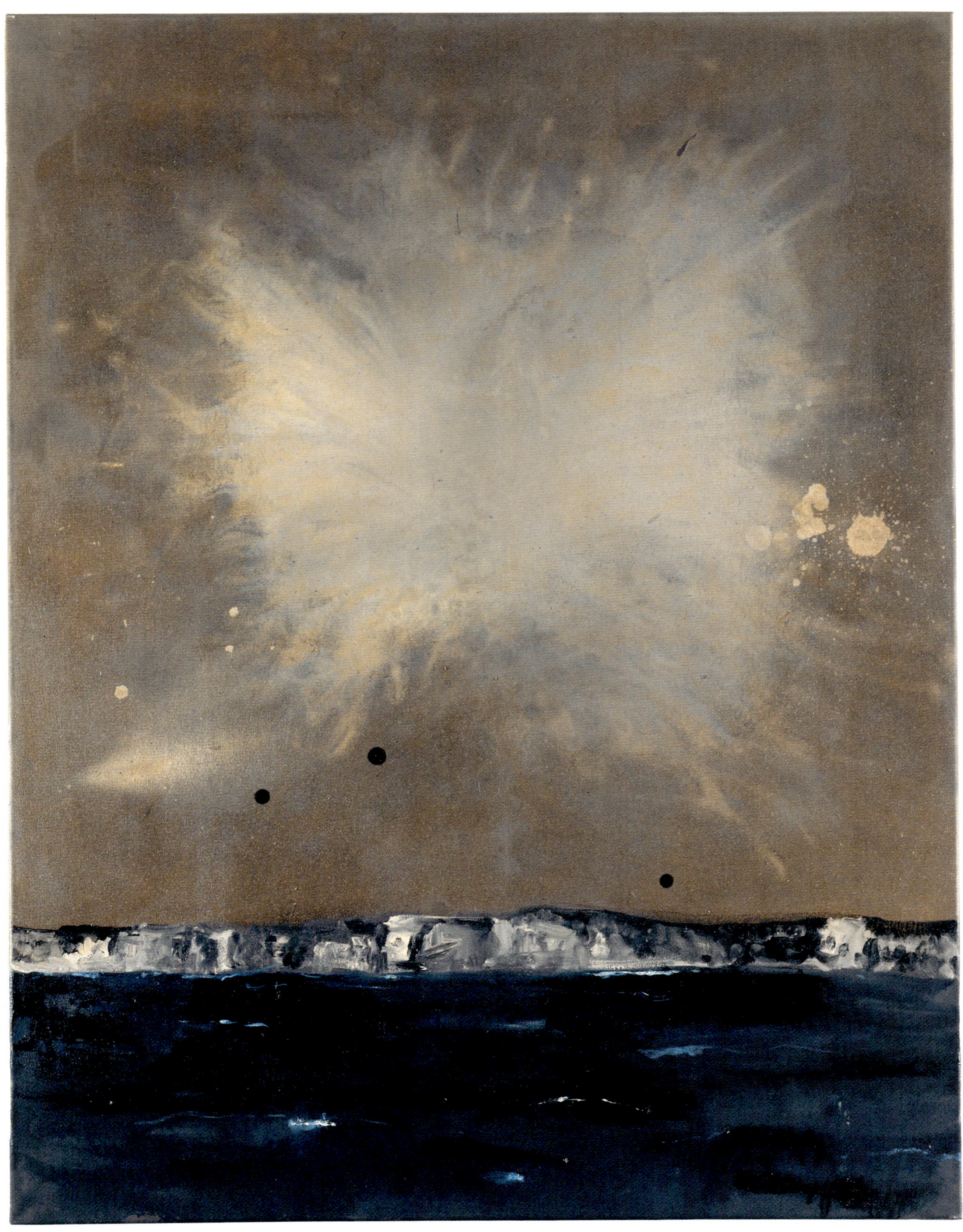

Black Pill Invasion

2005, Acryl und Öl auf Nessel, 130 x 100cm

Dean Valentine & Amy Adelson, Los Angeles

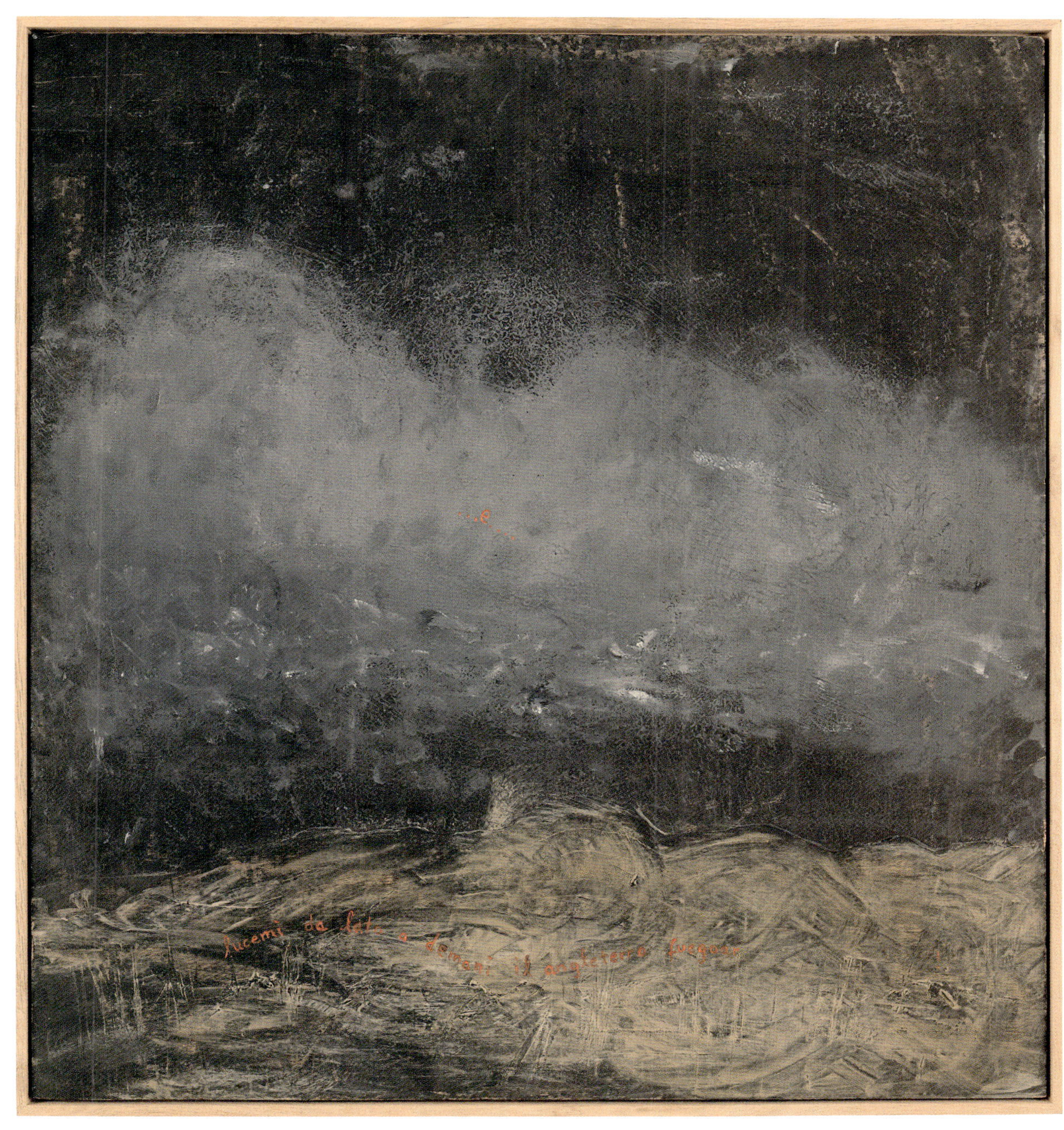

e

2004, Öl auf Holz, 75 x 75 cm
Céline & Heiner Bastian, Berlin

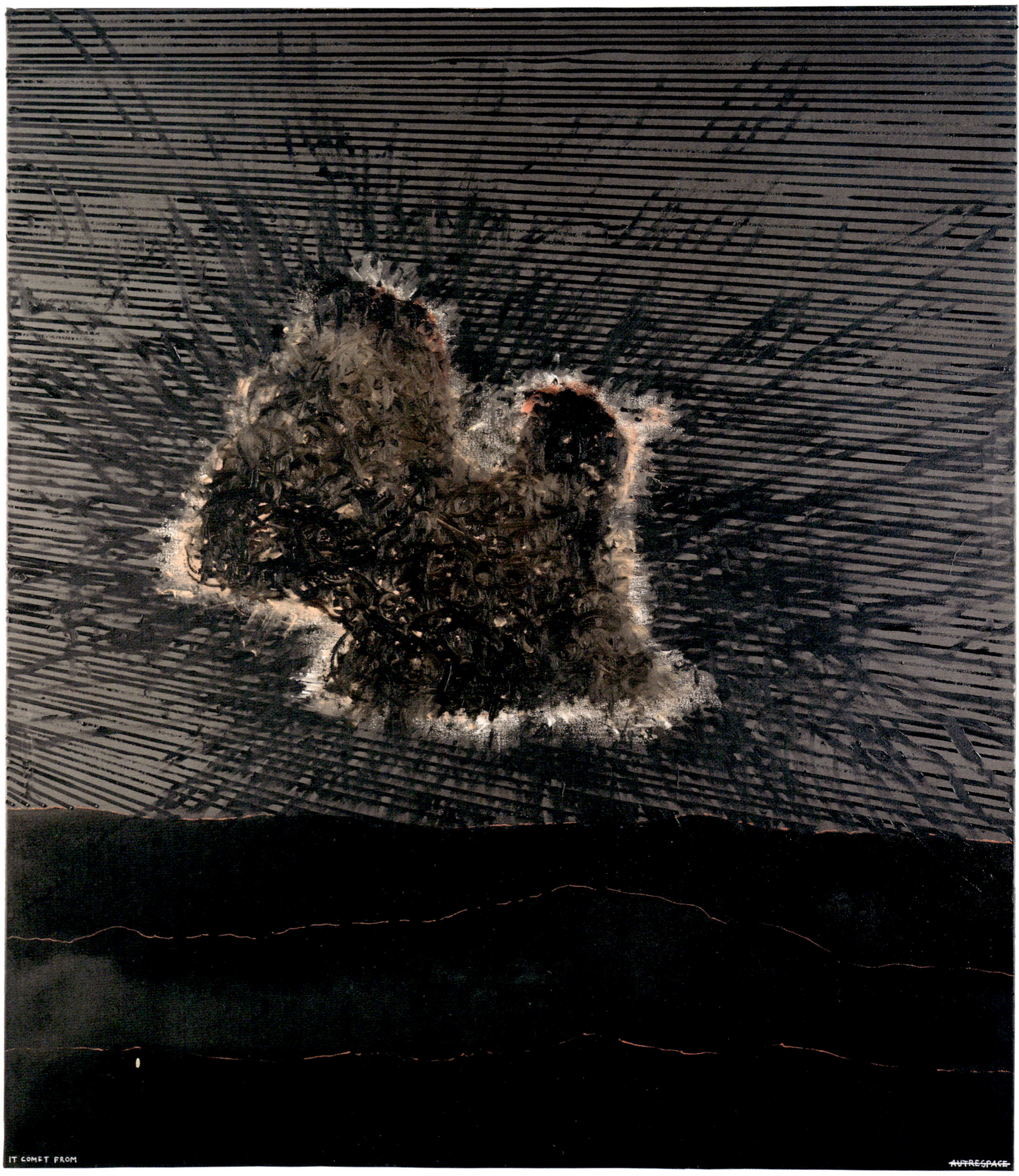

Autrespace
2004, Acryl und Öl auf Nessel, 200 x 170 cm
Patrick Painter Collection, Los Angeles

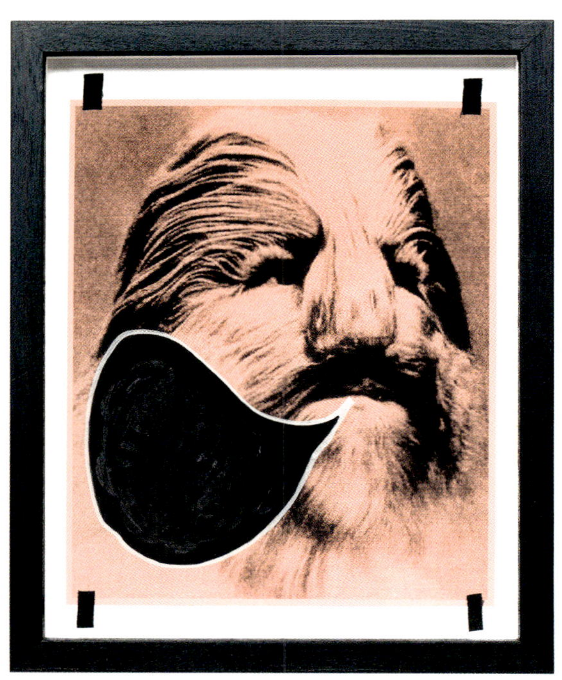

Stonehenge (m)
2005, Mixed Media, 32 x 27 cm
courtesy Patrick Painter Inc., Santa Monica

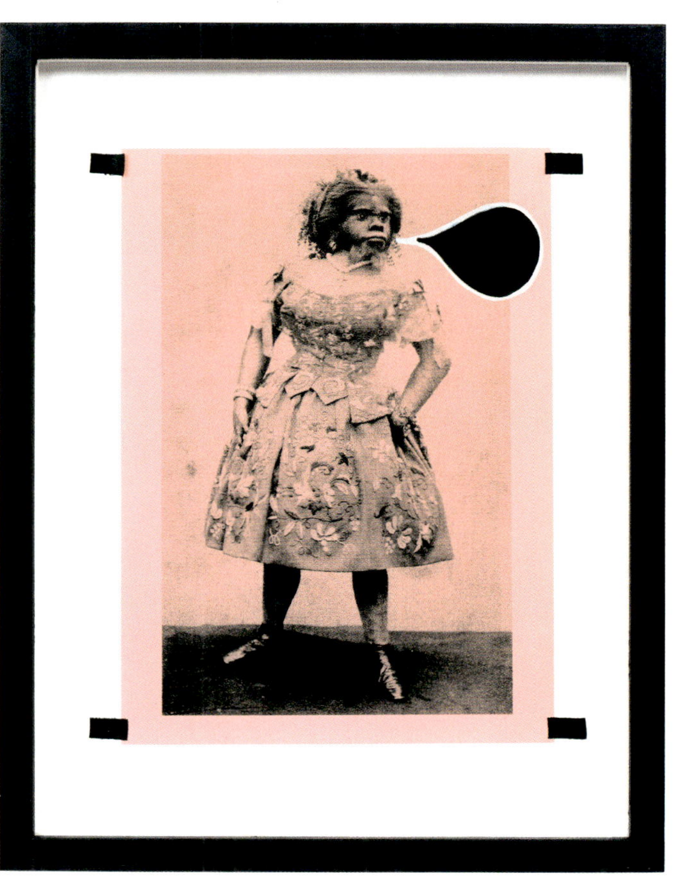

Stonehenge (f)
2005, Mixed Media, 42 x 32 cm
courtesy Patrick Painter Inc., Santa Monica

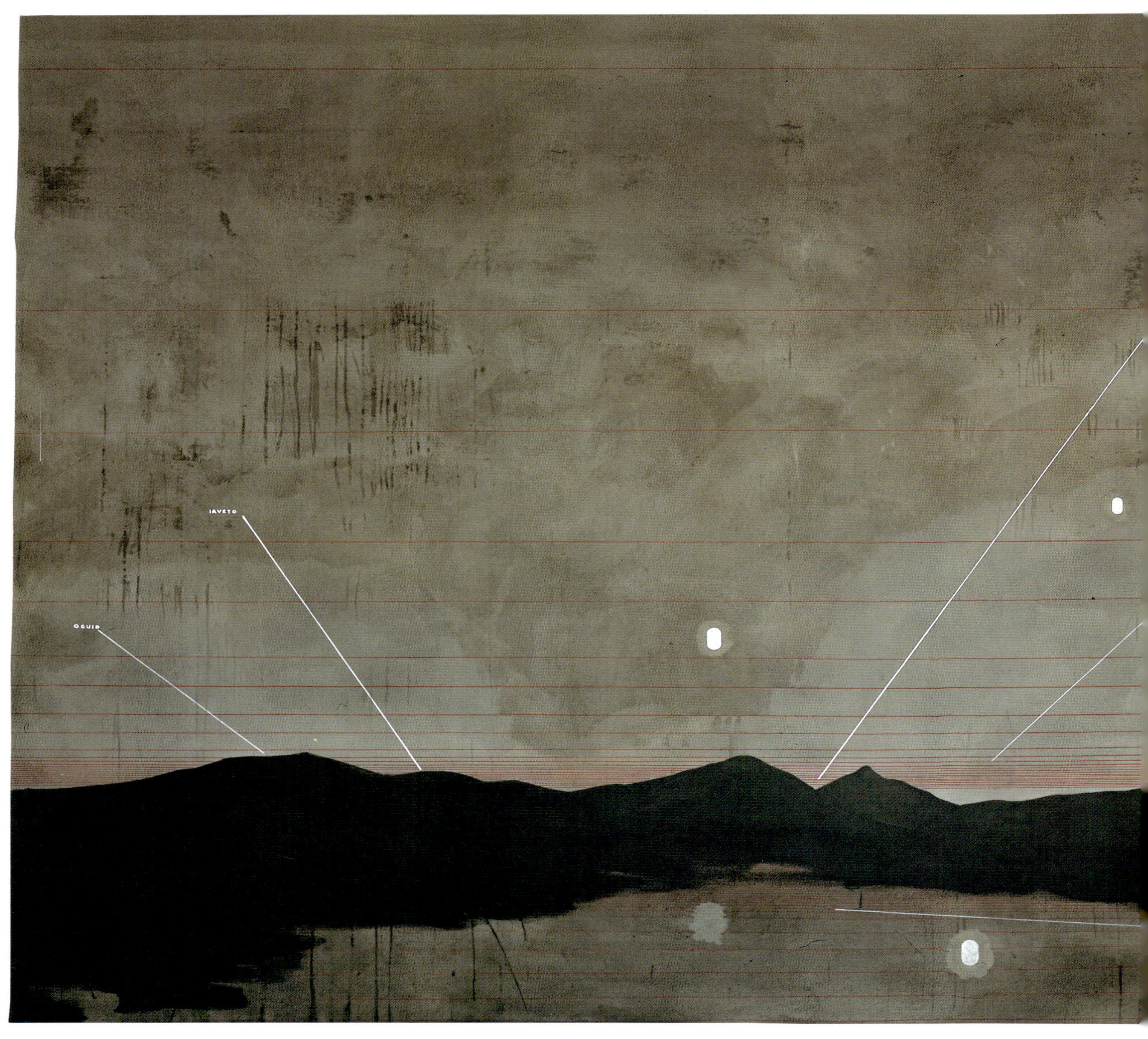
IAVETO
O GUID

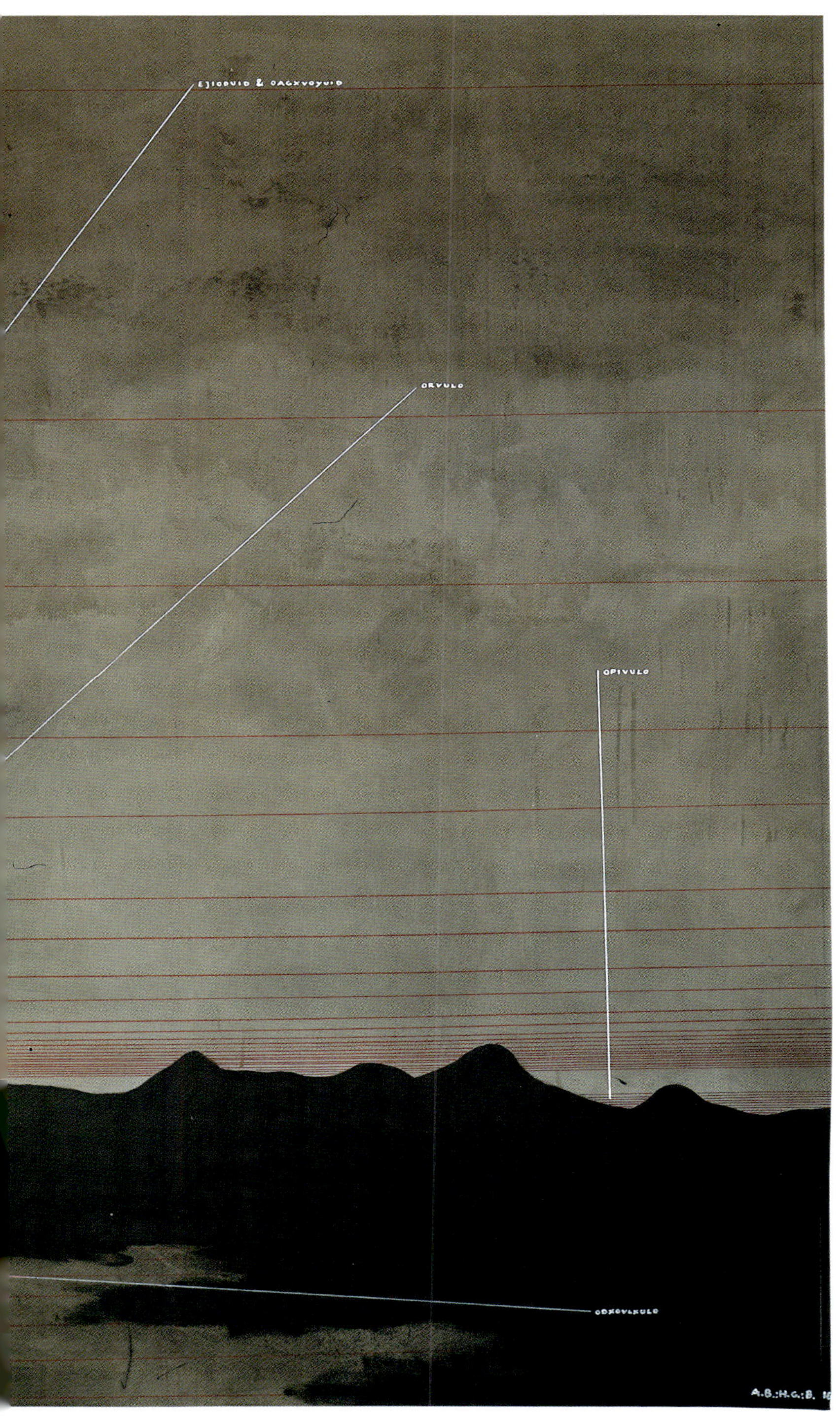

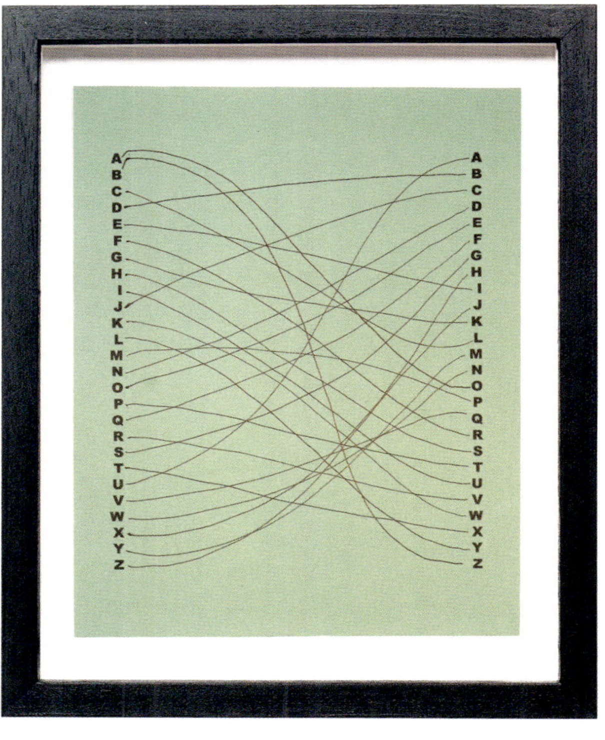

A. B.: H. G.: B. 16.

2005, Acryl und Öl auf Leinwand / Mixed Media,
2 tlg., 280 x 400 cm / 42 x 32 cm

Privatsammlung / private collection, New York

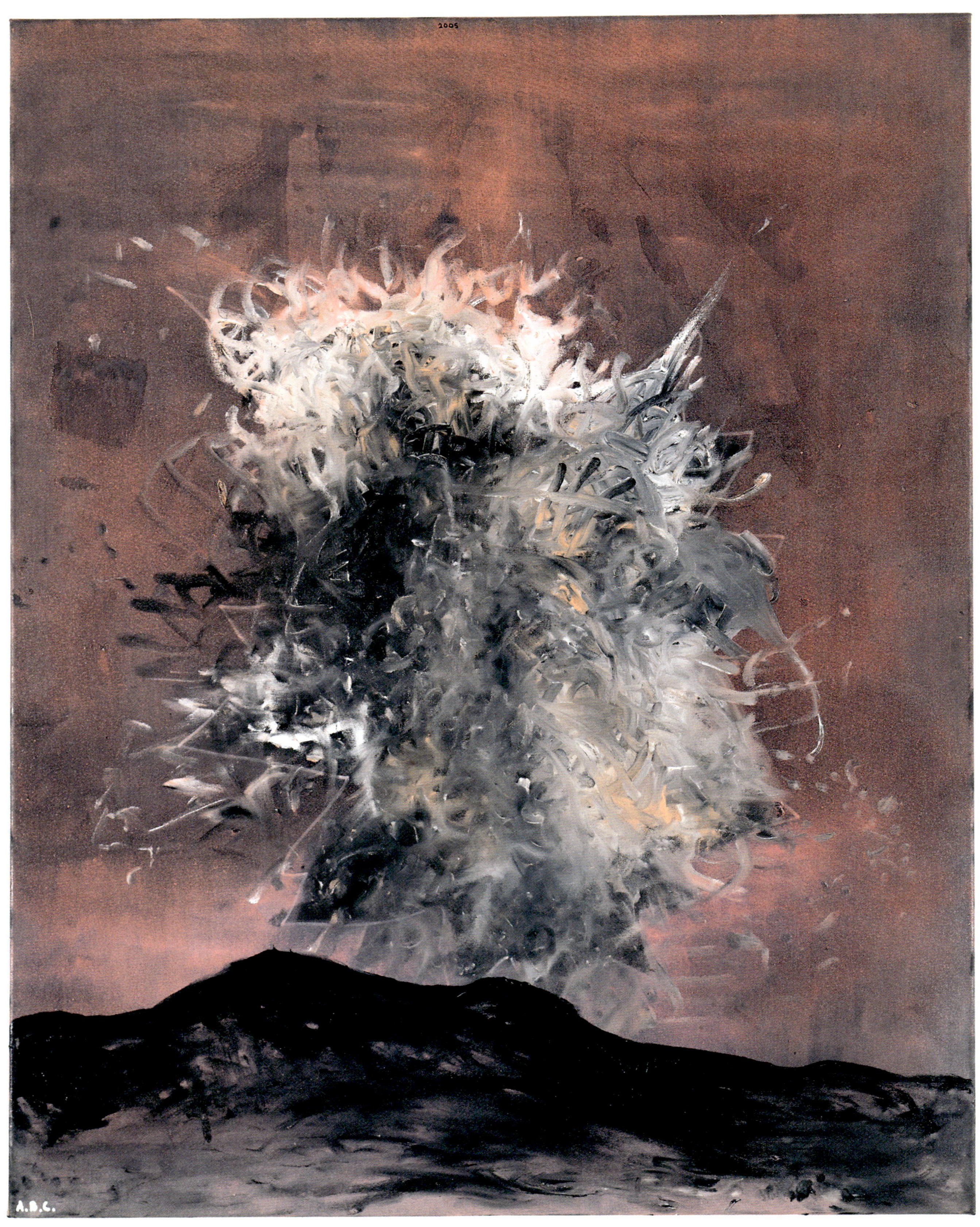

A.B.C.

2005, Acryl und Öl auf Nessel, 140 x 110 cm

Privatsammlung / private collection, London

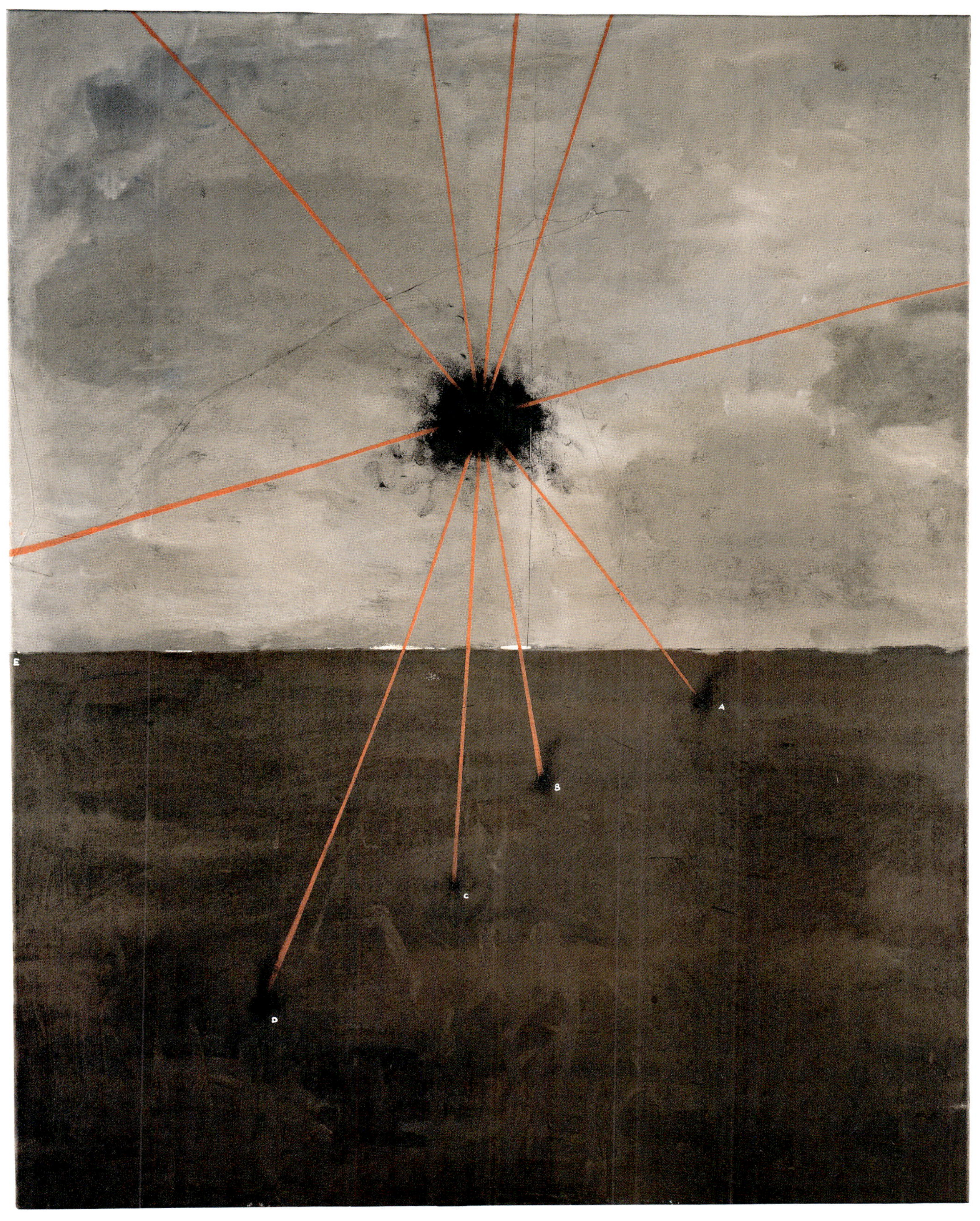

MEAN CLOUD
2004, Acryl und Öl auf Nessel, 140 x 110 cm
Privatsammlung / private collection, London

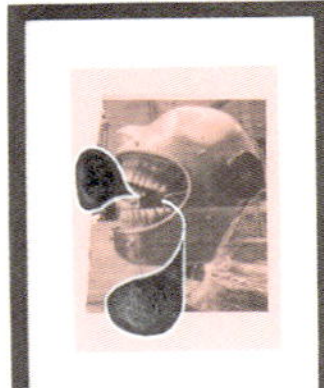

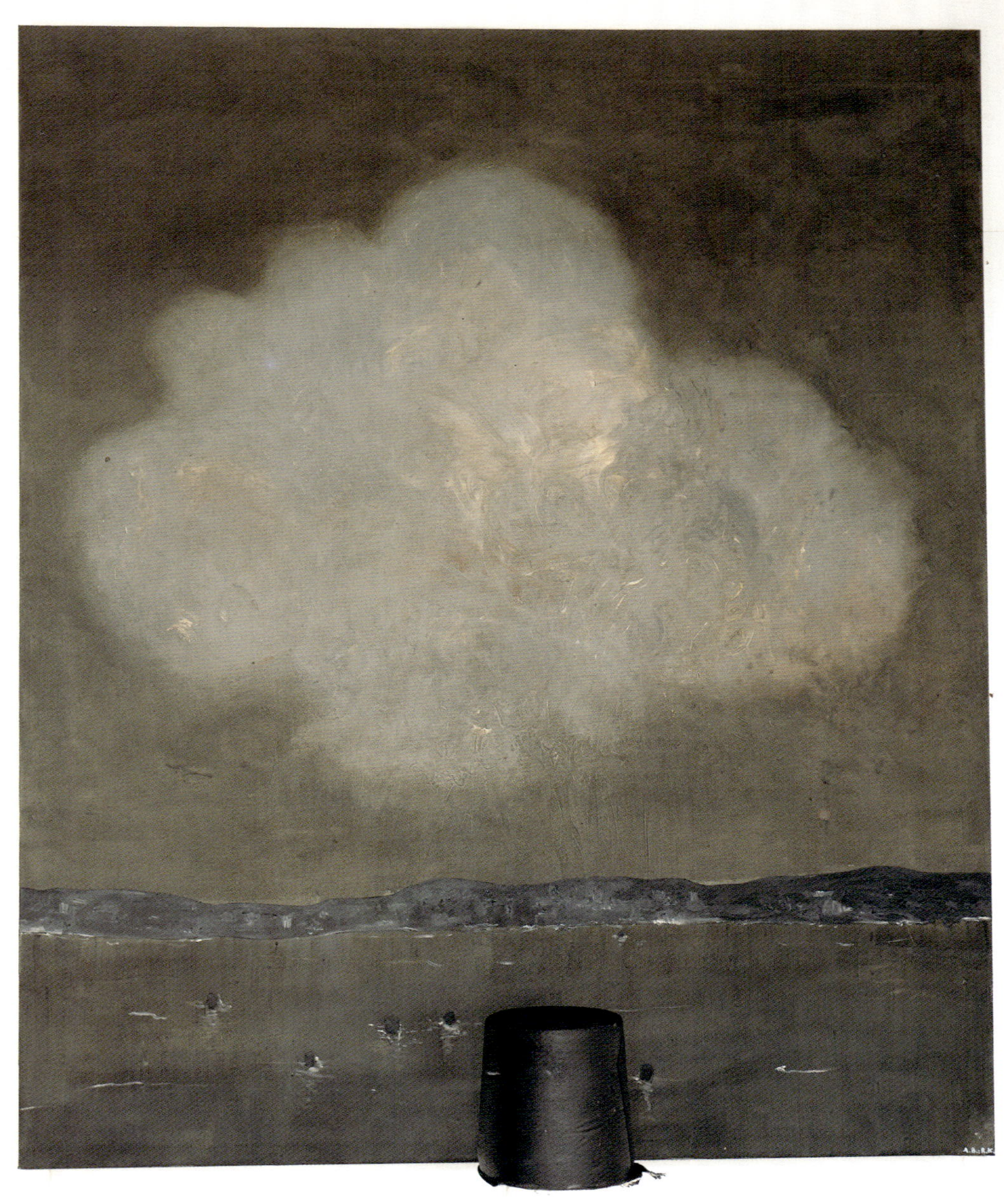

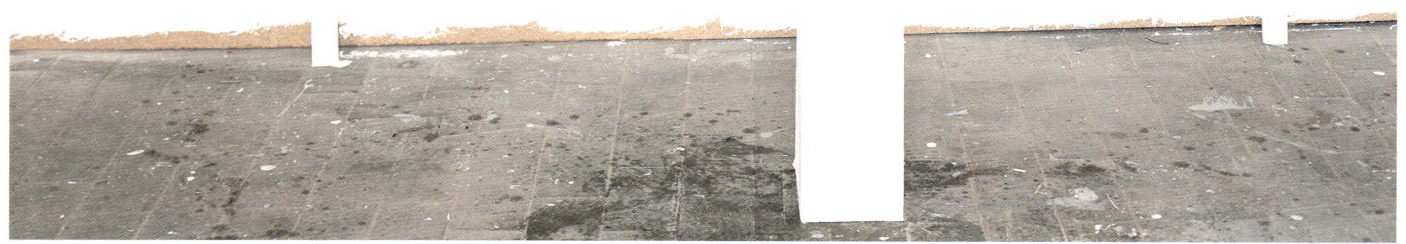

R. K.

2005, Mixed Media, 42 x 32 cm

Privatsammlung / private collection

A. B.: R. K.

2005, Acryl und Öl auf Leinwand / Holz, Beton, Nessel und Acryl,
2tlg., 240 x 200 cm / 50 x 60 x 40 cm

Privatsammlung / private collection

world kanzler office

Los Angeles

Futurism Now! SAMOA leads

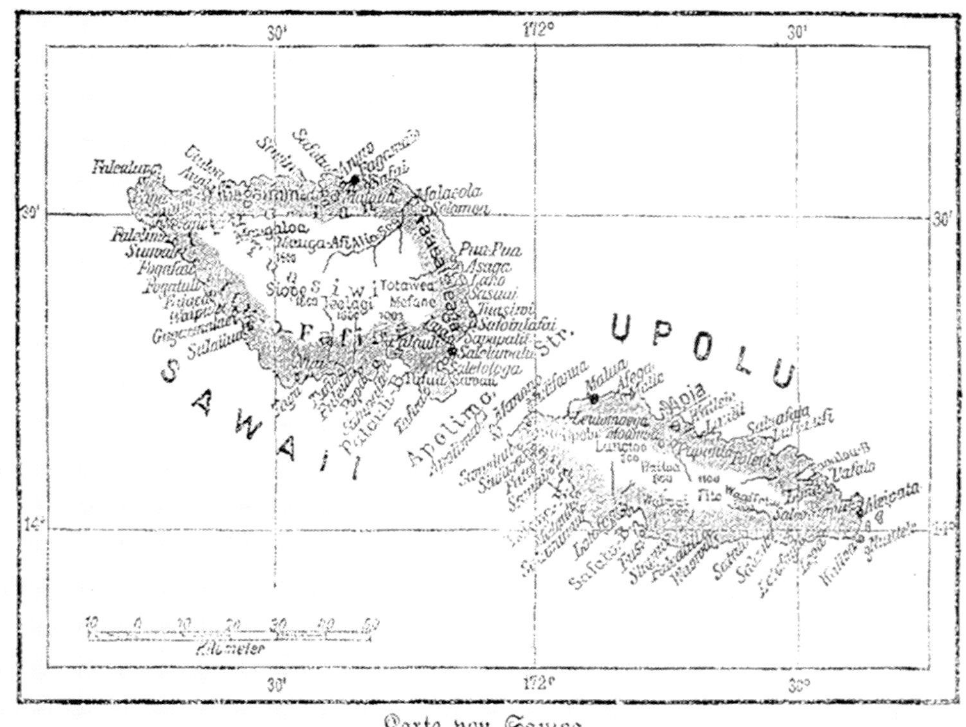

remapping the

inside the future   world   kanzler office

Thomas Zipp

Reception: September 11th, 2004 6PM

Daniel Hug Gallery
510 Bernard st.
Los Angeles, CA 90012
Tuesday - Saturday 11 - 6PM
Tel. 323-221-0016

F. T. S. 2056 – 72

2004, Öl auf Leinwand, 60 x 50 cm

Seth Geller, Los Angeles

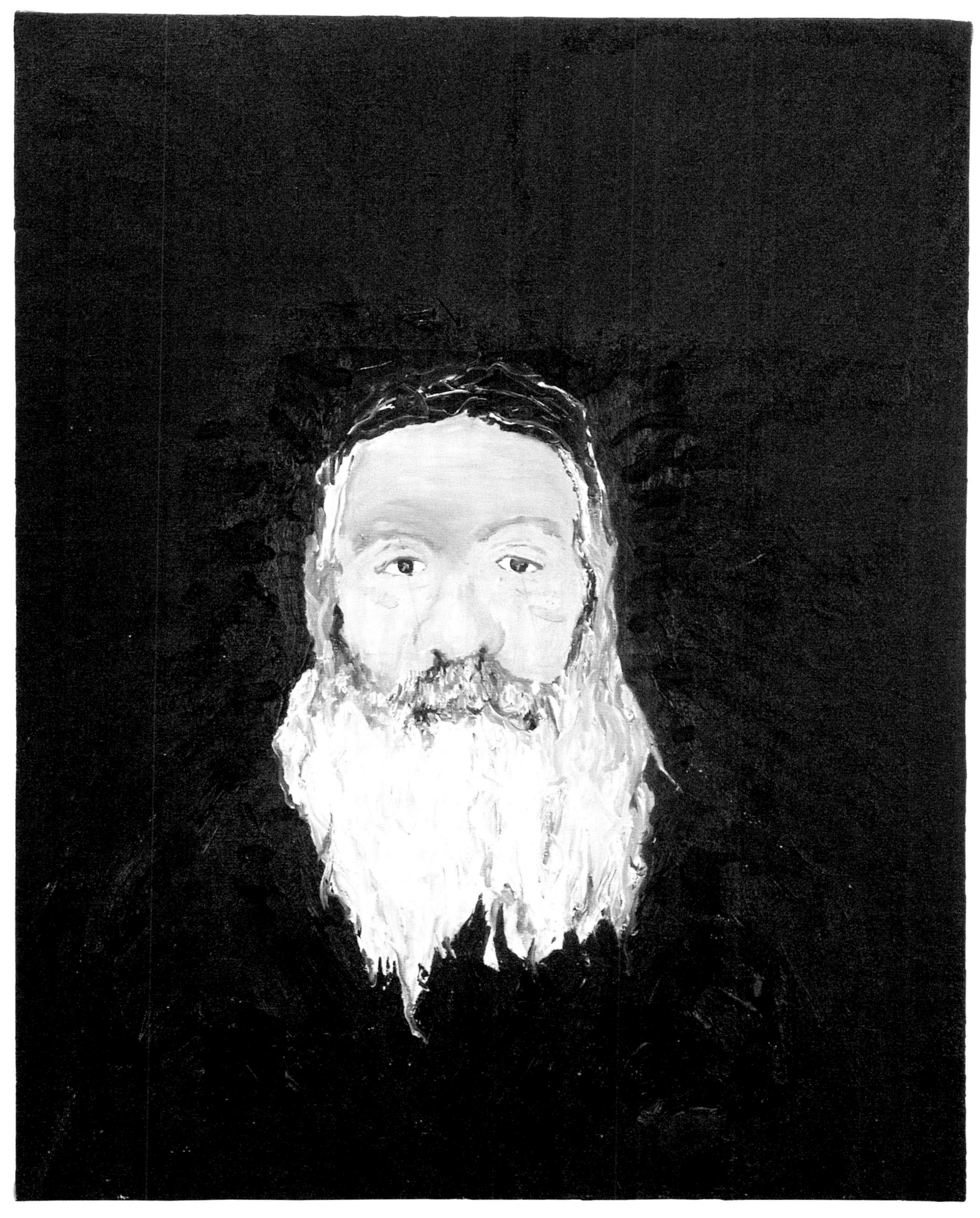

K. K. 2044 – 56
2004, Öl auf Leinwand, 71 x 60 cm
Joel Mesler, Los Angeles

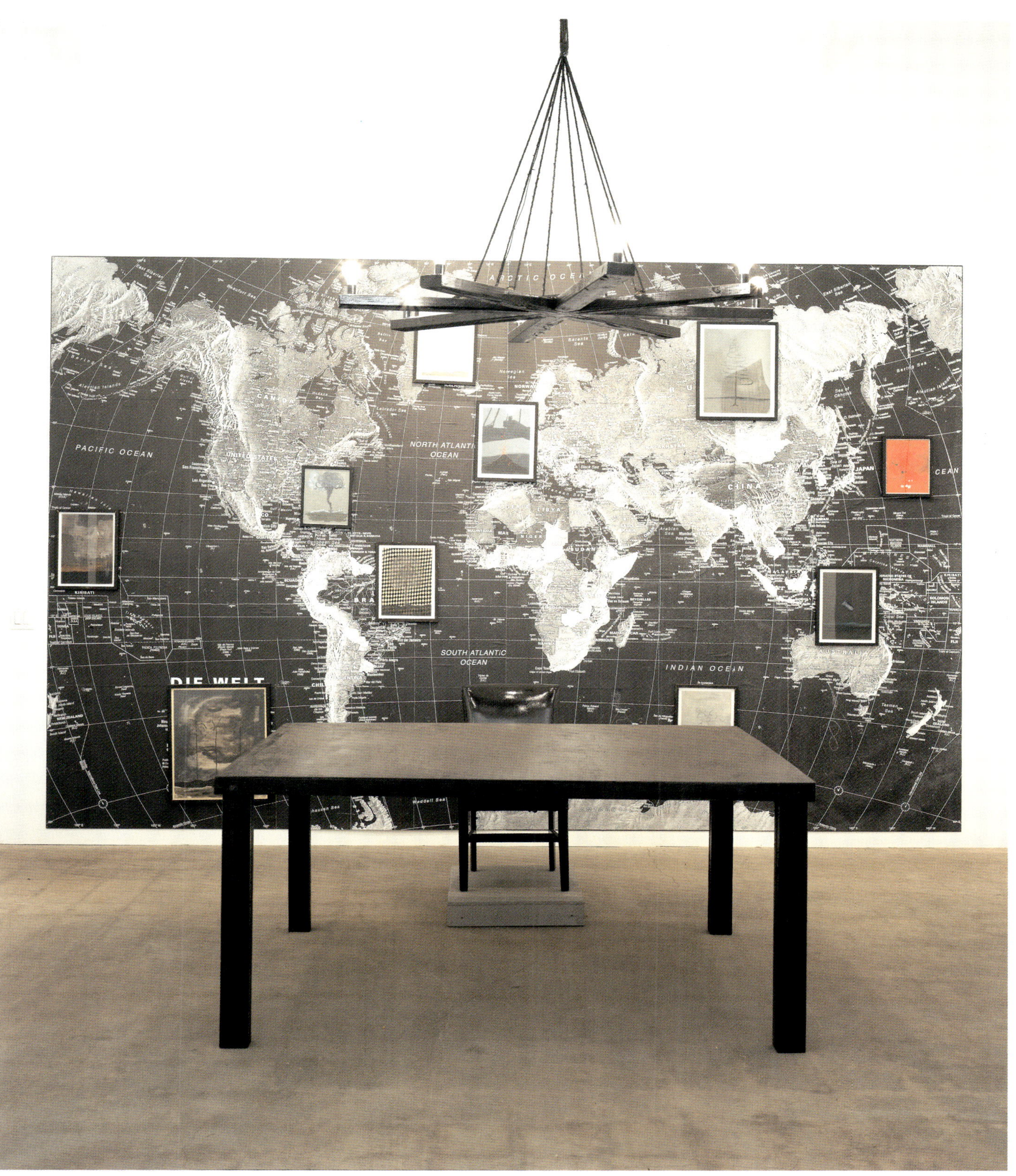

world kanzler office
2004, Mixed Media, 300 x 400 x 250 cm
Daniel Hug & Seth Geller, Los Angeles

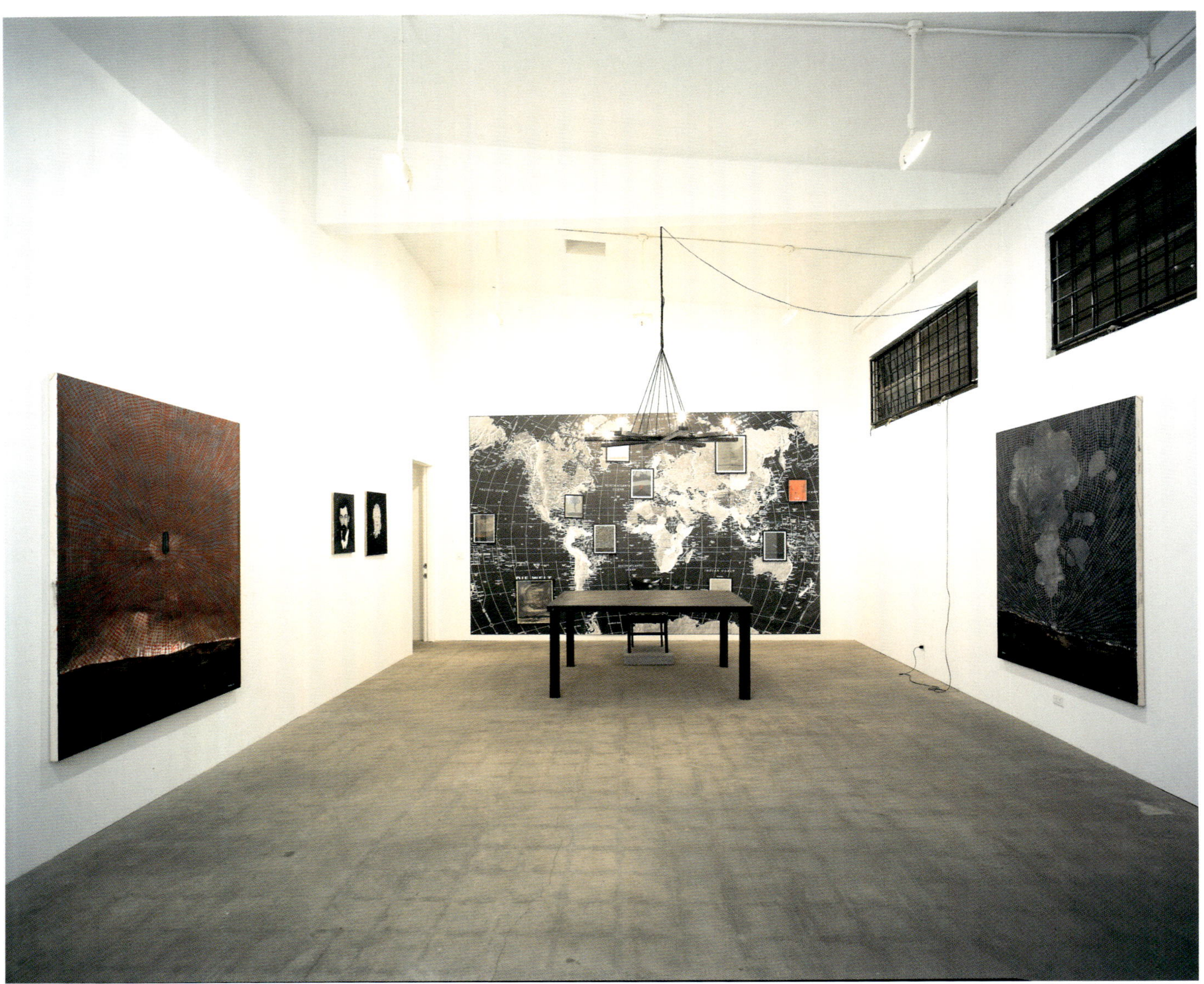

Futurism Now! SAMOA leads

Ausstellungsansicht / installation view
Daniel Hug Gallery, Los Angeles

2004

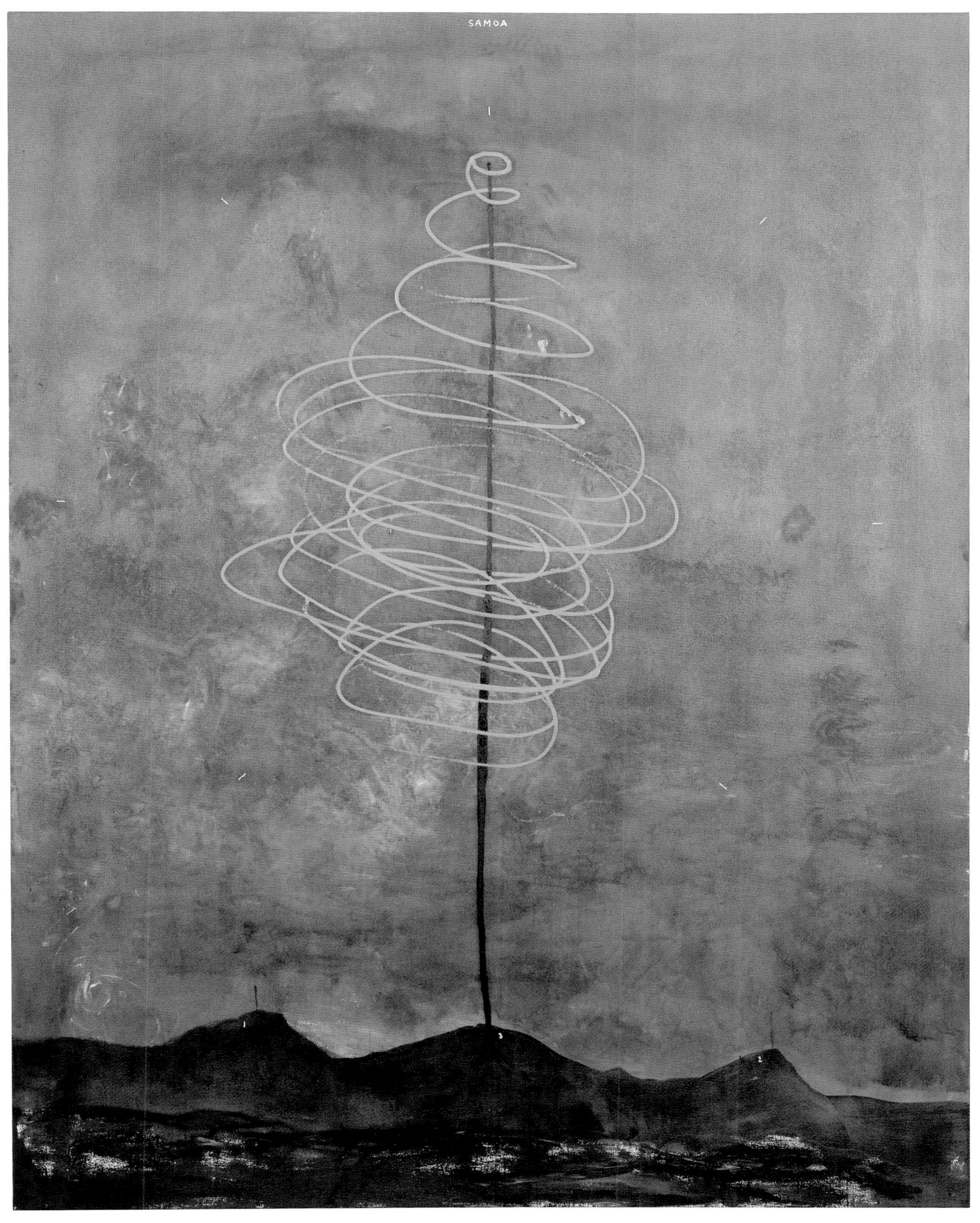

Samoa
2004, Acryl und Öl auf Nessel, 243 x 193 cm
Dean Valentine & Amy Adelson, Los Angeles

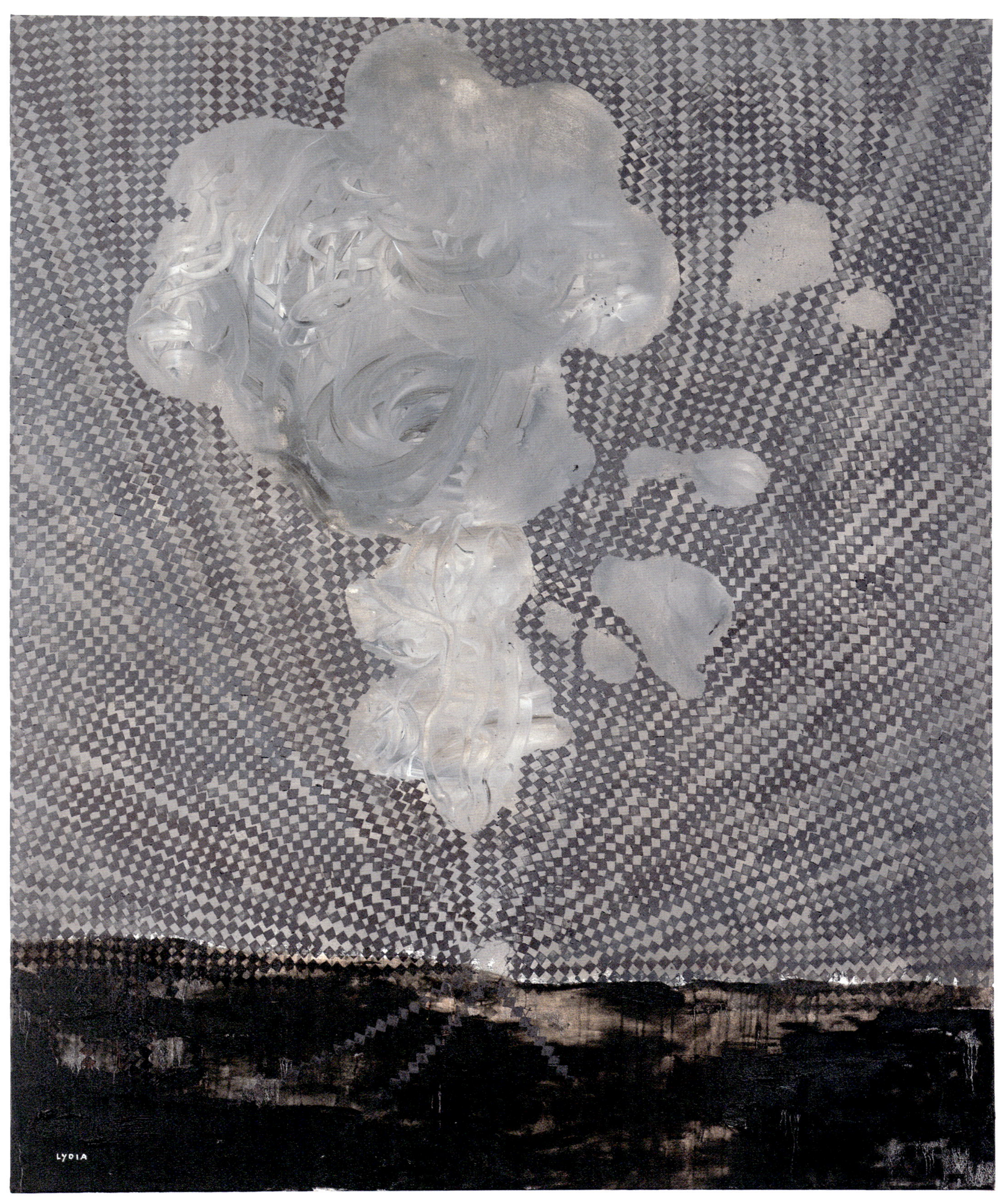

Lydia
2004, Acryl und Öl auf Nessel, 185 x 152 cm
Herb & Leonore Schorr, Los Angeles

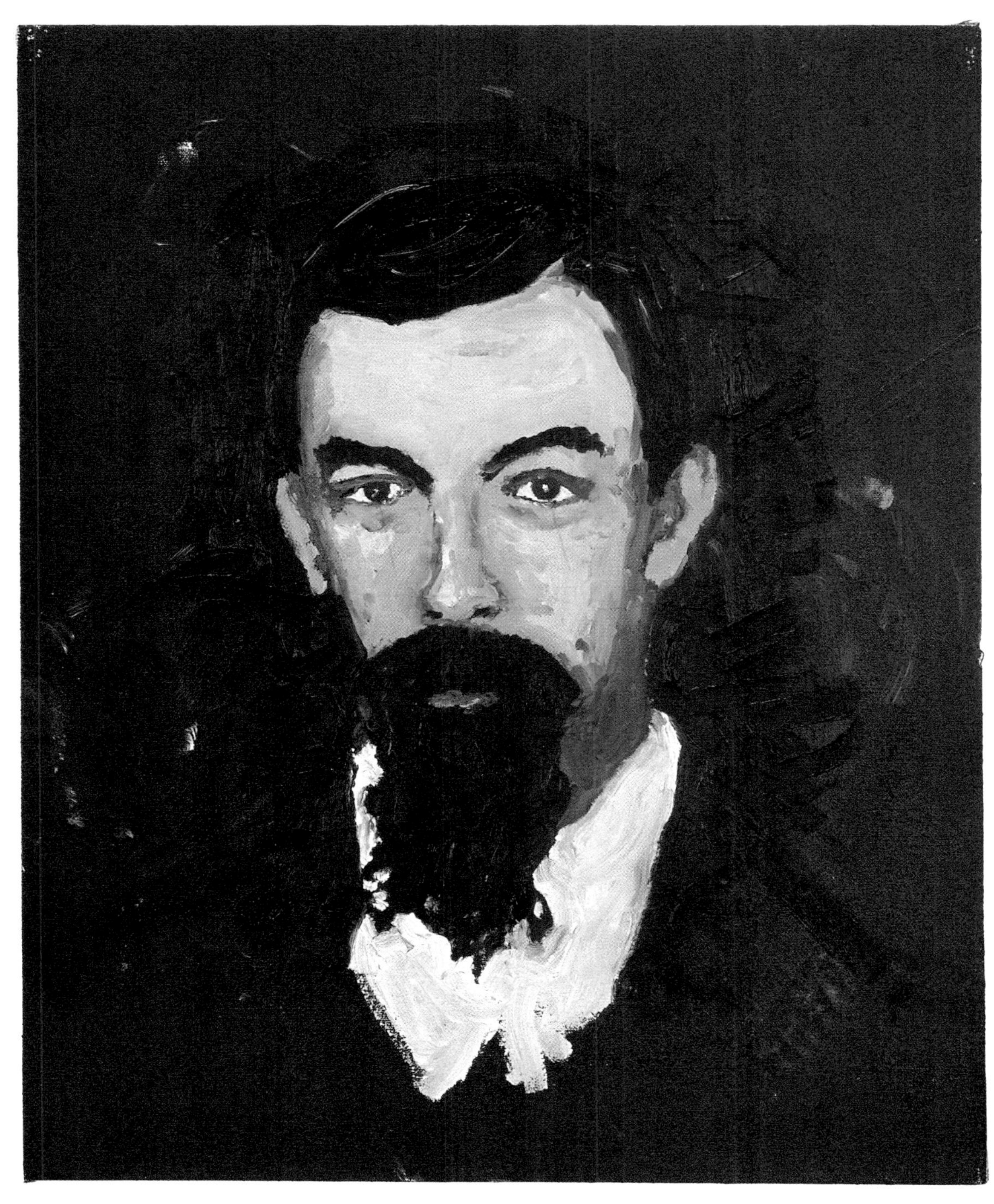

J. B. 2072 – 88
2004, Öl auf Leinwand, 66 x 55 cm
Tom Solomon, Los Angeles

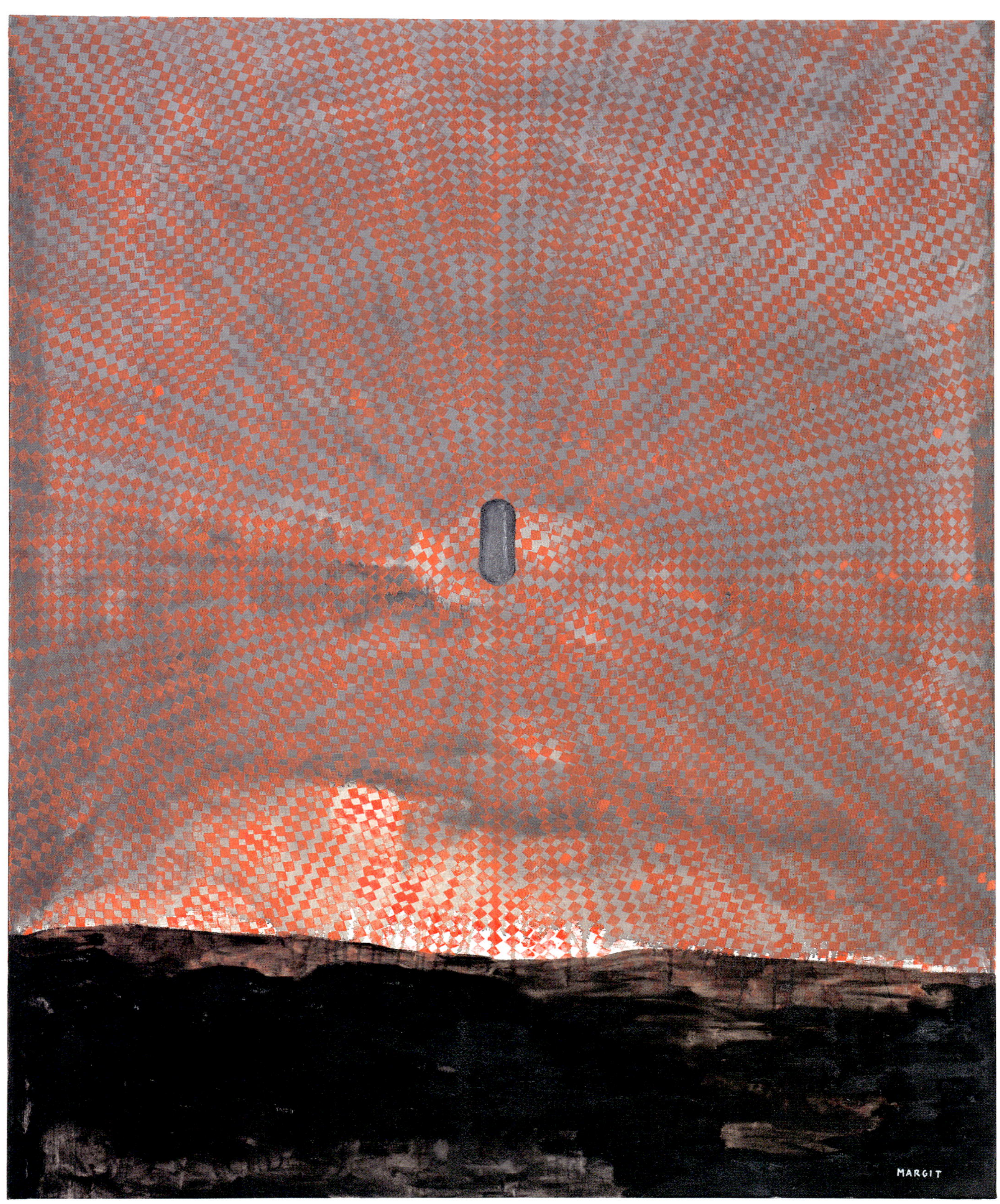

Margit

2004, Acryl und Öl auf Nessel, 180 x 147 cm
Collection Museum of Contemporary Art, Los Angeles

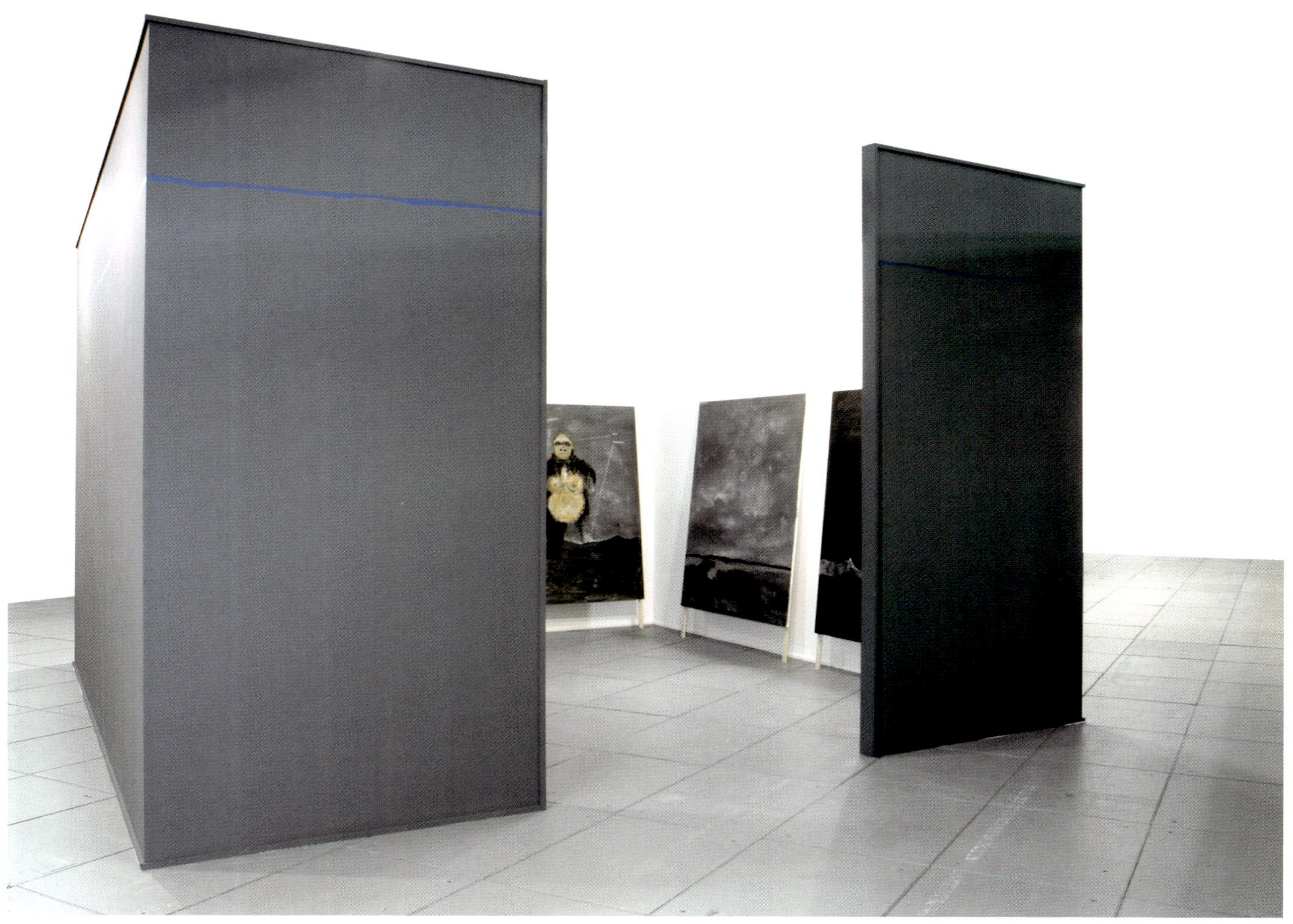

Inside K. Ba.:
Achtung! Vision: England attacked by Samoa

2004, Mixed Media, 9tlg., Maße variabel

Sammlung Falckenberg, Hamburg

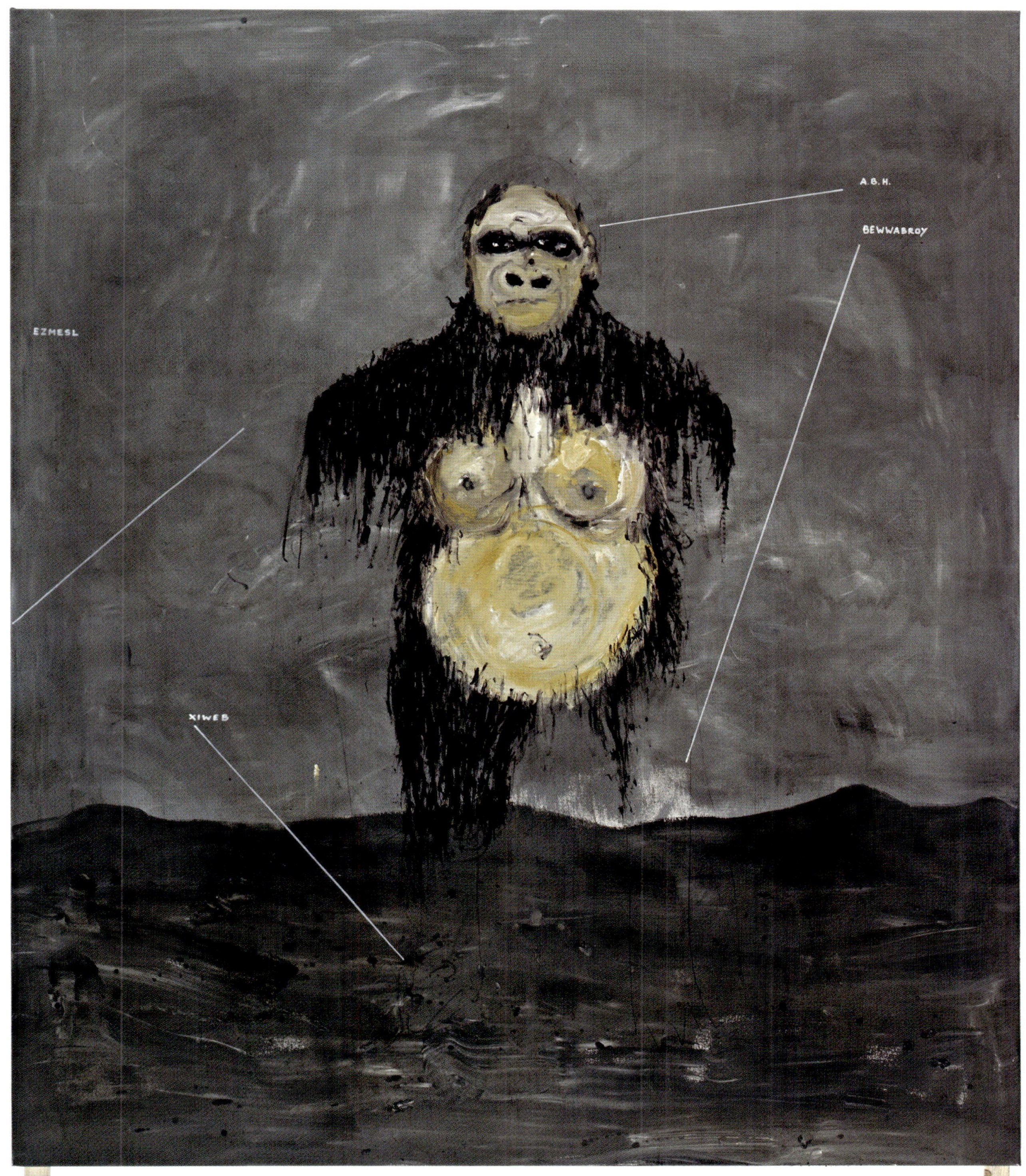
A.B.H.
BEWWABROY
EZMESL
XIWEB

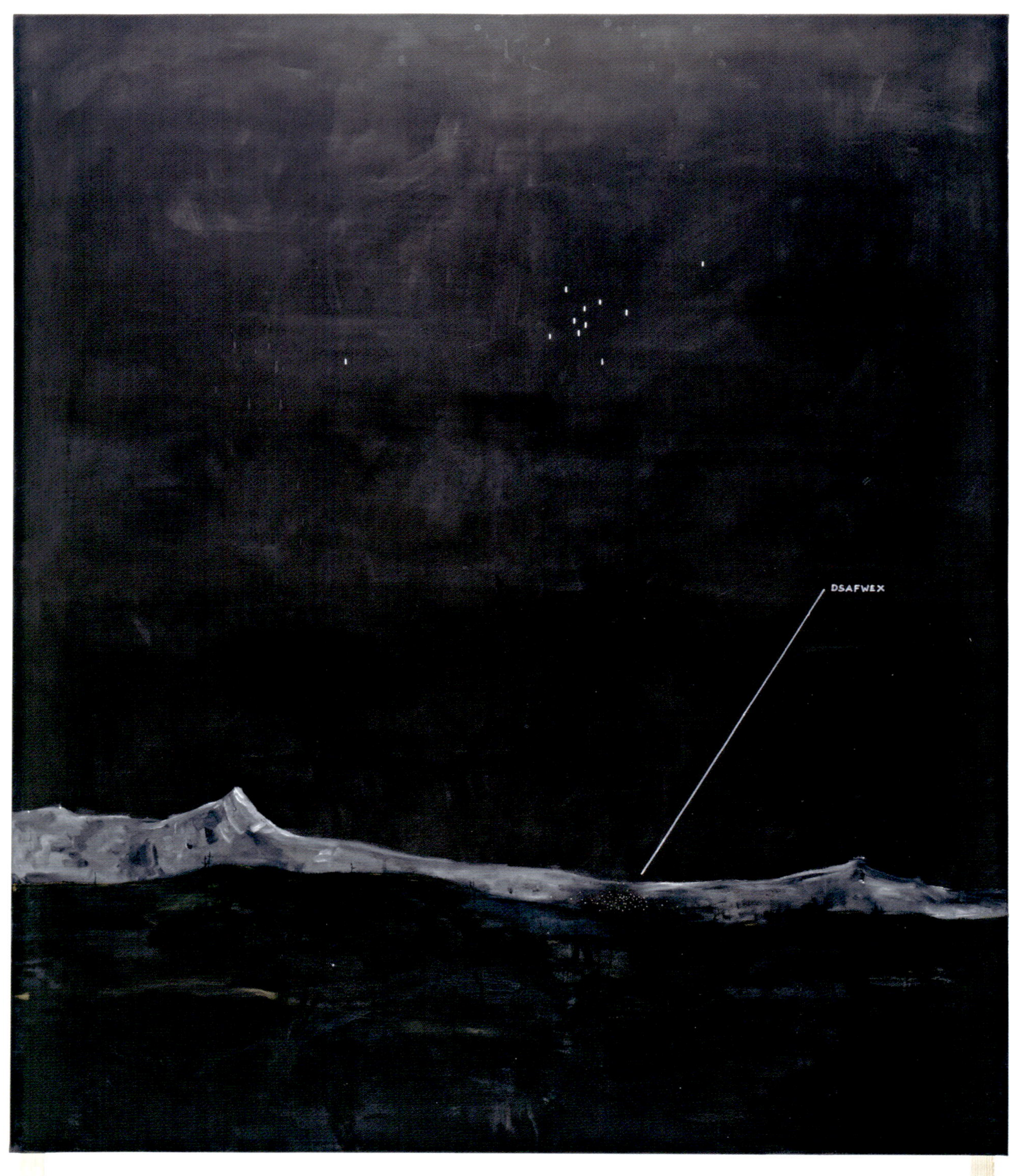
DSAFWEX

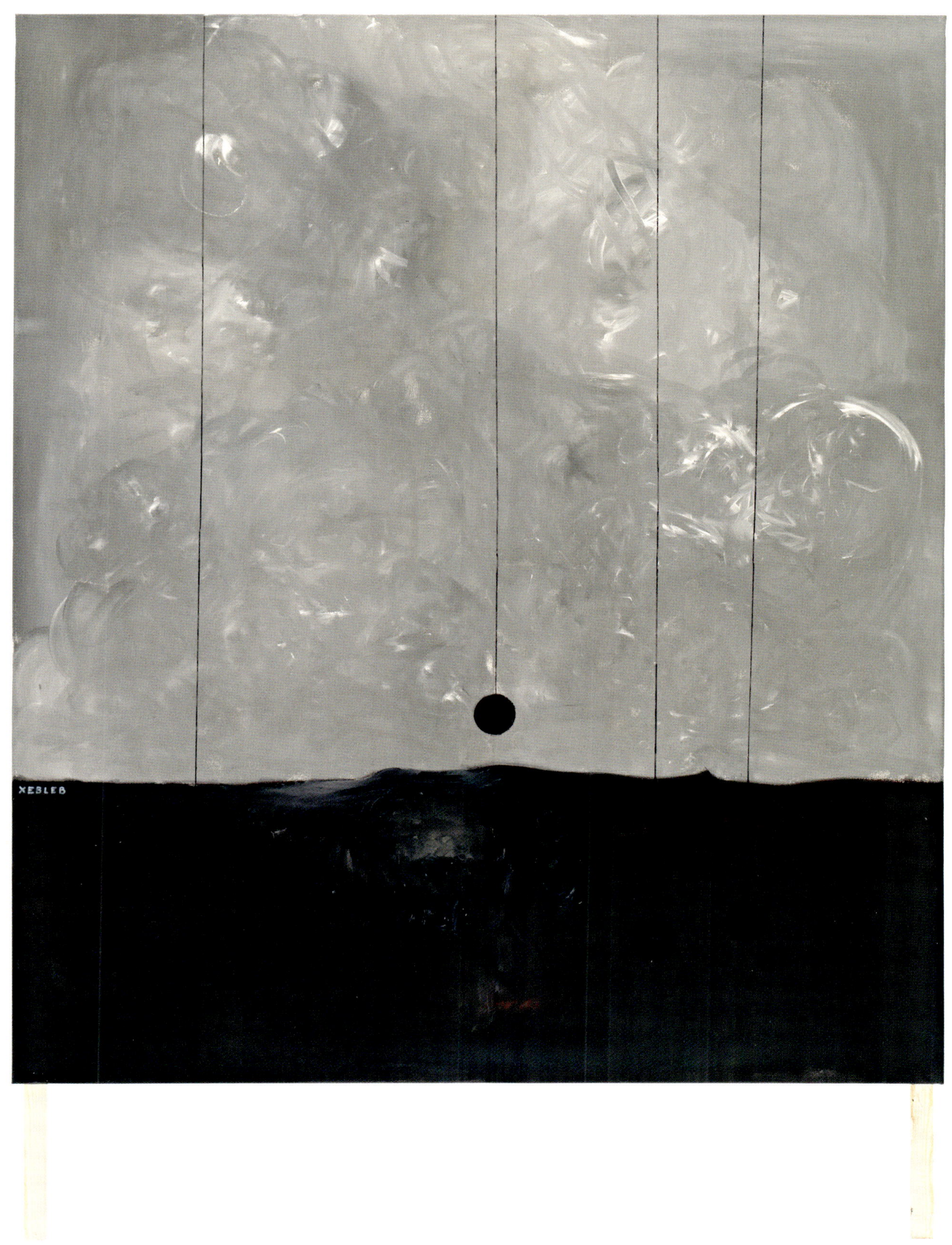

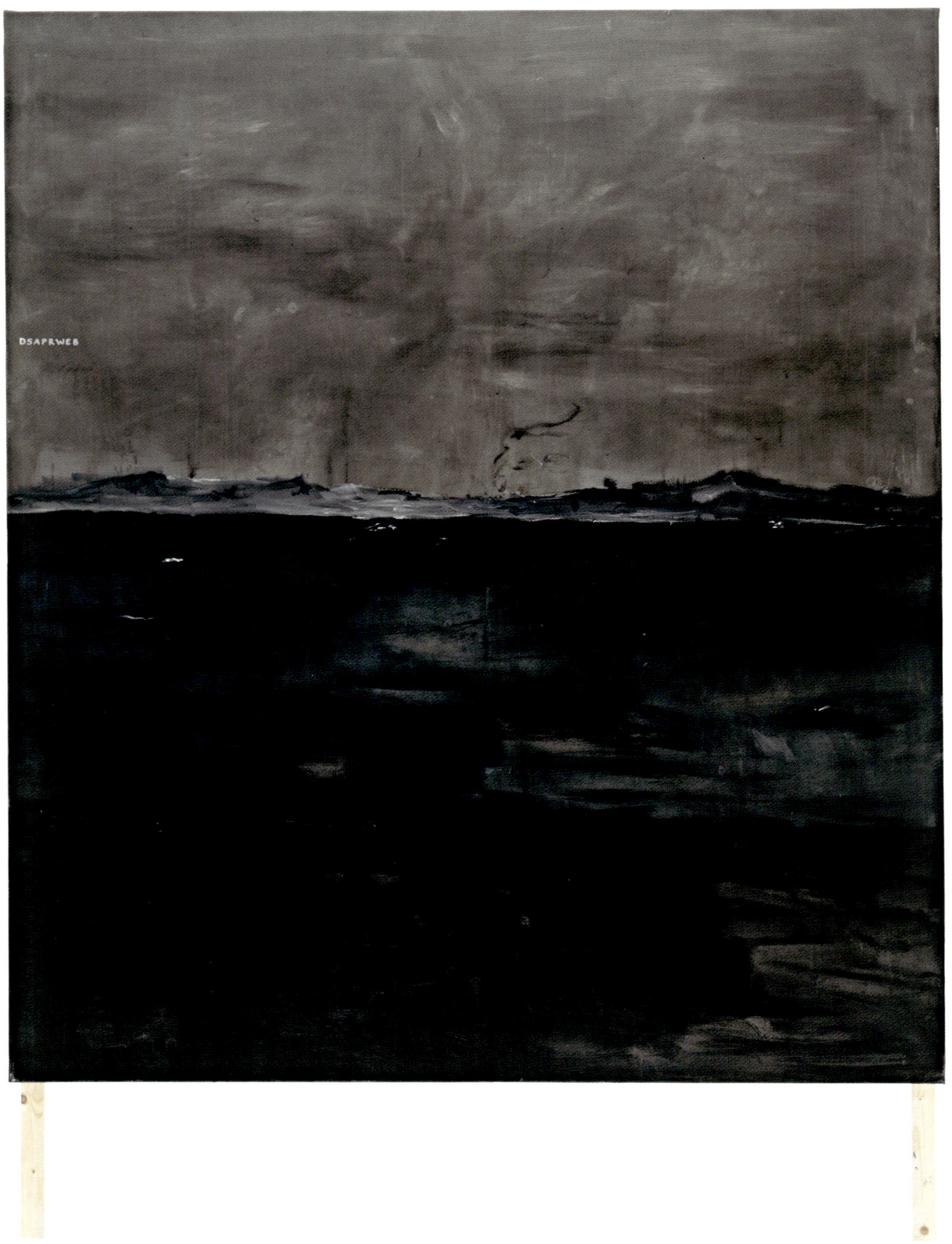
DSAPRWEB

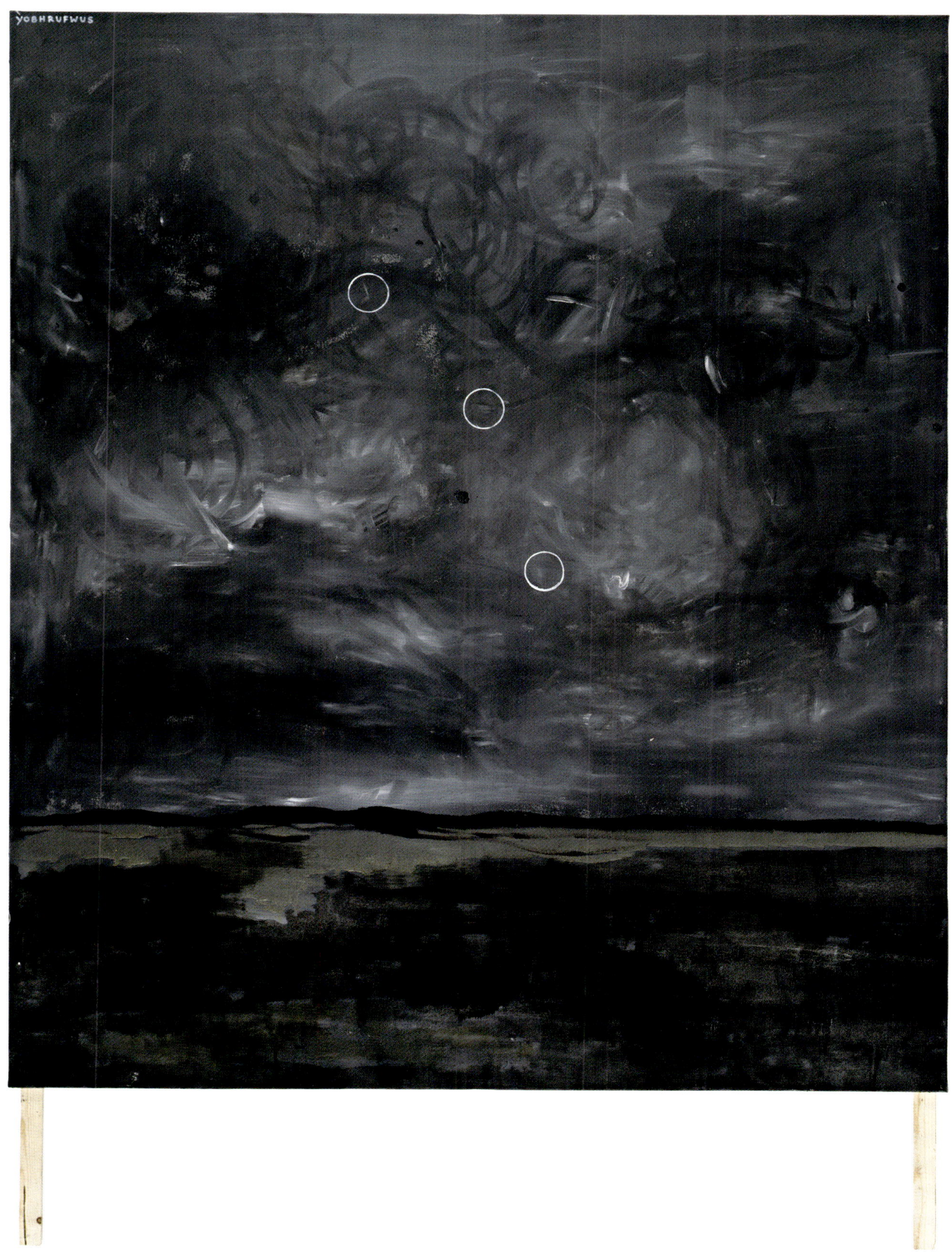
YOBHRUFWUS

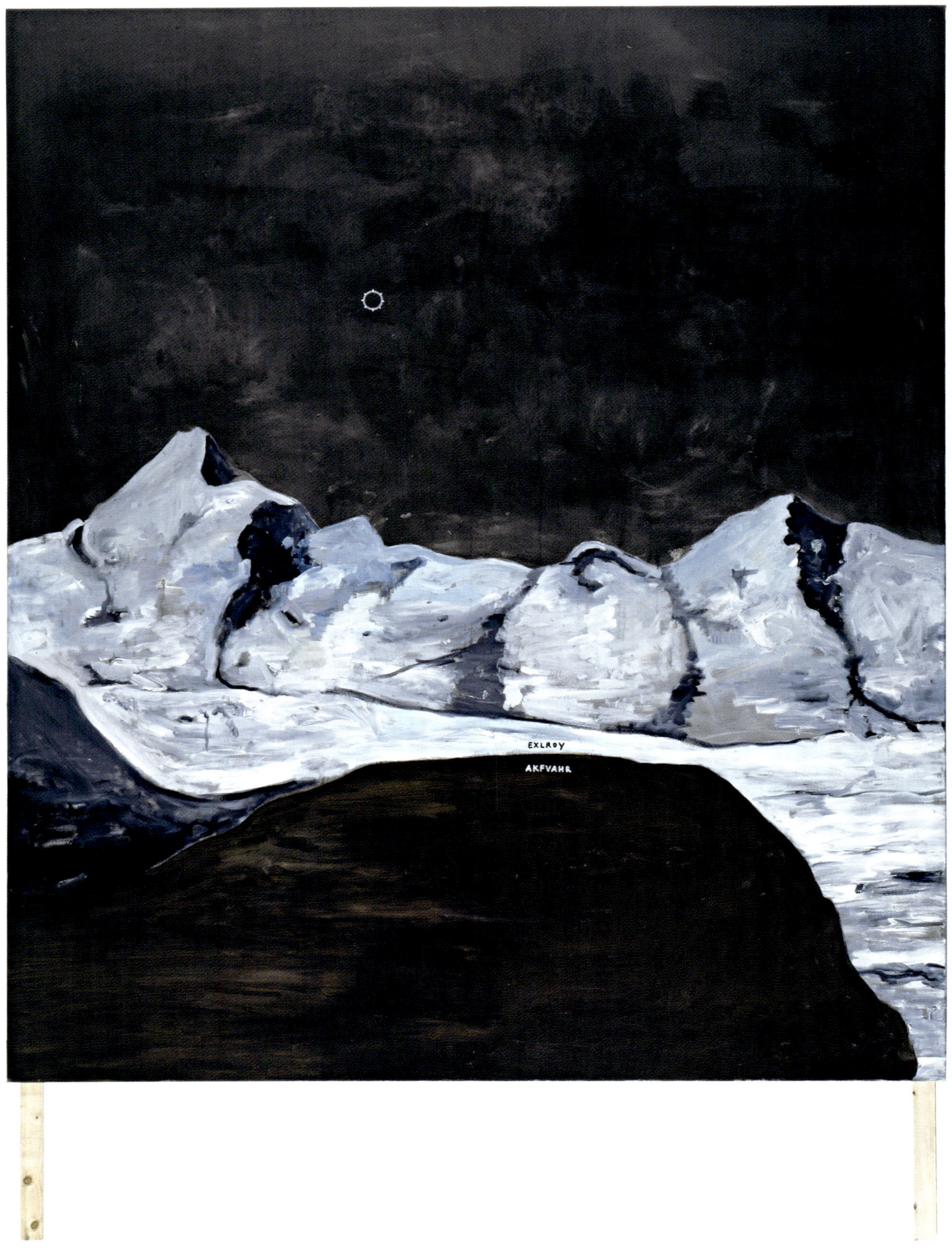
EXLROY
AKFVAHR

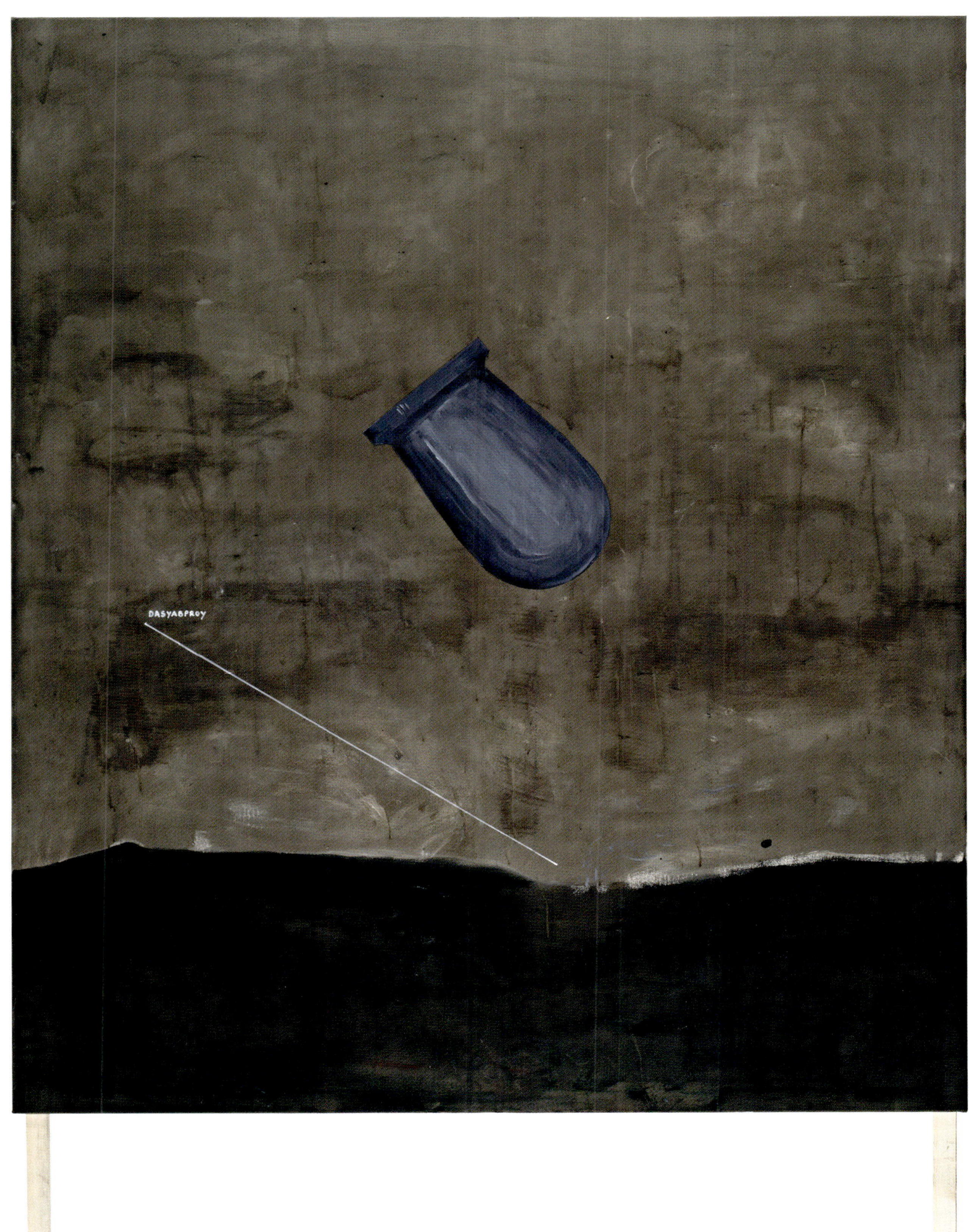

DASYABPROY

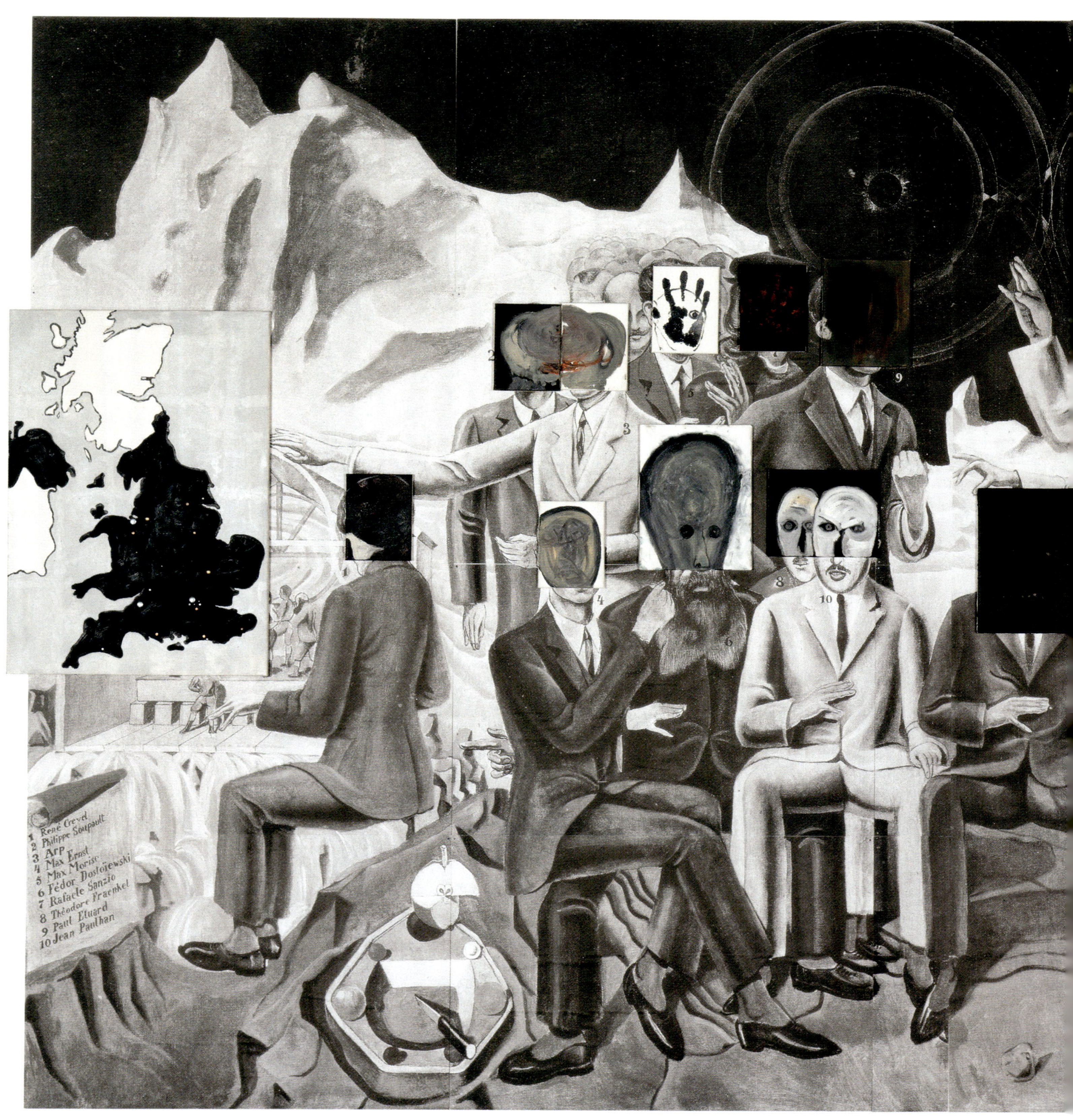

1 René Crevel
2 Philippe Soupault
3 Arp
4 Max Ernst
5 Max Morise
6 Fédor Dostoïewski
7 Rafaele Sanzio
8 Théodore Fraenkel
9 Paul Eluard
10 Jean Paulhan

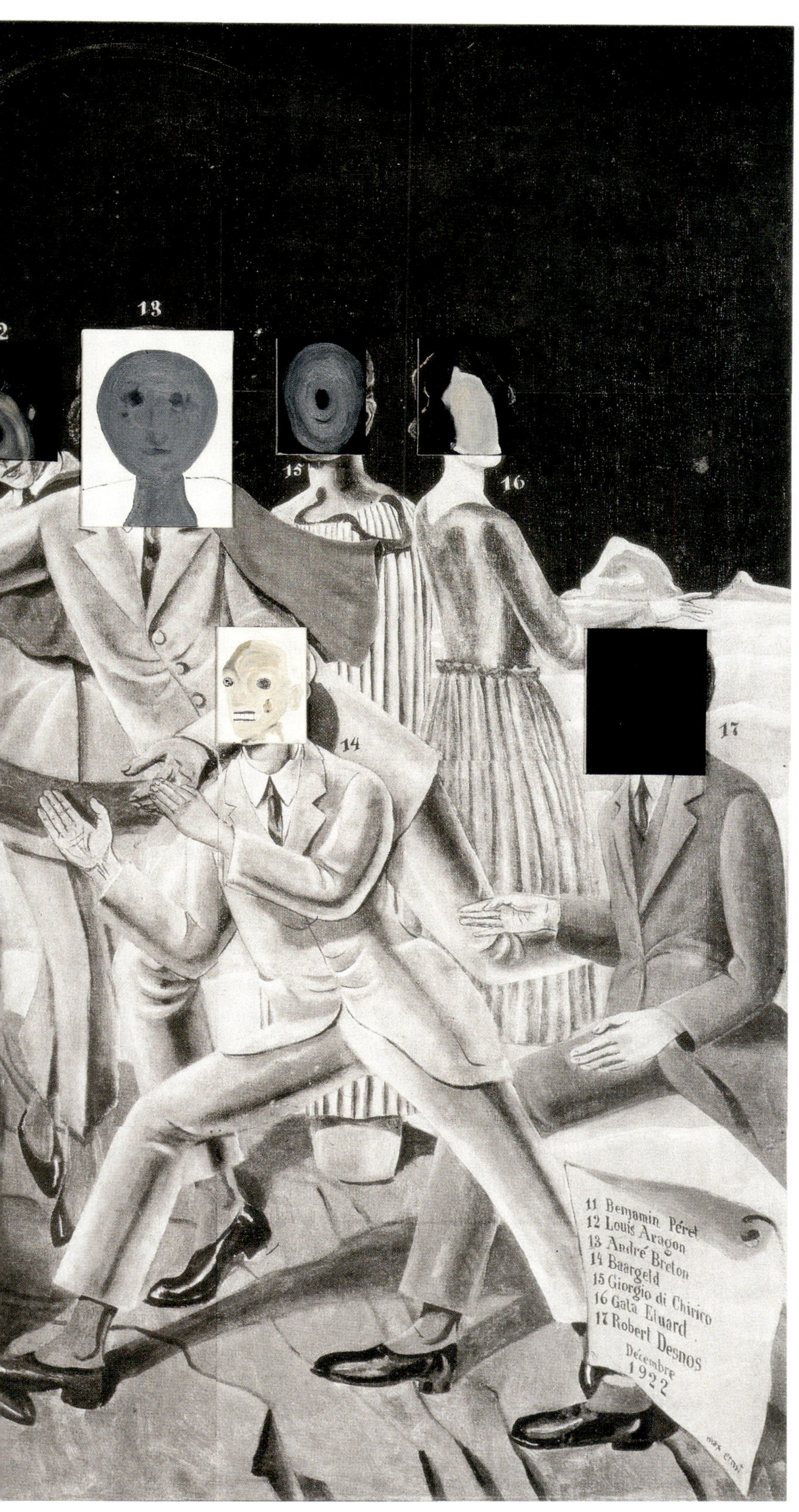

Achtung! Vision: England attacked by the Subreals
2004, Mixed Media, 33tlg., 300 x 460cm
courtesy Galerie Guido W. Baudach, Berlin

man muss das adjektiv abschaffen

Brüssel

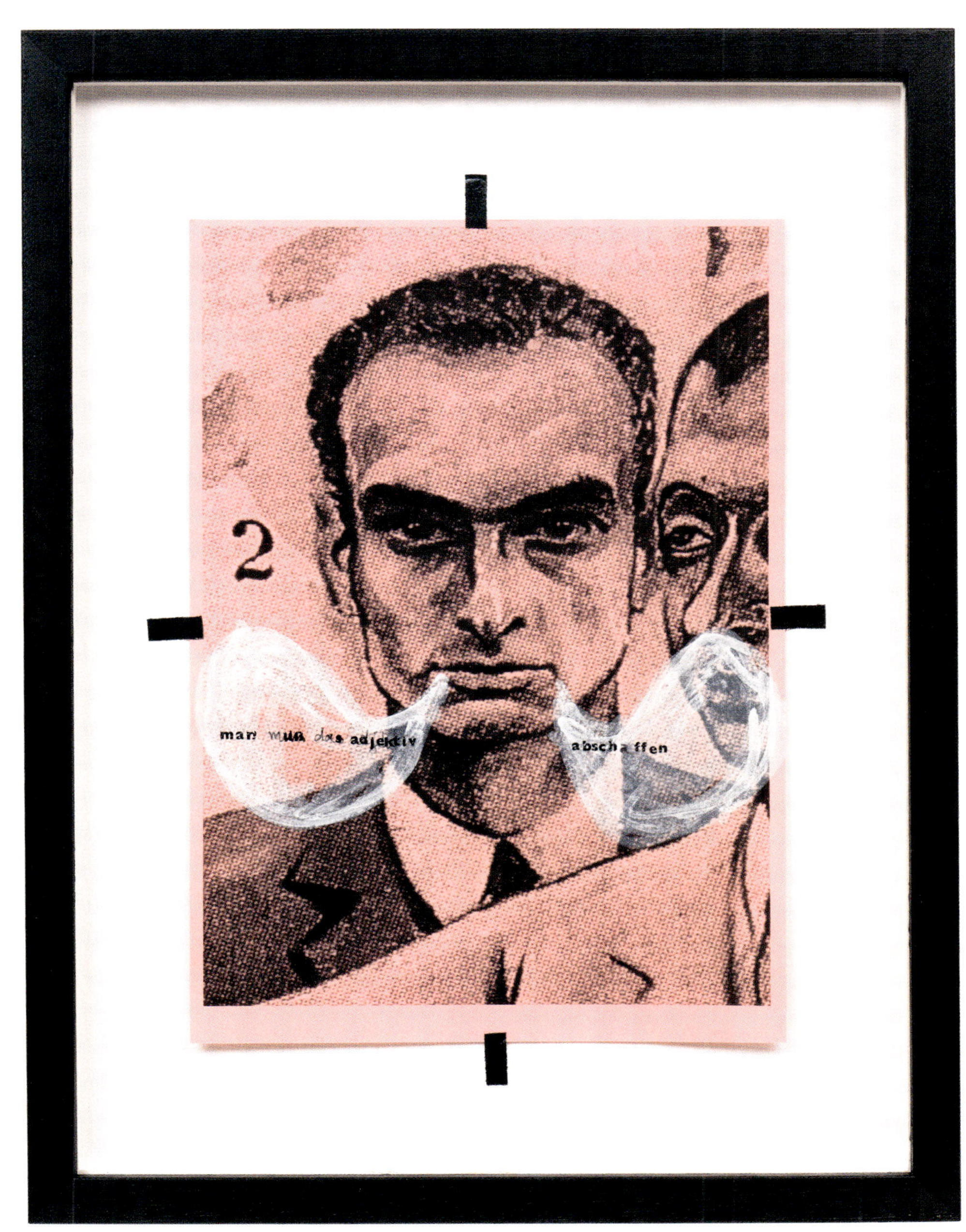

2
man muß das adjektiv abschaffen

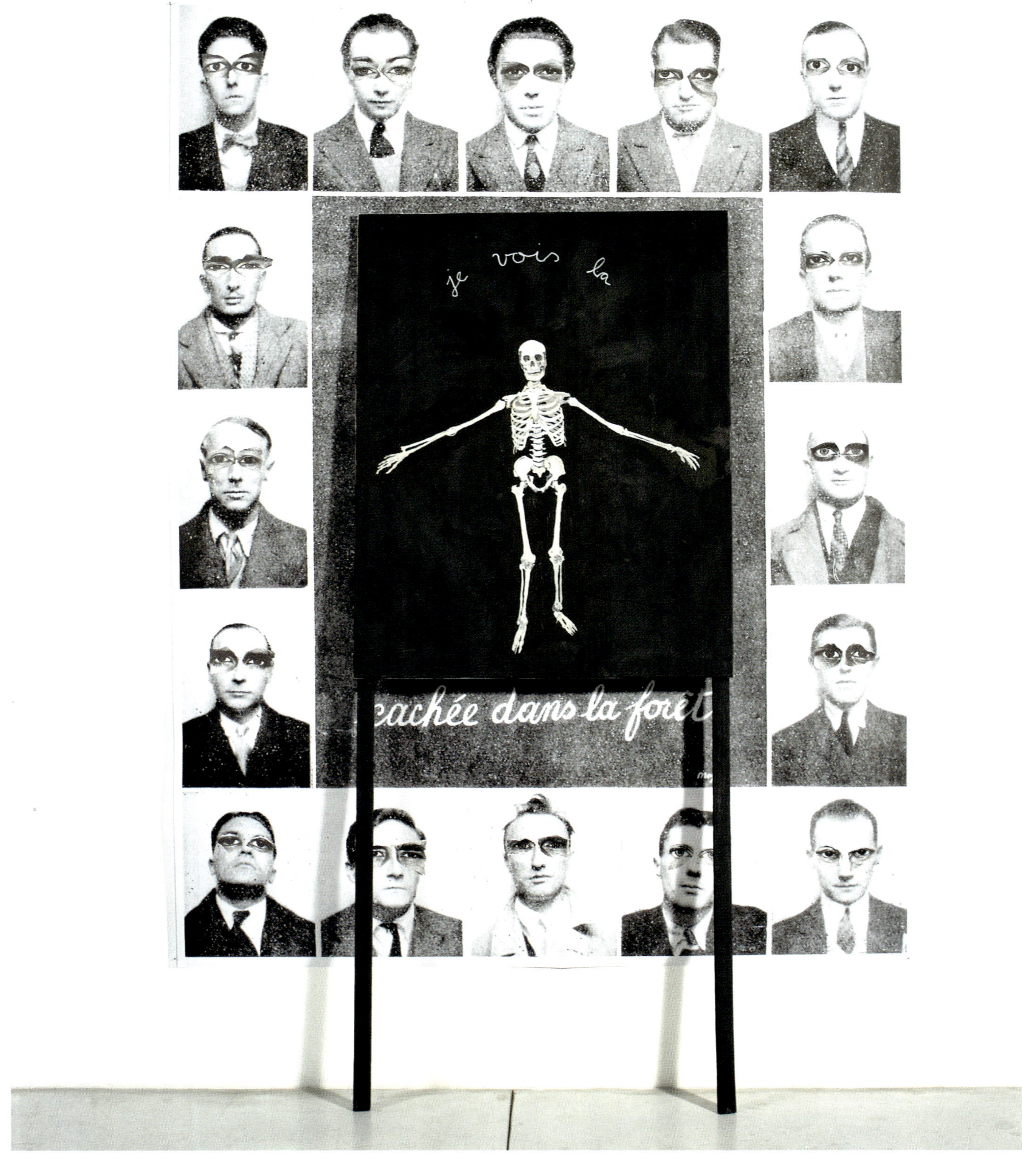

Je vois la femme cachée dans la forêt

2005, Mixed Media / Acryl und Öl auf Nessel,
2tlg., 300 x 200 cm / 140 x 110 cm

courtesy Baronian_Francey, Brüssel

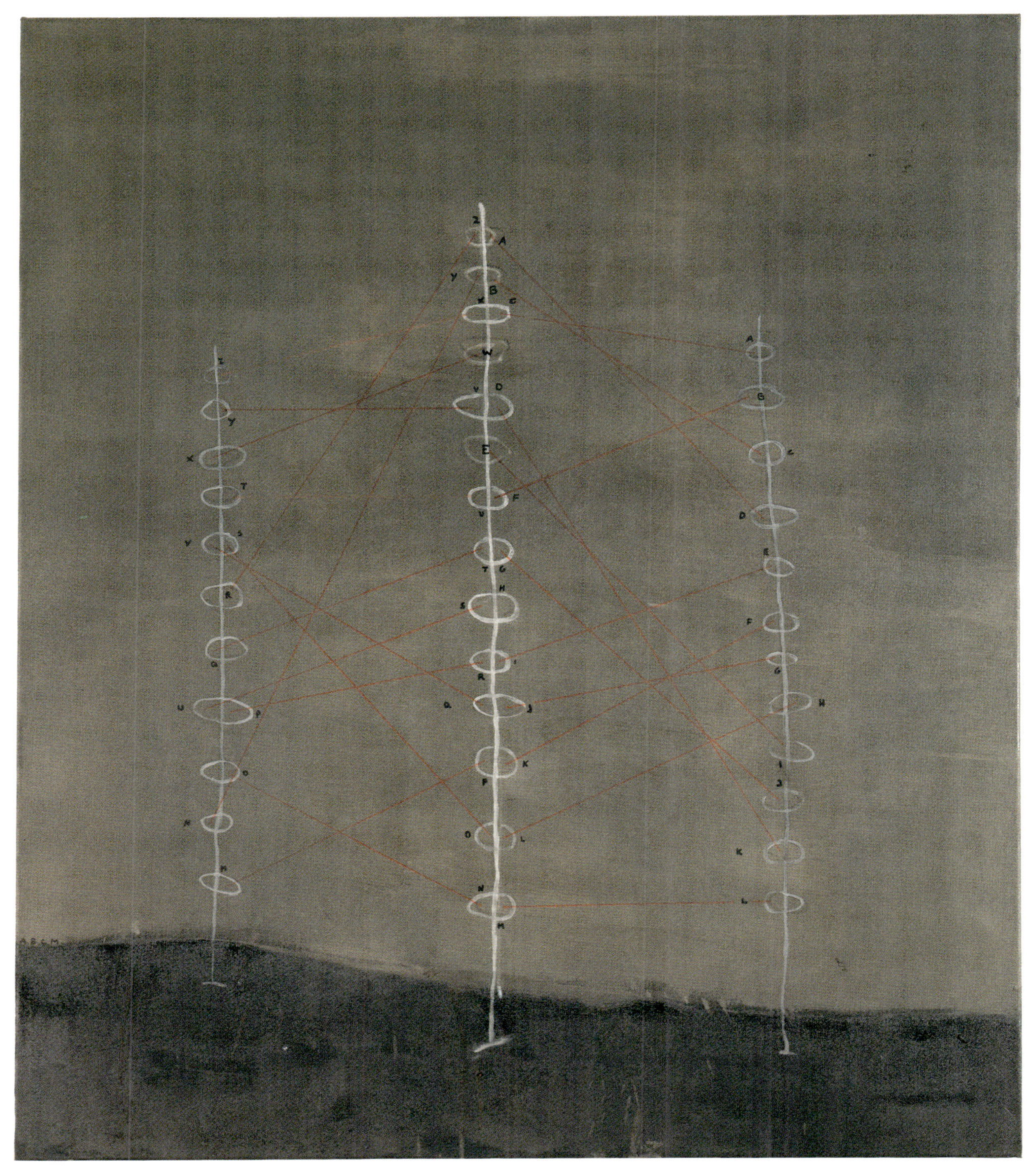

A. B. Code
2005, Acryl und Öl auf Nessel, 140 x 120 cm
Privatsammlung / private collection, Bern

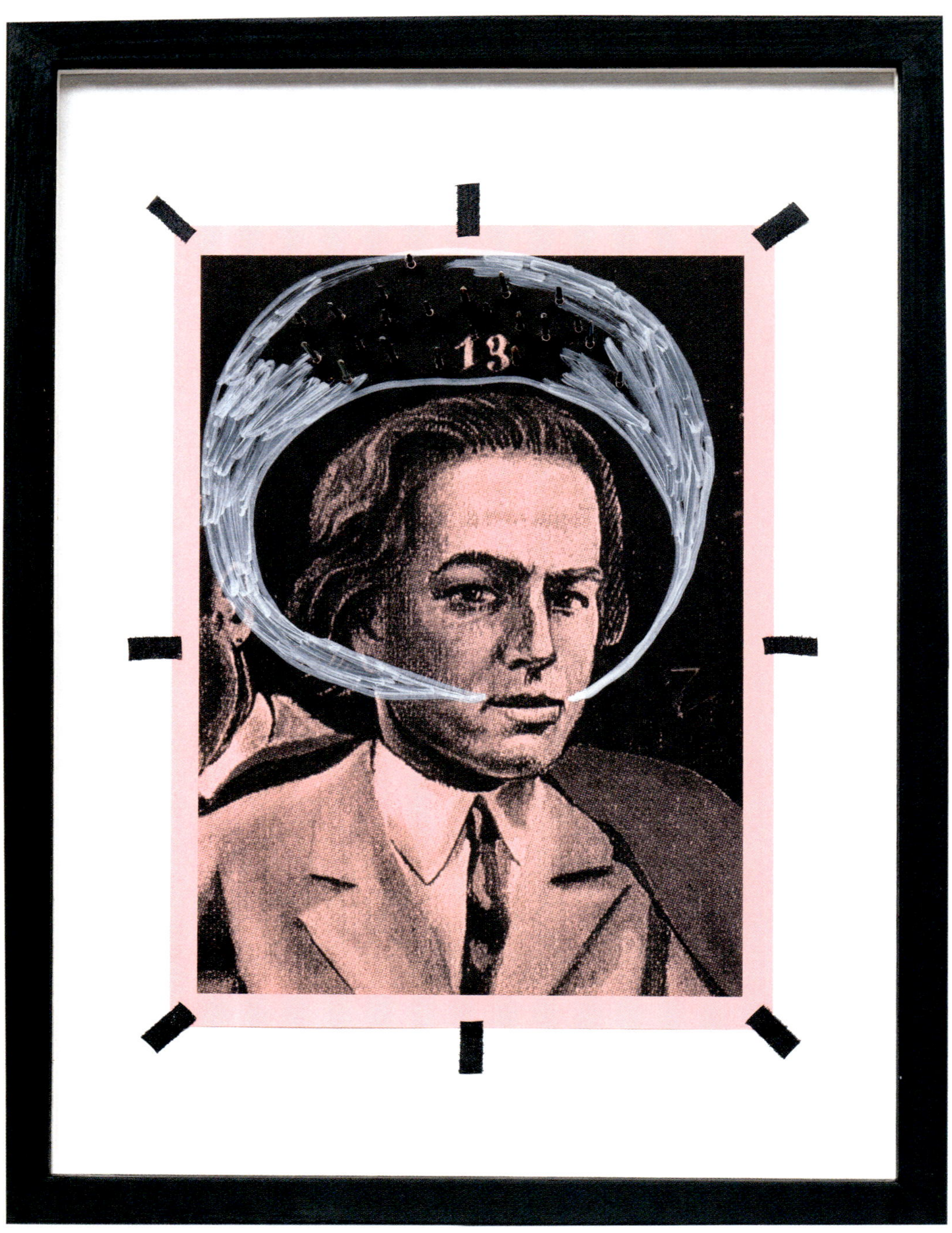

13

2005, *Mixed Media*, 42 x 32 cm
Privatsammlung / private collection, Berlin

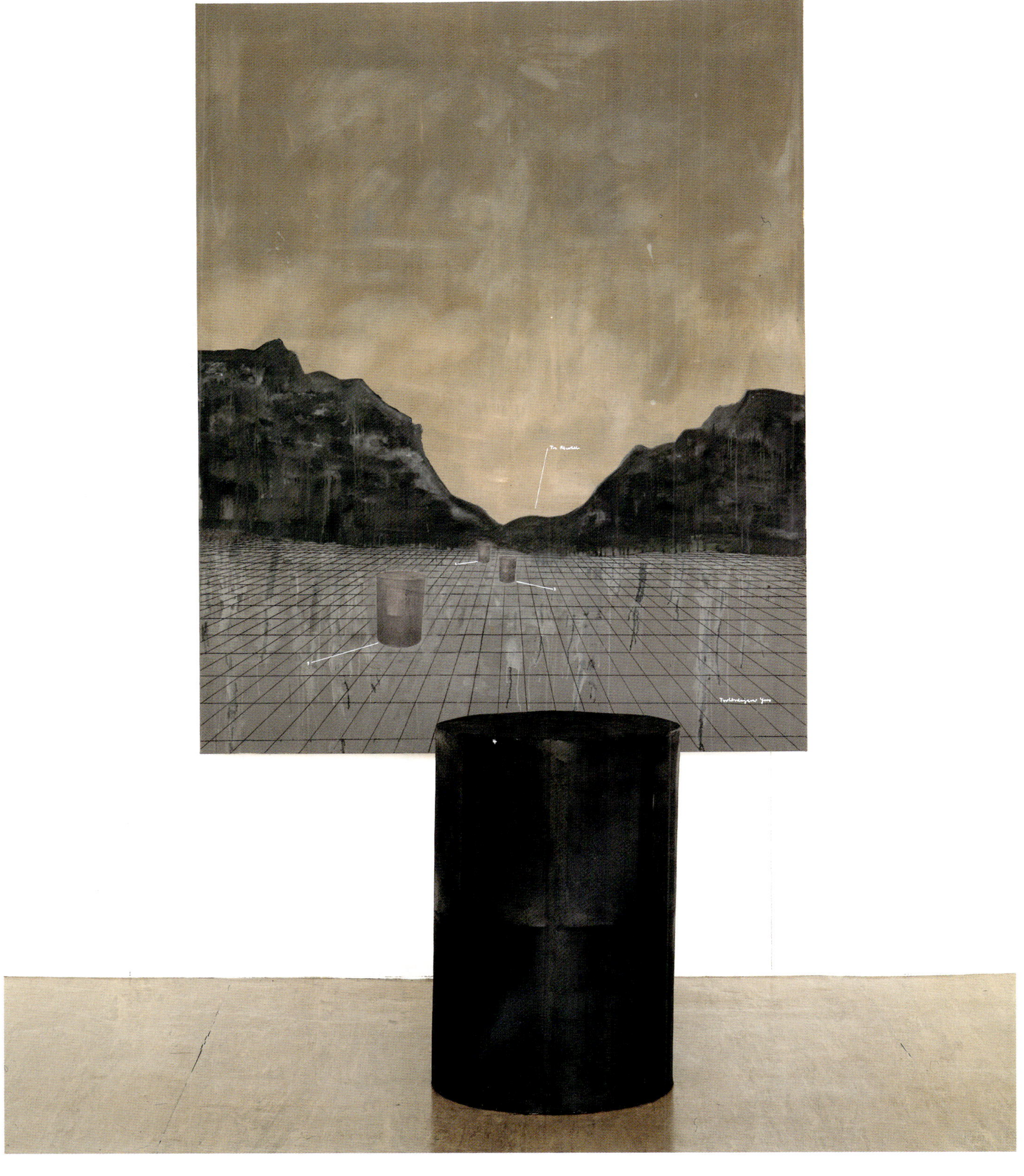

Trf Rtexhtb

2005, Acryl und Öl auf Nessel, 2tlg.,
240 x 190 cm / 97 x ø 65 cm

Privatsammlung / private collection

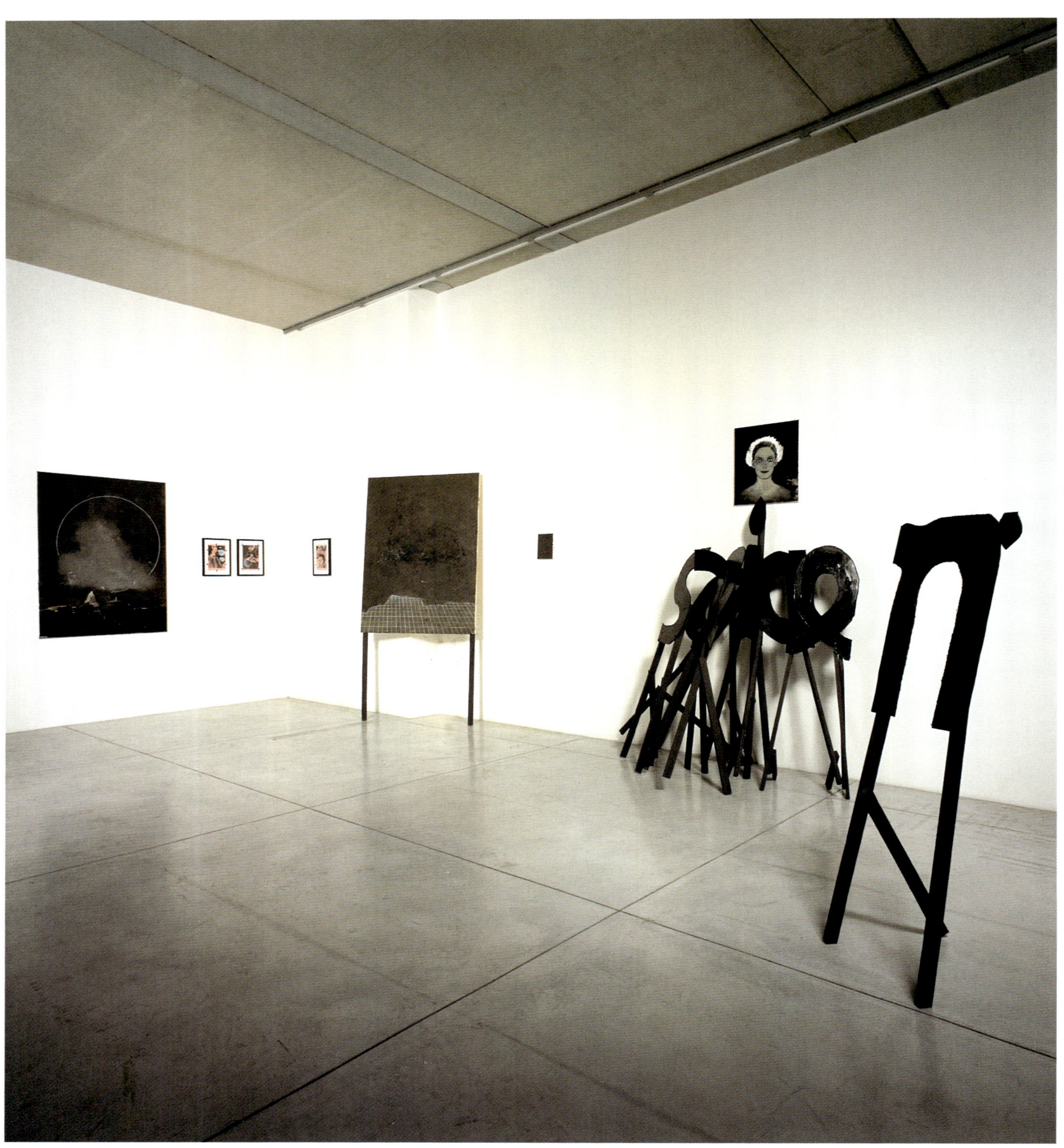

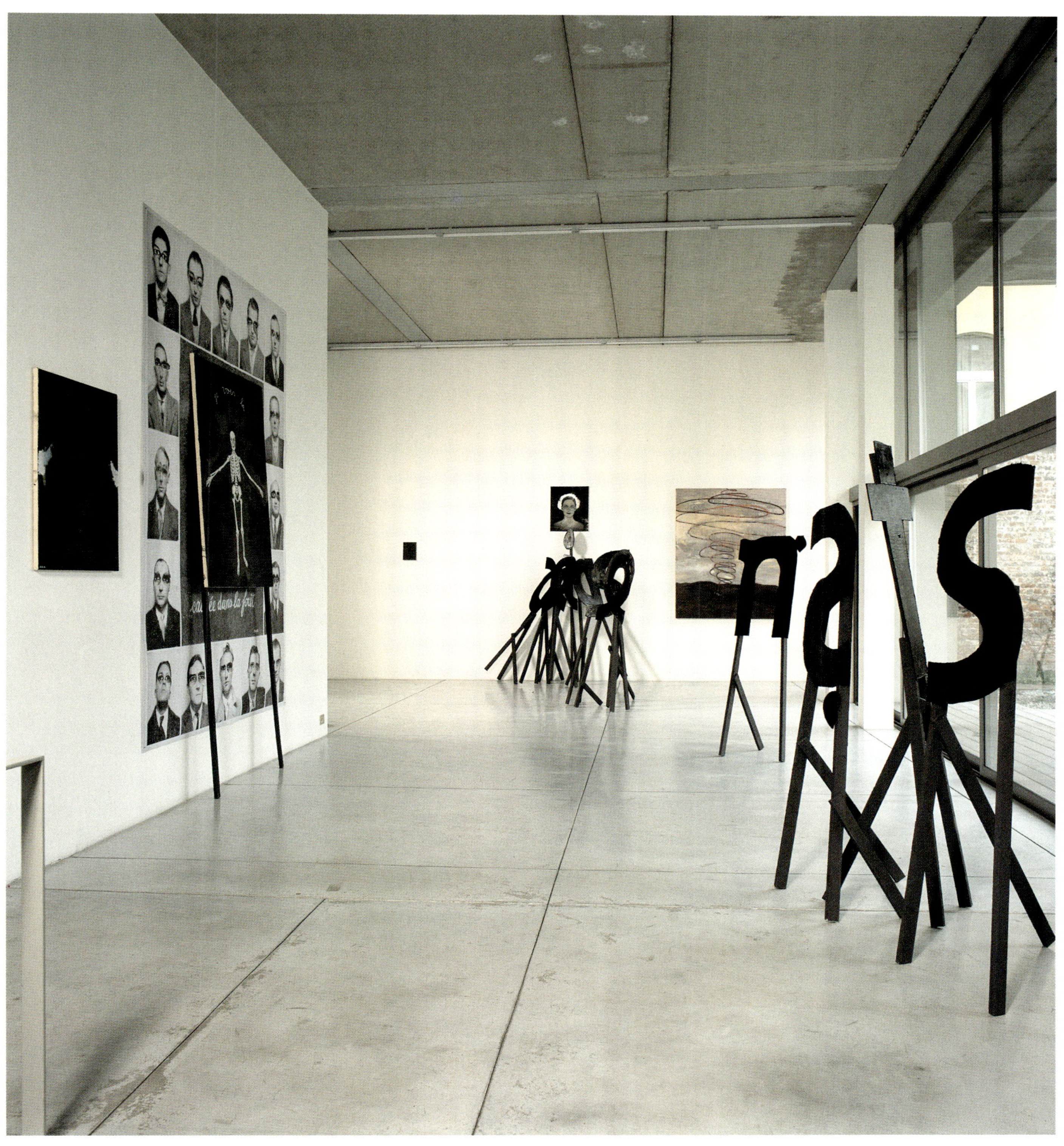

man muss das adjektiv abschaffen
Ausstellungsansicht / installation view
Baronian_Francey, Brüssel
2005

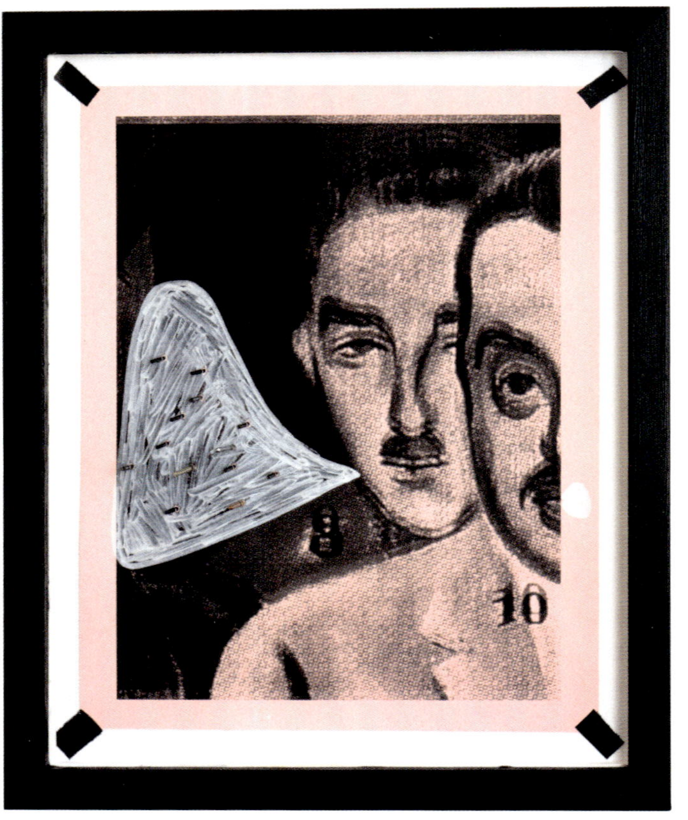 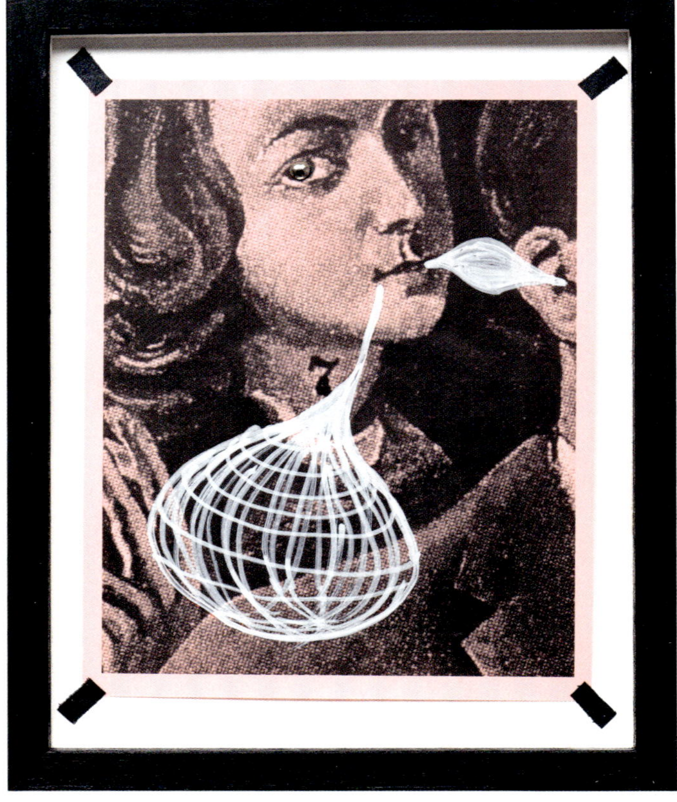

8 / 10
2005, Mixed Media, 32 x 27 cm
courtesy Galerie Guido W. Baudach, Berlin

7
2005, Mixed Media, 32 x 27 cm
Privatsammlung / private collection, New York

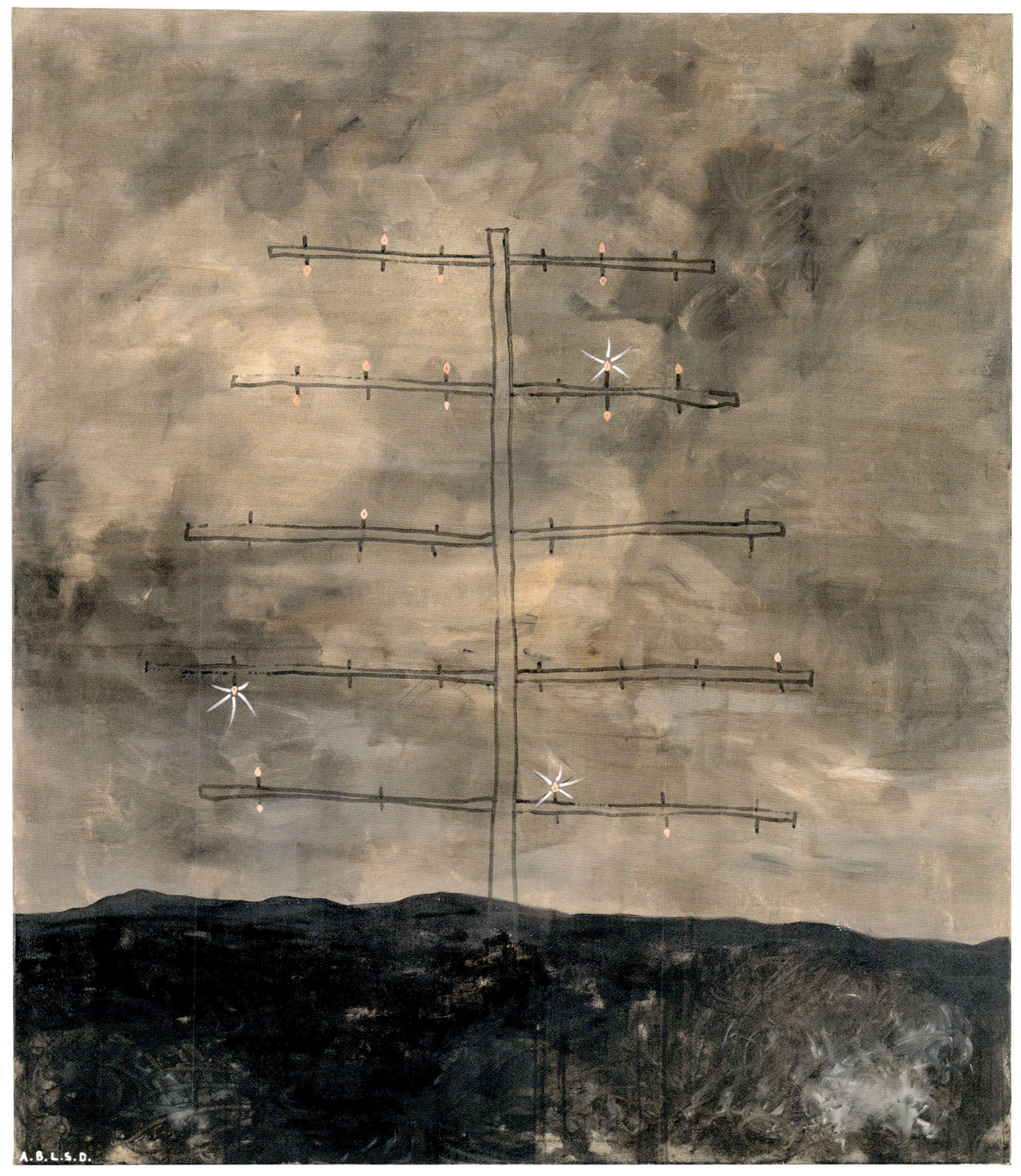

A. B.: LSD
2005, Acryl und Öl auf Nessel, 200 x 170 cm
Privatsammlung / private collection

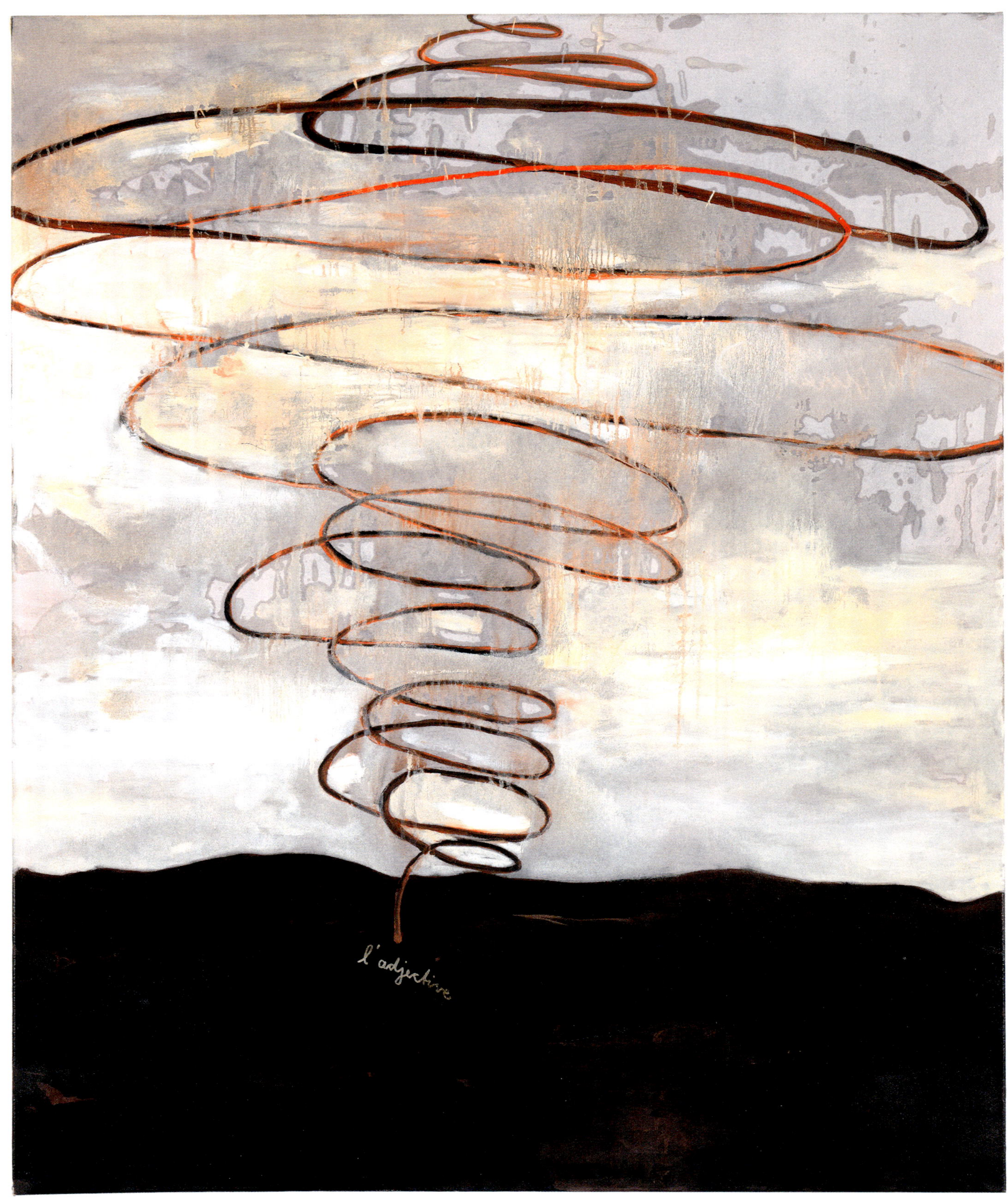

death of l'adjective

2005, Acryl und Öl auf Nessel, 170 x 140 cm
Privatsammlung / private collection, New York

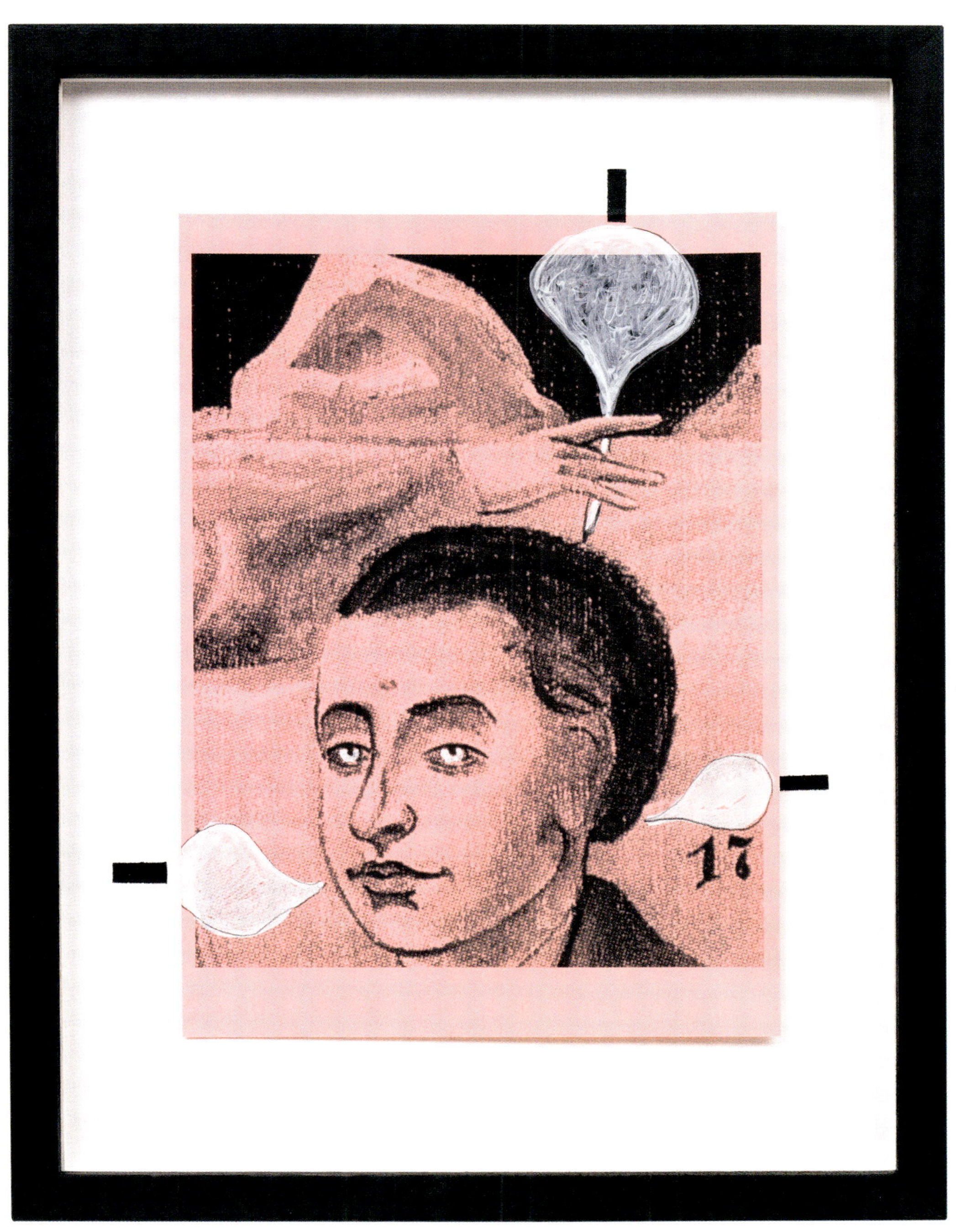

17

2005, Mixed Media, 42 x 32 cm
courtesy Galerie Guido W. Baudach, Berlin

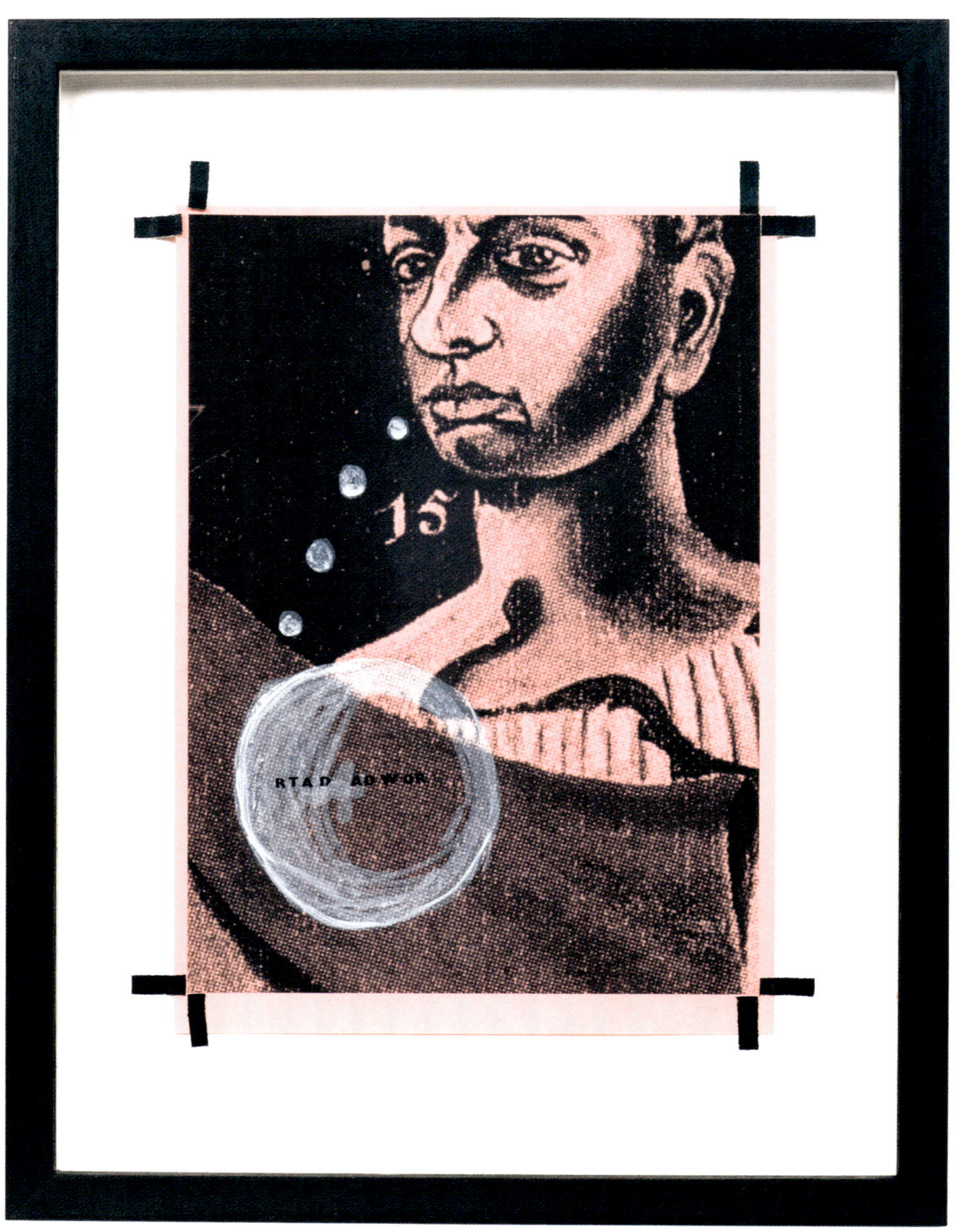

15
2005, Mixed Media, 42 x 32 cm
courtesy Galerie Guido W. Baudach, Berlin

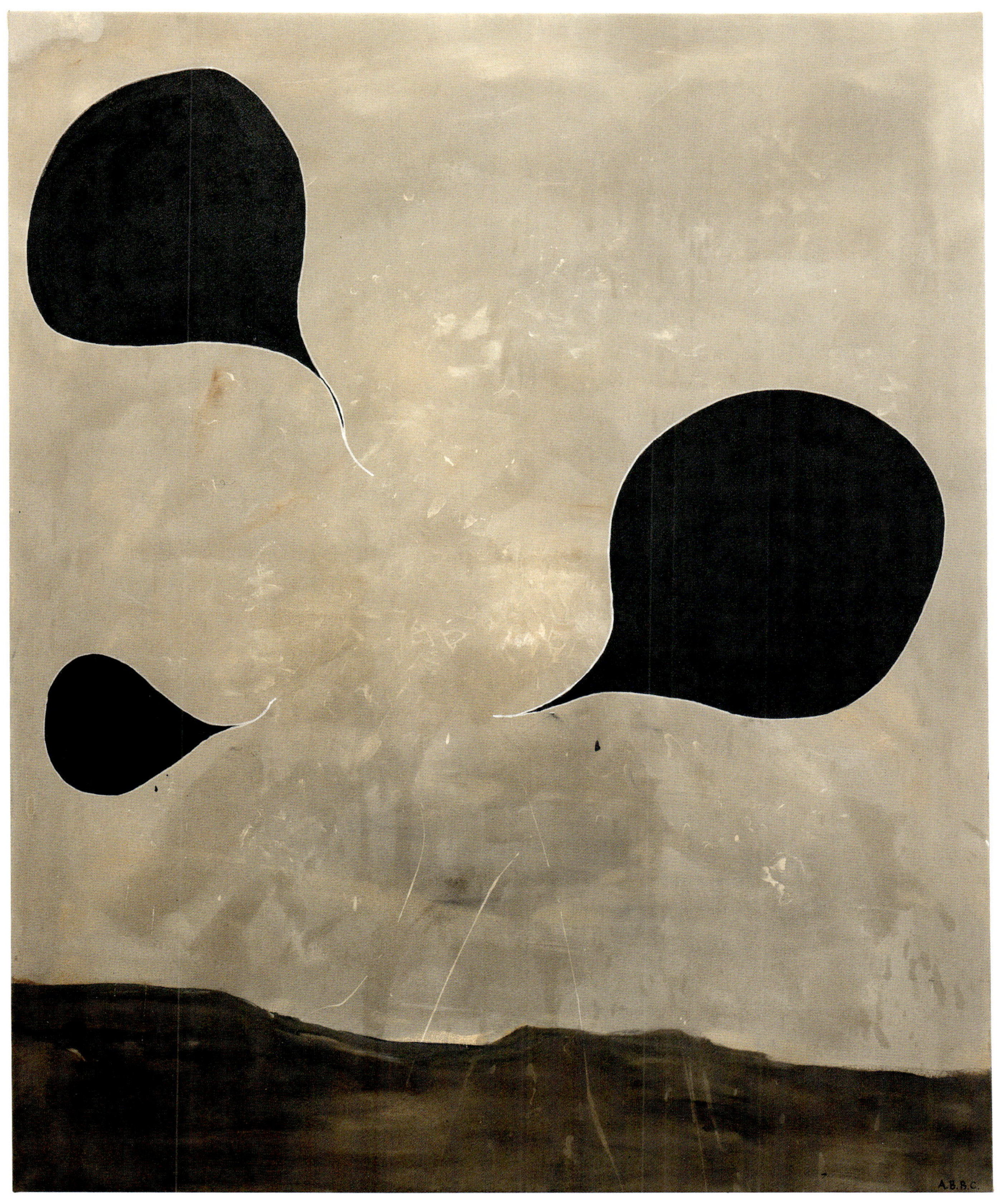

A. B.: Black Clouds

2005, Acryl und Öl auf Nessel, 175 x 142 cm
courtesy Daniel Hug Gallery, Los Angeles

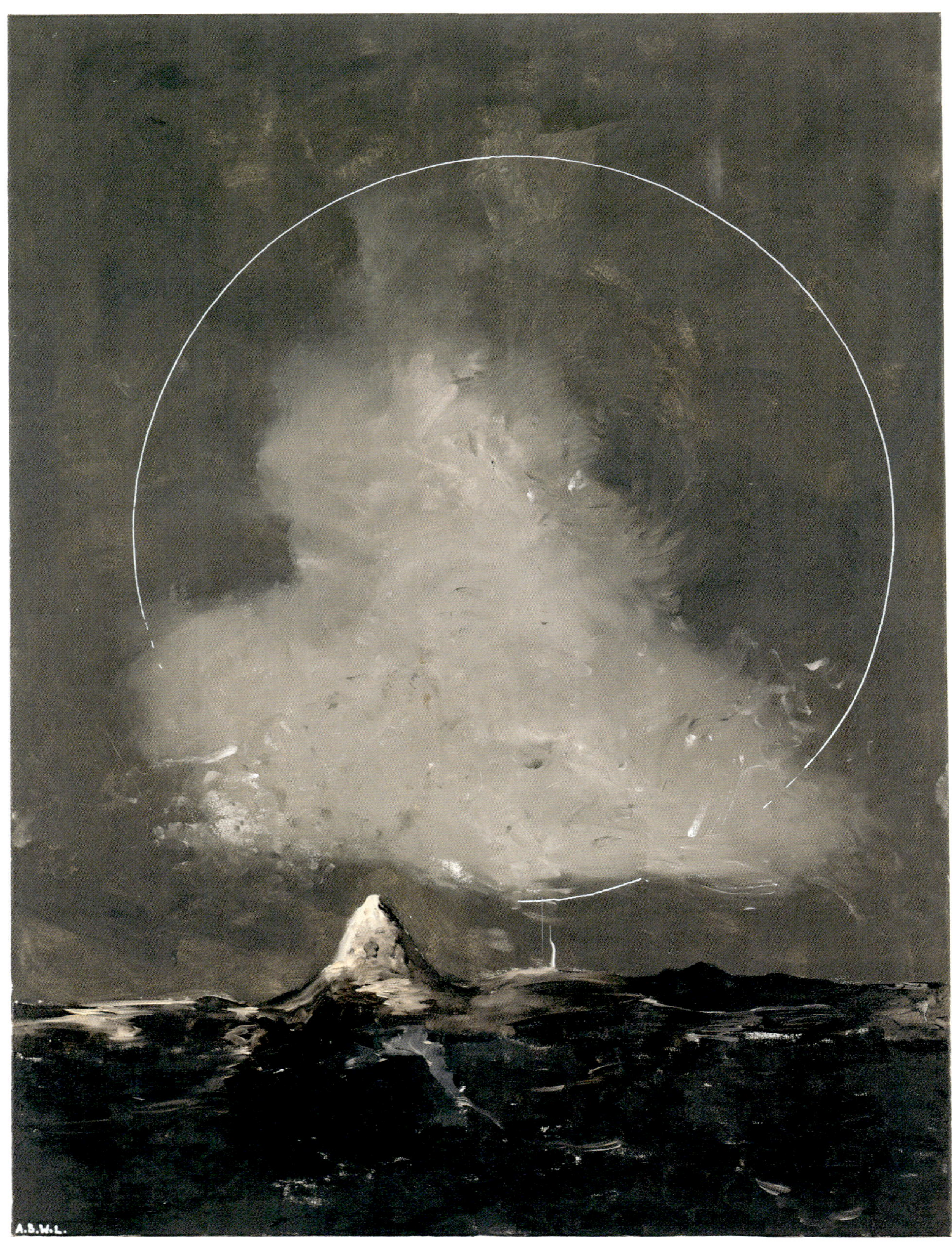

A. B.: White Lightning

2005, Acryl und Öl auf Nessel, 160 x 140 cm

Privatsammlung / private collection

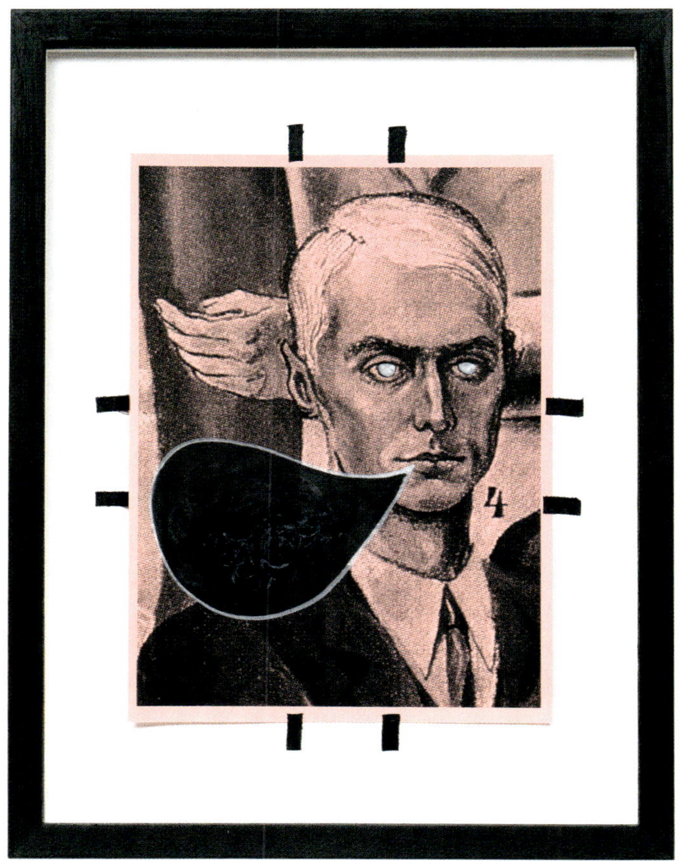

2005, Mixed Media, 42 x 32 cm
Privatsammlung / private collection, New York

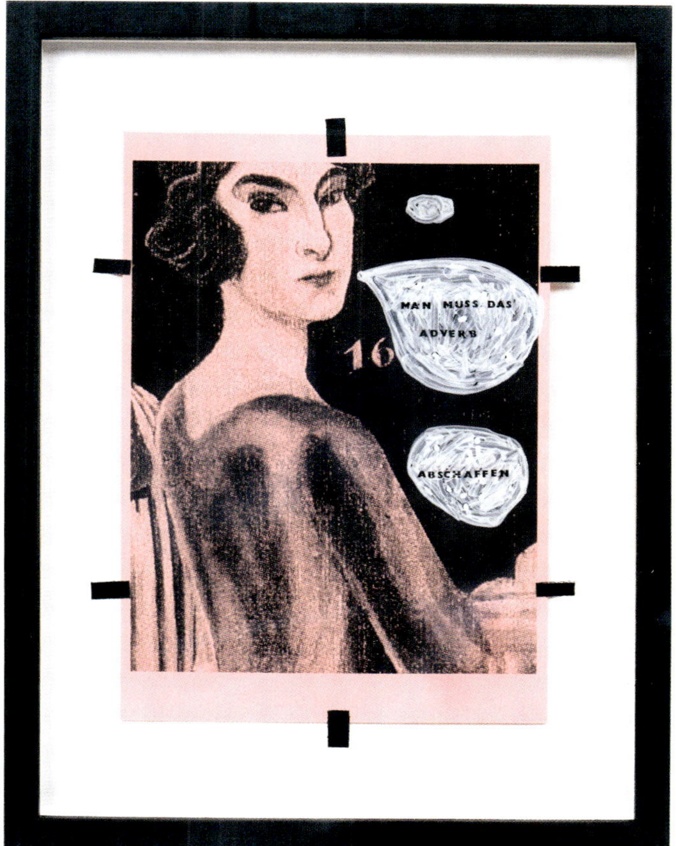

2005, Mixed Media, 42 x 32 cm
courtesy Galerie Guido W. Baudach, Berlin

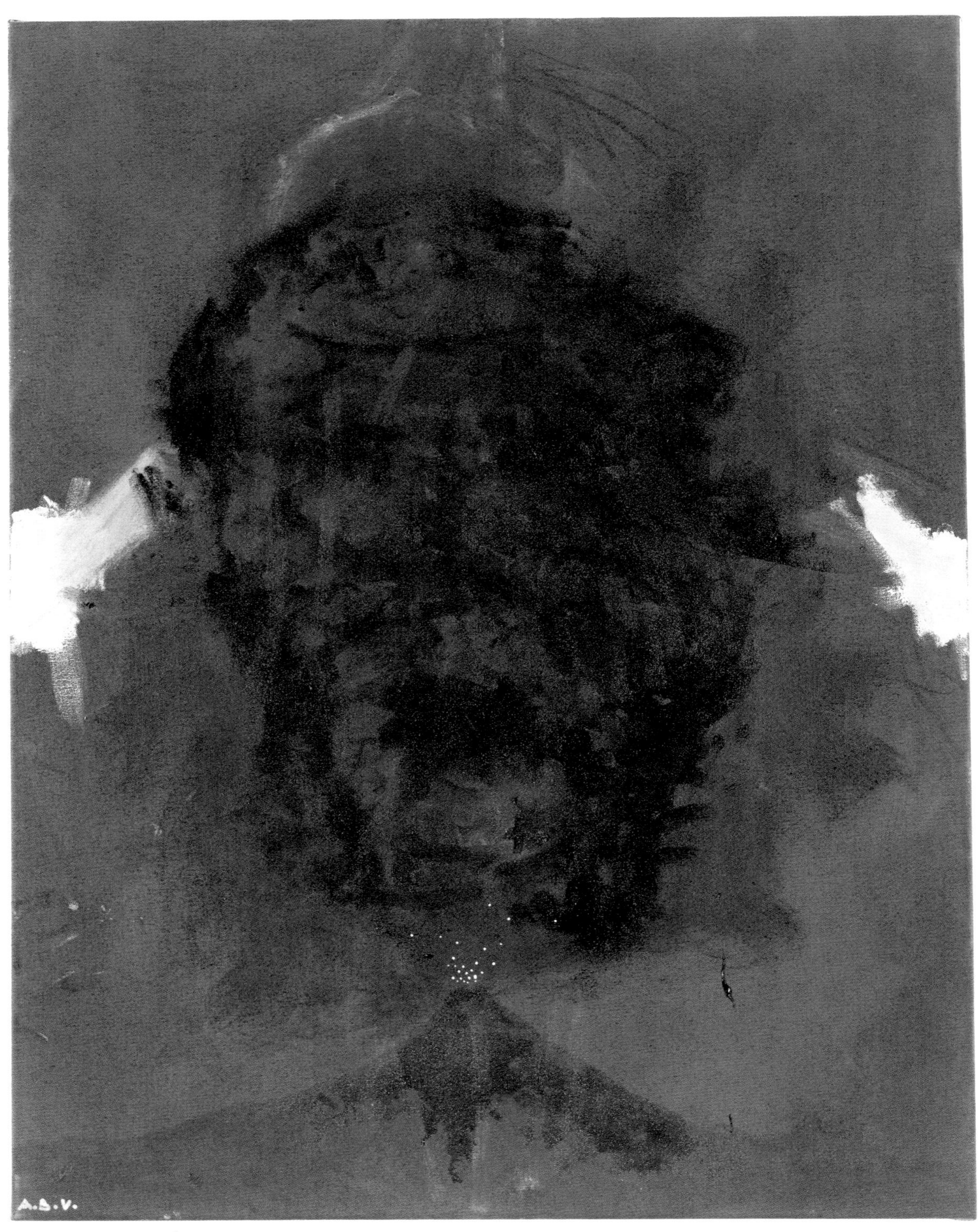

A. B.: Vulkan
2005, Acryl und Öl auf Nessel, 90 x 70 cm
courtesy Baronian_Francey, Brüssel

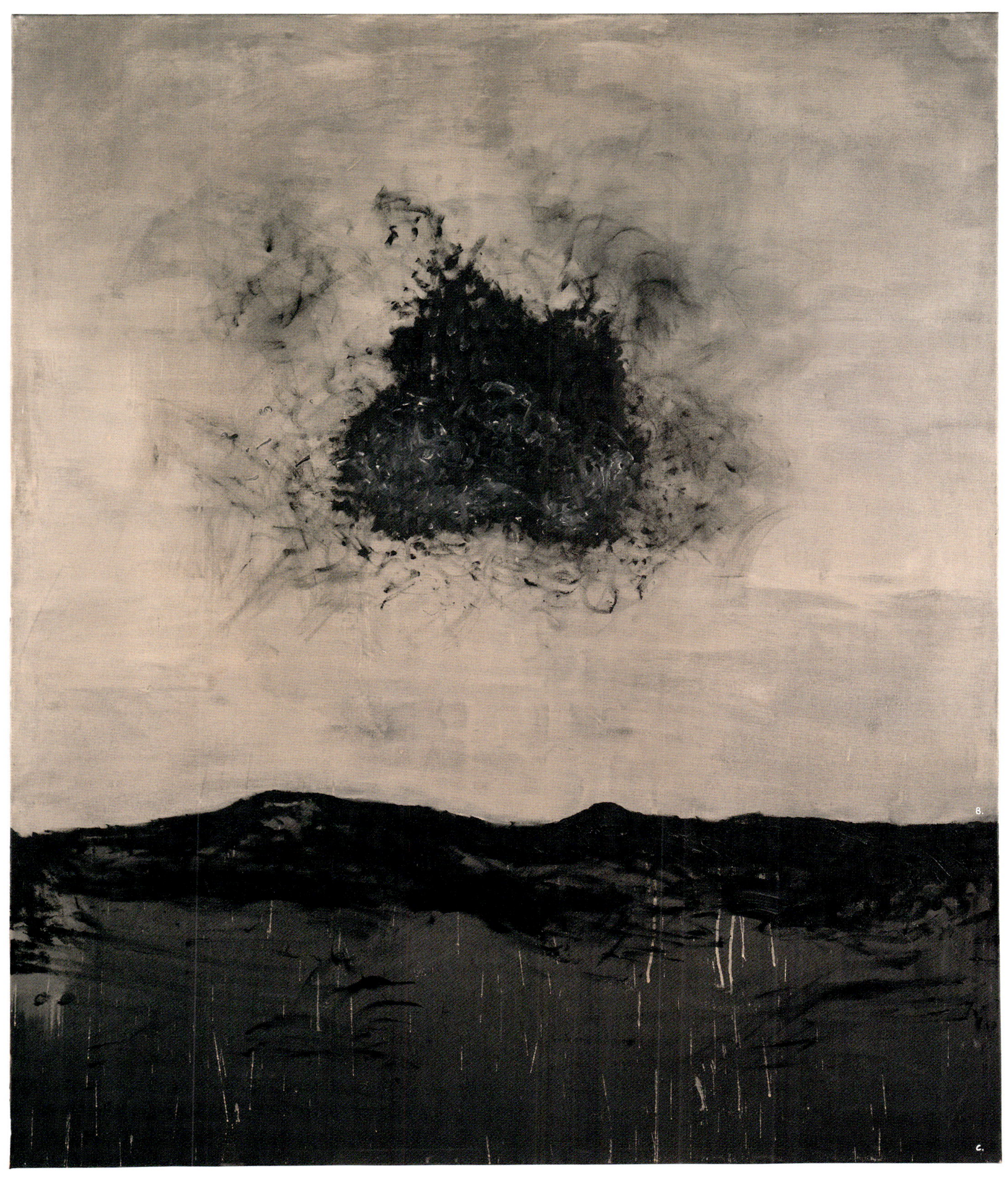

Bad Cloud
2004, Acryl und Öl auf Nessel, 200 x 170 cm
Sammlung Boros, Wuppertal

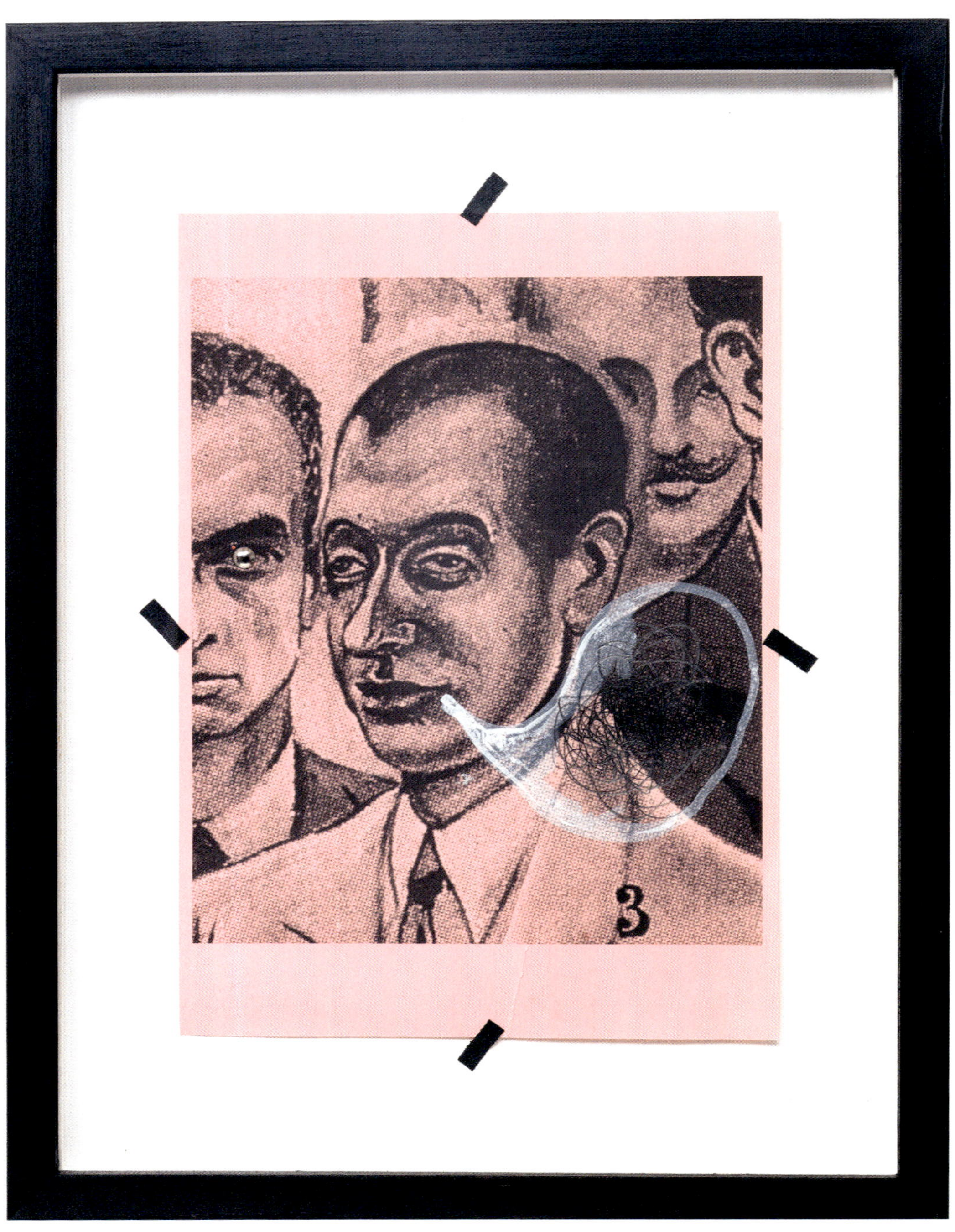

3
2005, Mixed Media, 42 x 32 cm
courtesy Galerie Guido W. Baudach, Berlin

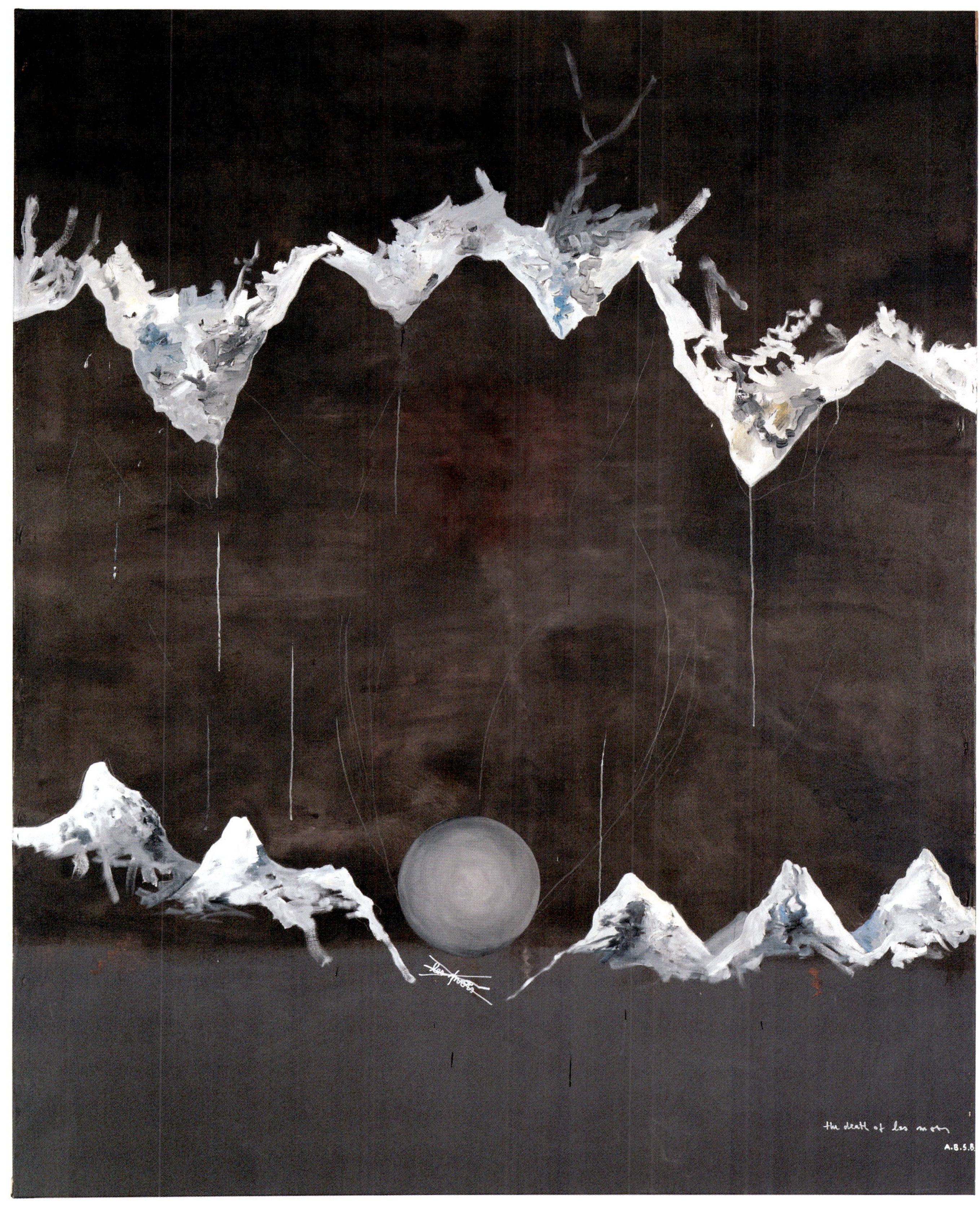

the death of les mots

2005, Acryl und Öl auf Nessel, 250 x 200 cm

Privatsammlung / private collection

Dirty Tree Black Pills

Oldenburg

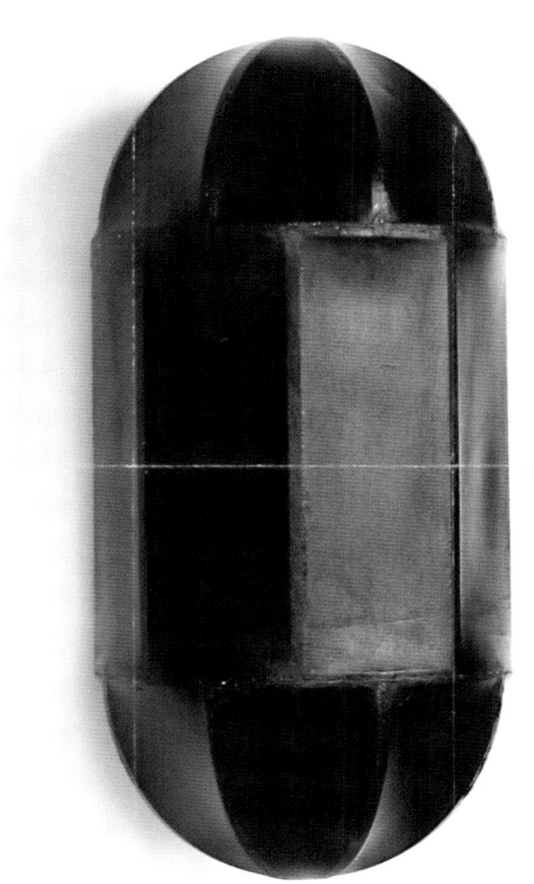

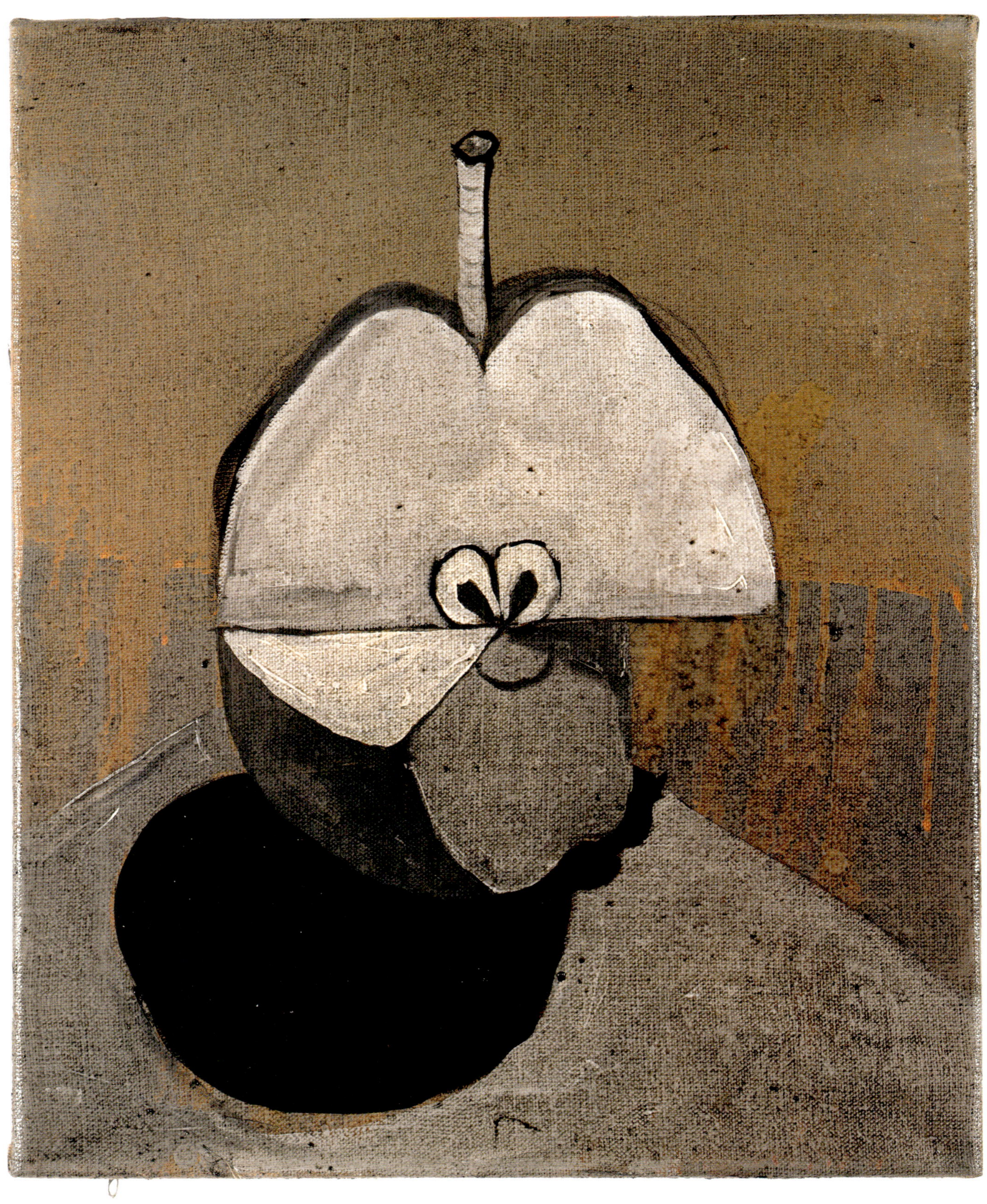

Apfel
2005, Acryl und Öl auf Leinwand, 55 x 45 cm
courtesy Galerie Guido W. Baudach, Berlin

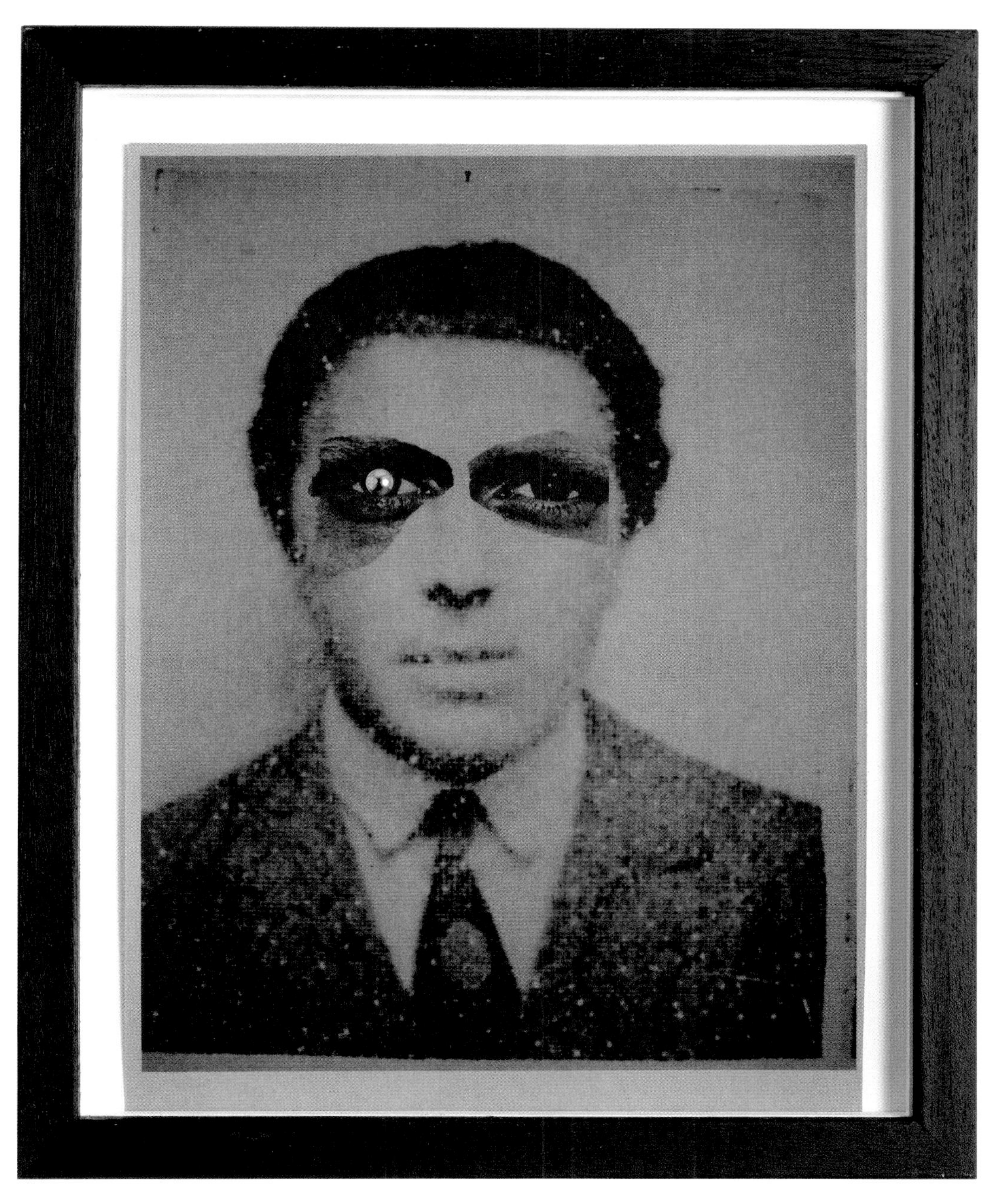

Endre
2005, Mixed Media, 32 x 27cm
courtesy Galerie Guido W. Baudach, Berlin

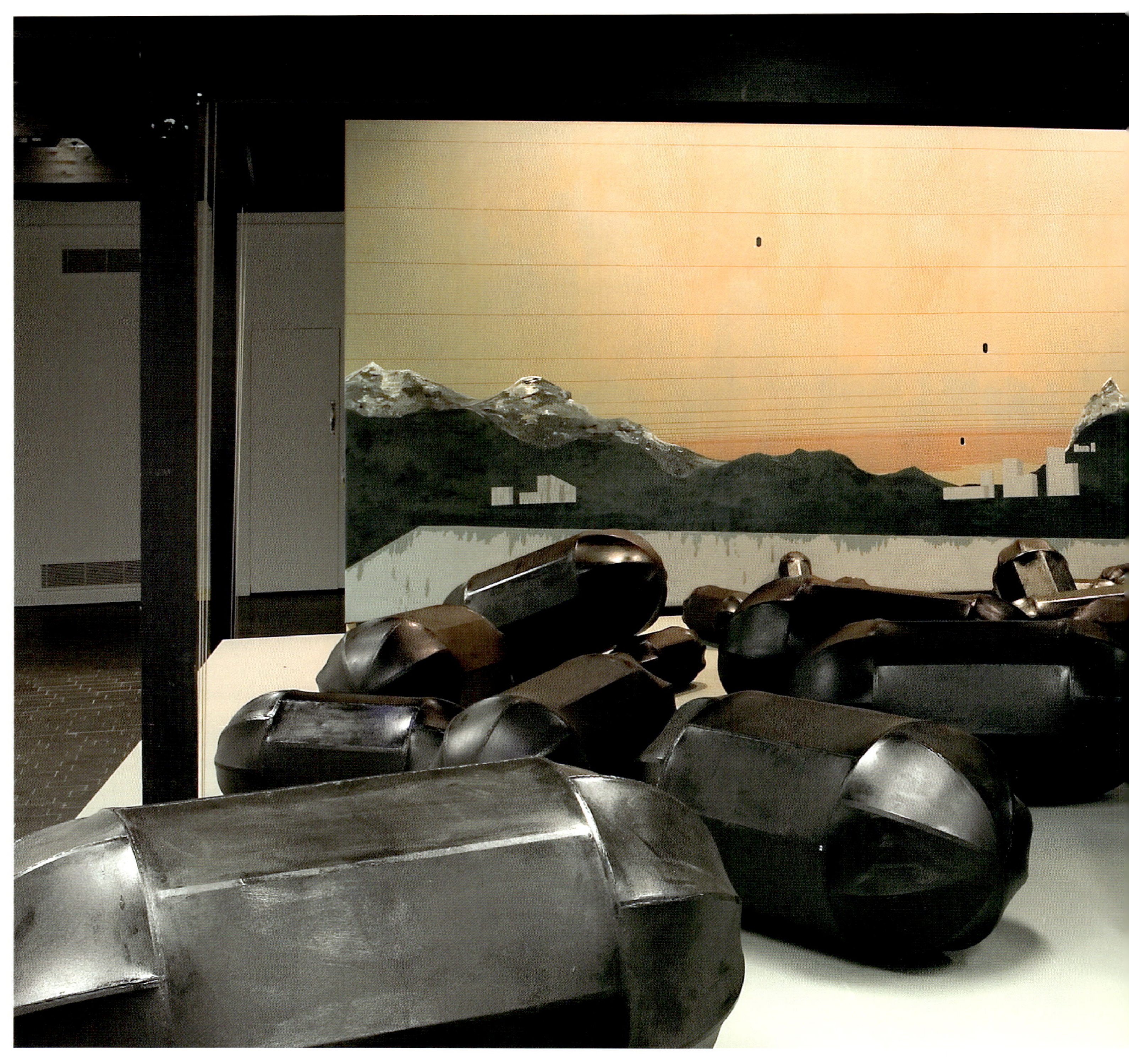

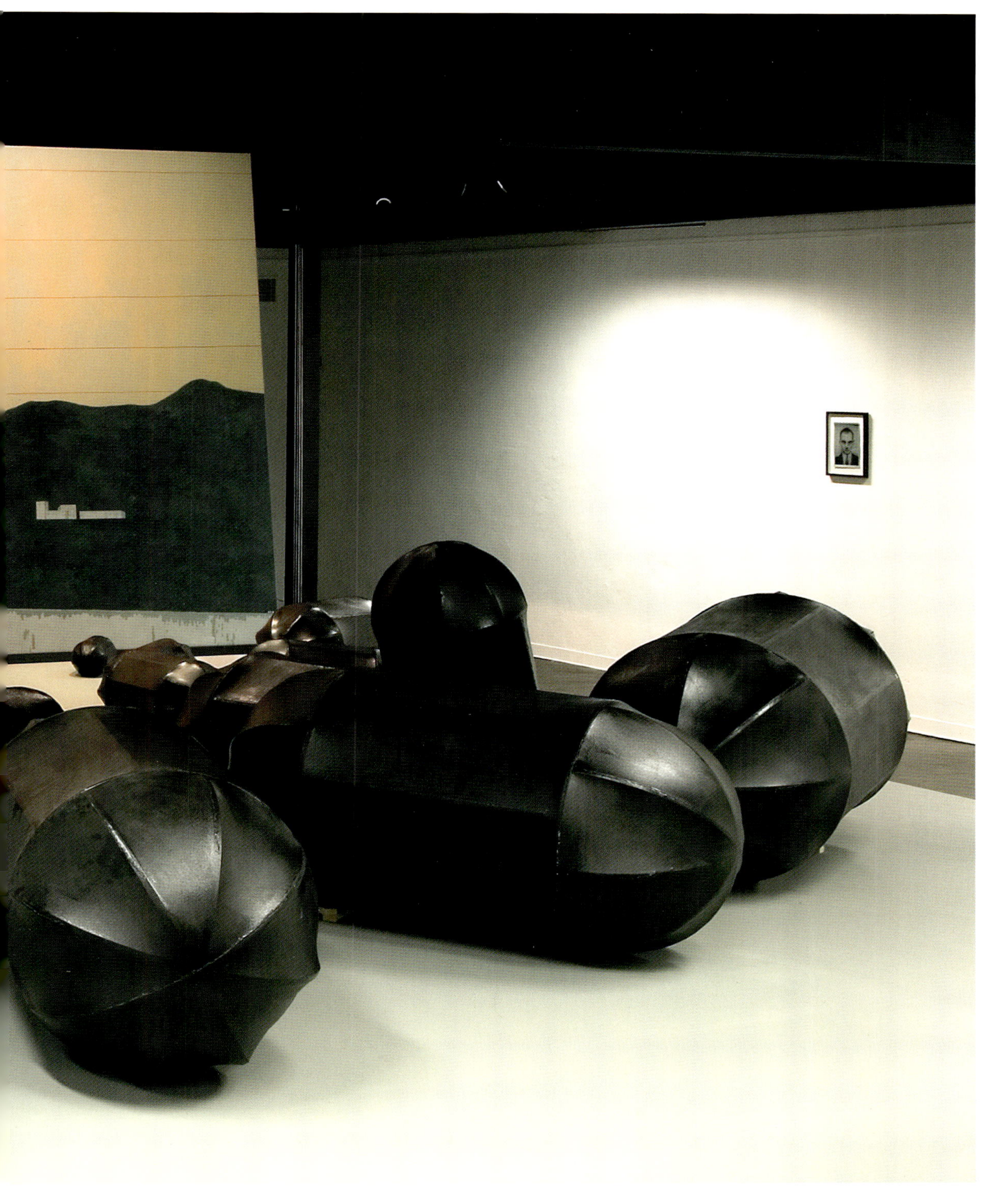

Dirty Tree Black Pills

Ausstellungsansicht / installation view
Oldenburger Kunstverein (im Aufbau / under construction)
2005, Mixed Media, Maße variabel,
courtesy Galerie Guido W. Baudach, Berlin

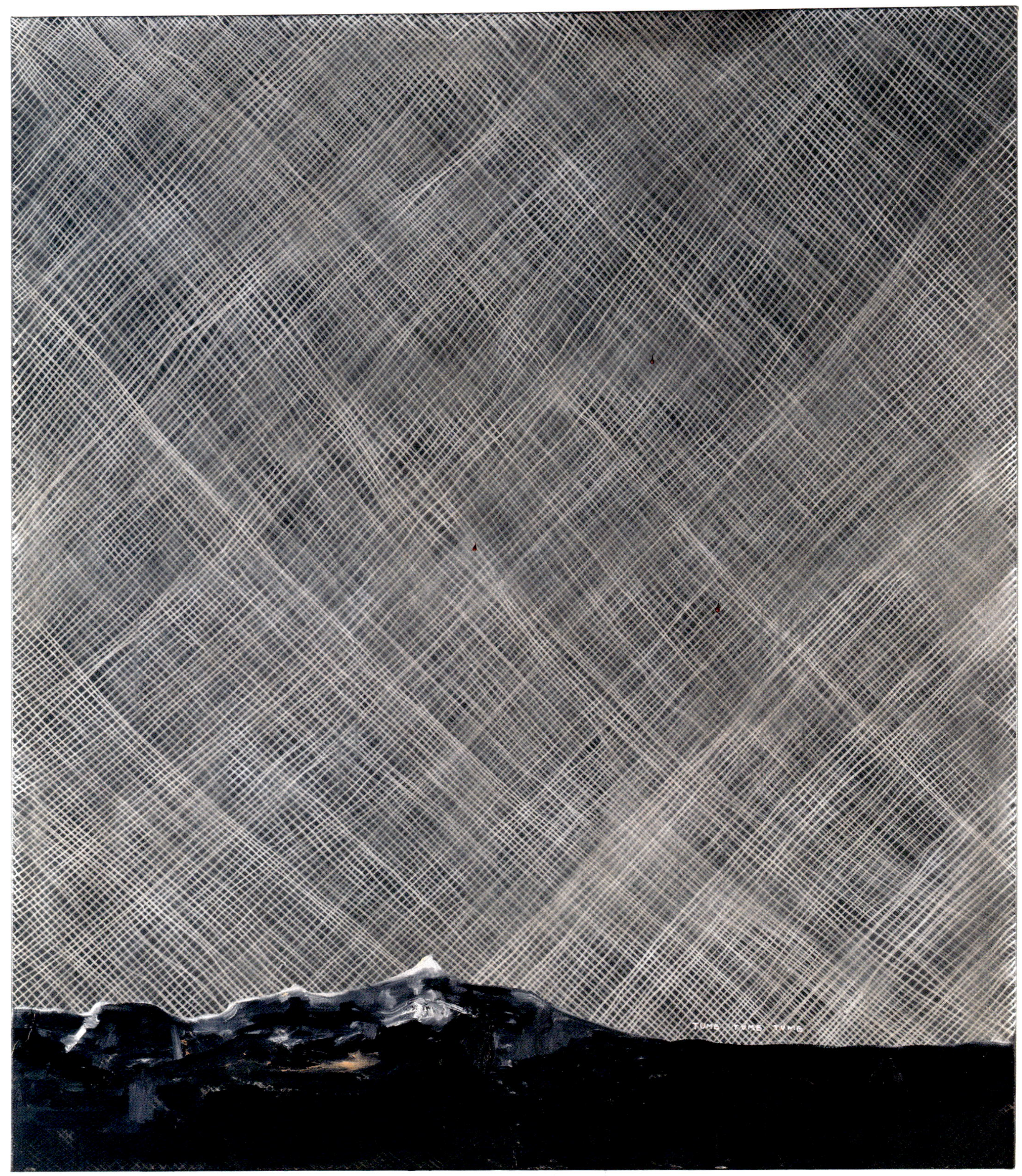

tumb, tumb, tumb
2005, Acryl, Lackstift und Öl auf Nessel, 200 x 170 cm
courtesy Galerie Guido W. Baudach, Berlin

E.

2005, Acryl, Permanent Marker und Öl auf Nessel, 200 x 170 cm
courtesy Galerie Guido W. Baudach, Berlin

A.

2005, Acryl, Permanent Marker und Öl auf Nessel, 200 x 170 cm
courtesy Galerie Guido W. Baudach, Berlin

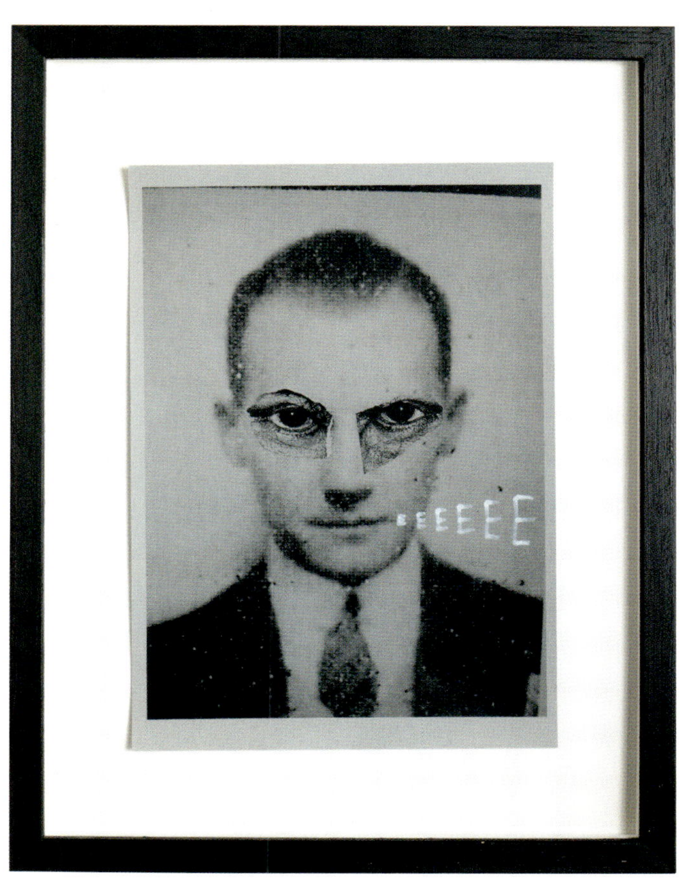

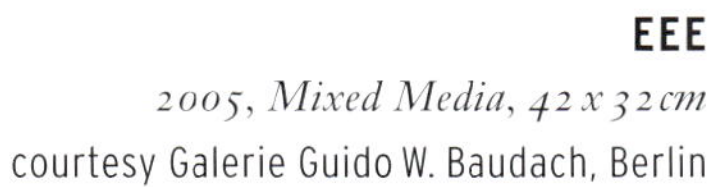

EEE
2005, Mixed Media, 42 x 32 cm
courtesy Galerie Guido W. Baudach, Berlin

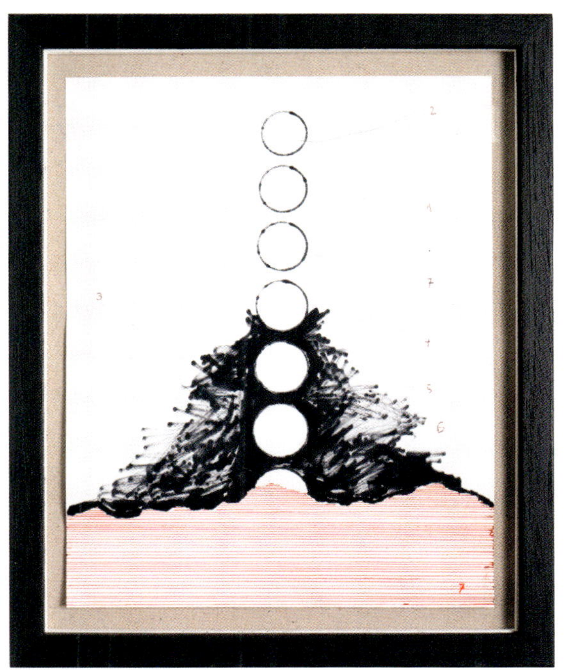

Pill Regal
2005, Mixed Media, 32 x 27 cm
courtesy Galerie Guido W. Baudach, Berlin

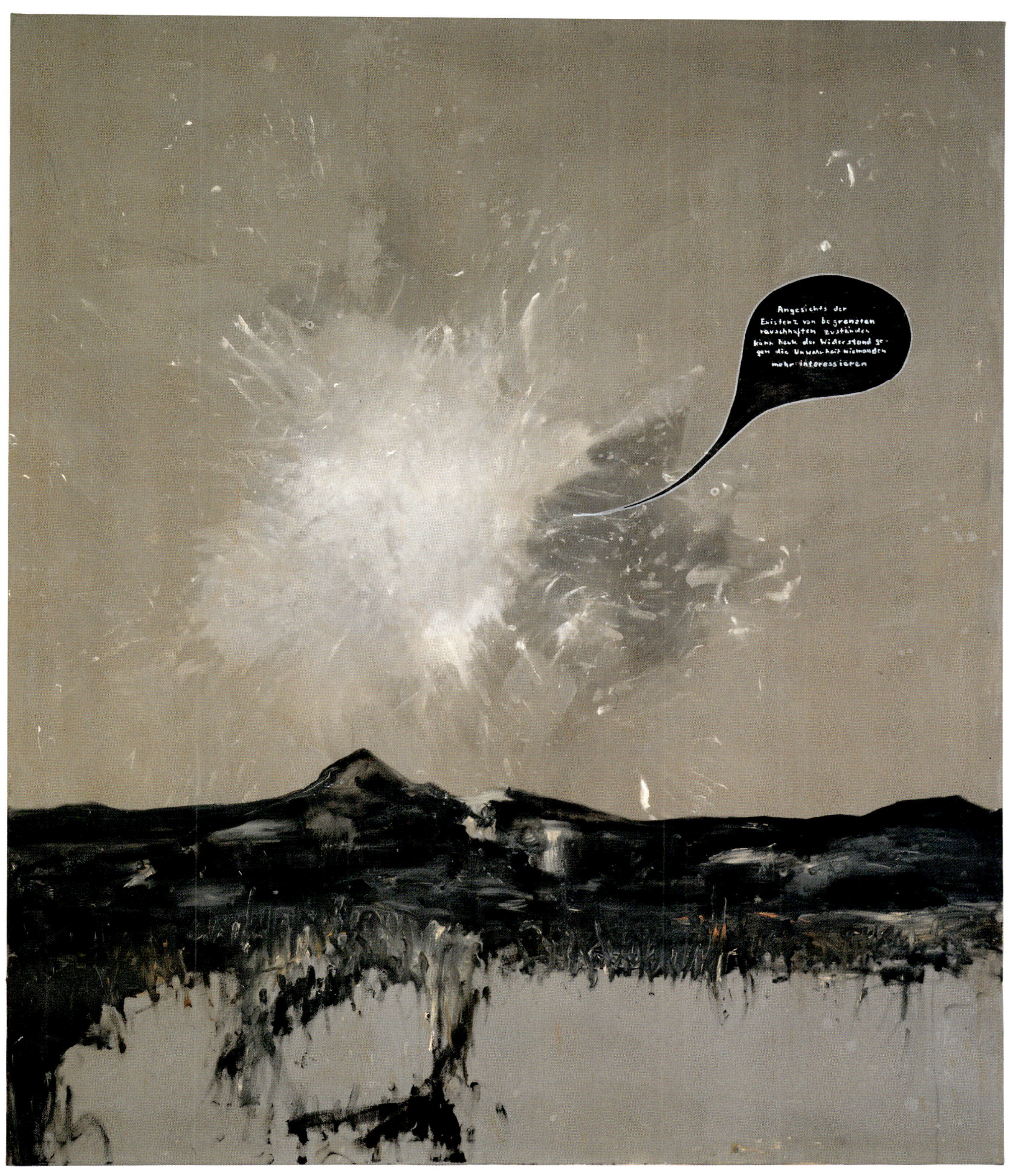

Angesichts der Existenz von begrenzten rauschhaften Zuständen ...
2005, Acryl und Öl auf Nessel, 200 x 170 cm
Céline & Heiner Bastian, Berlin

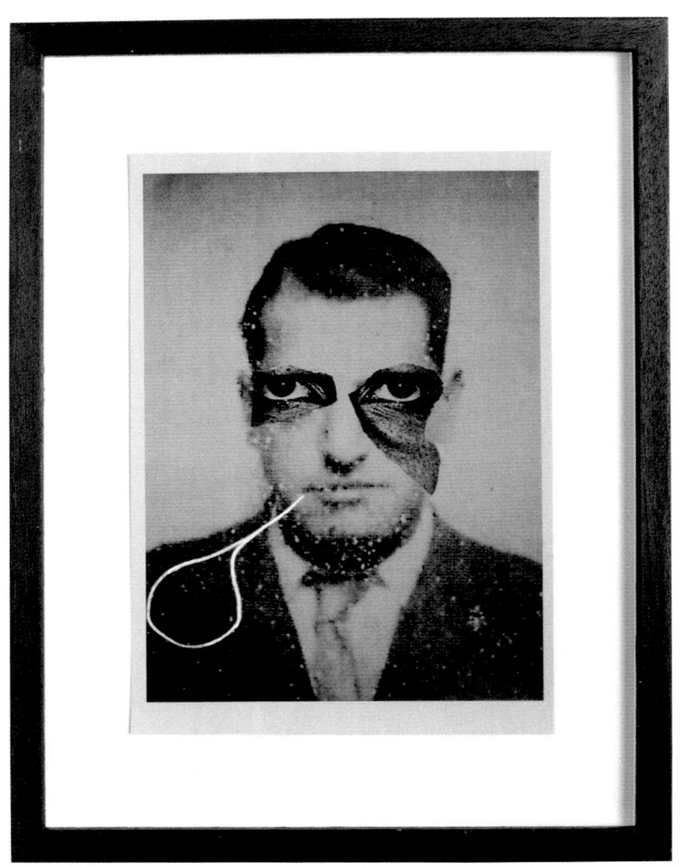

D.
2005, Mixed Media, 42 x 32 cm
courtesy Galerie Guido W. Baudach, Berlin

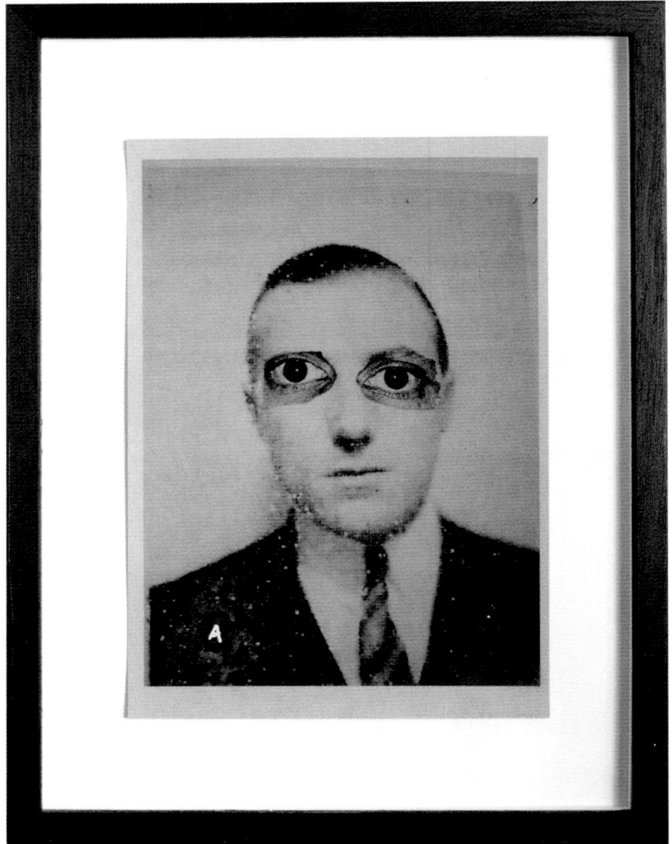

a.
2005, Mixed Media, 42 x 32 cm
courtesy Galerie Guido W. Baudach, Berlin

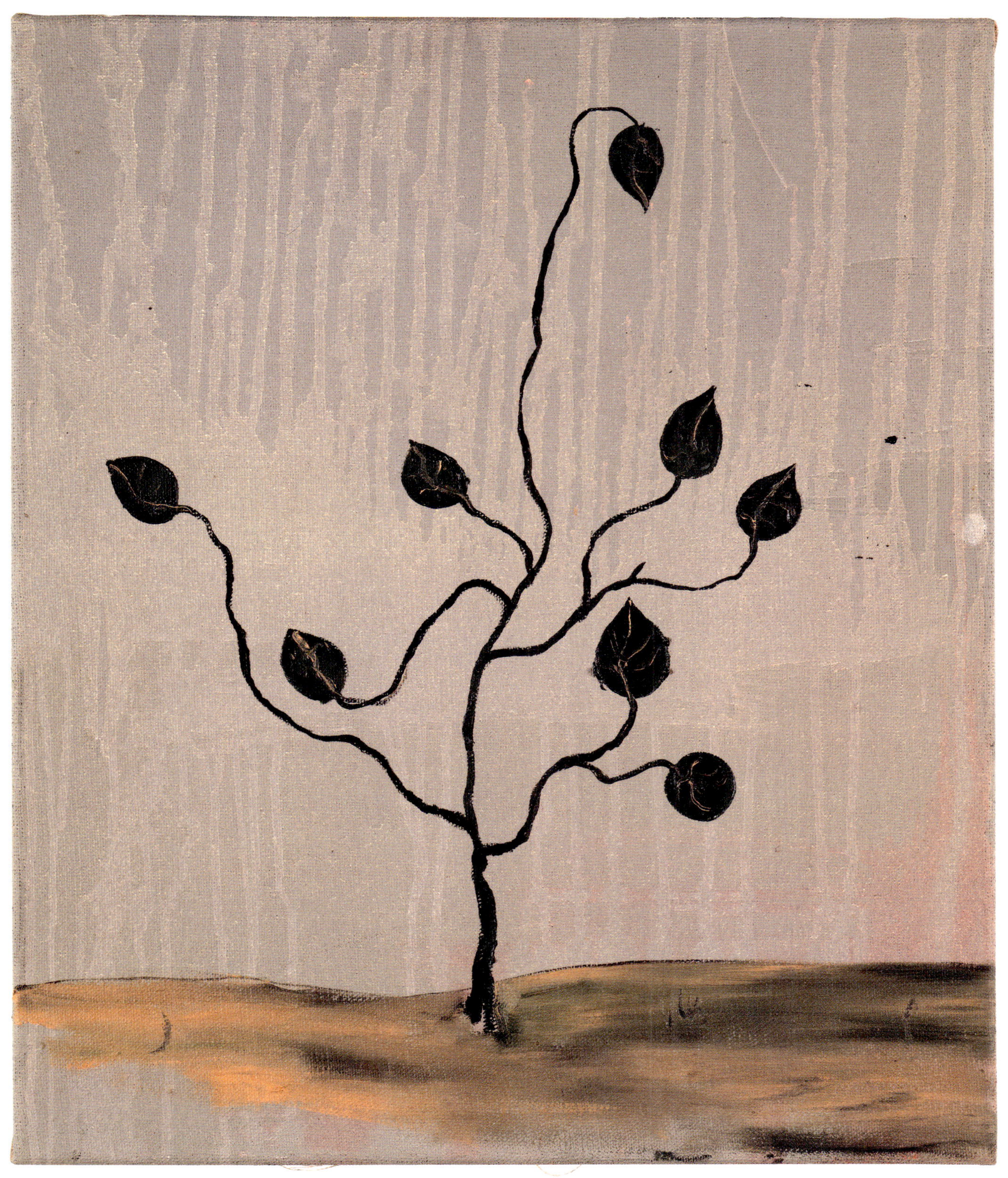

Blume
2005, Acryl und Öl auf Leinwand, 60 x 50 cm
courtesy Galerie Guido W. Baudach, Berlin

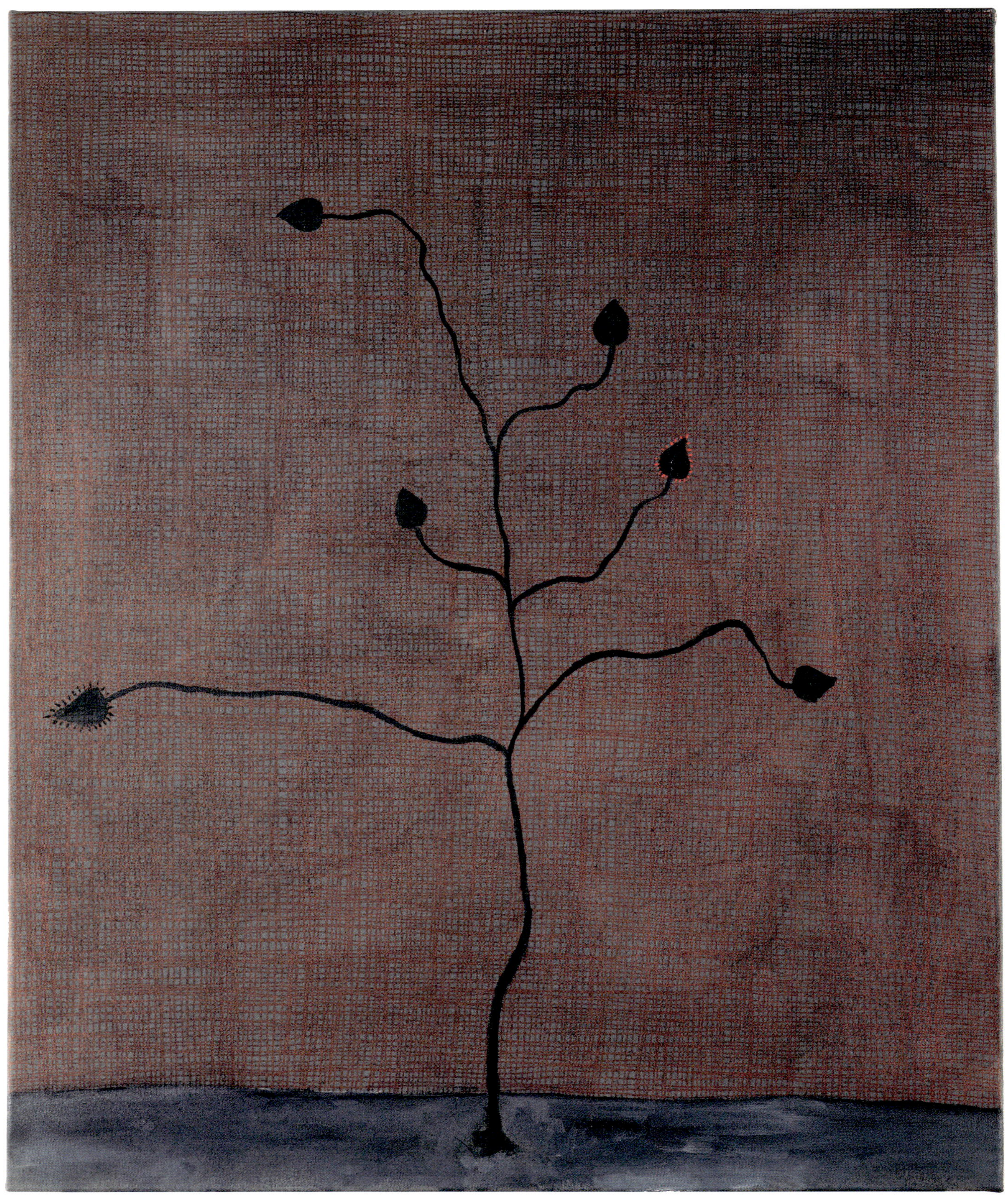

plant
2005, Acryl, Permanent Marker und Öl auf Nessel, 110 x 90 cm
courtesy Galerie Guido W. Baudach, Berlin

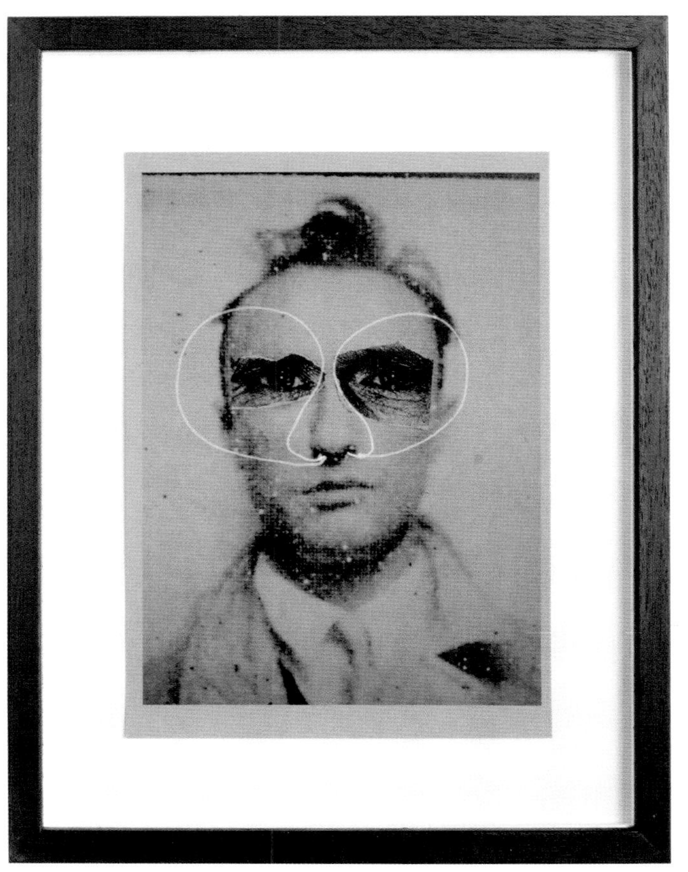

DdBb
2005, Mixed Media, 42 x 32 cm
courtesy Galerie Guido W. Baudach, Berlin

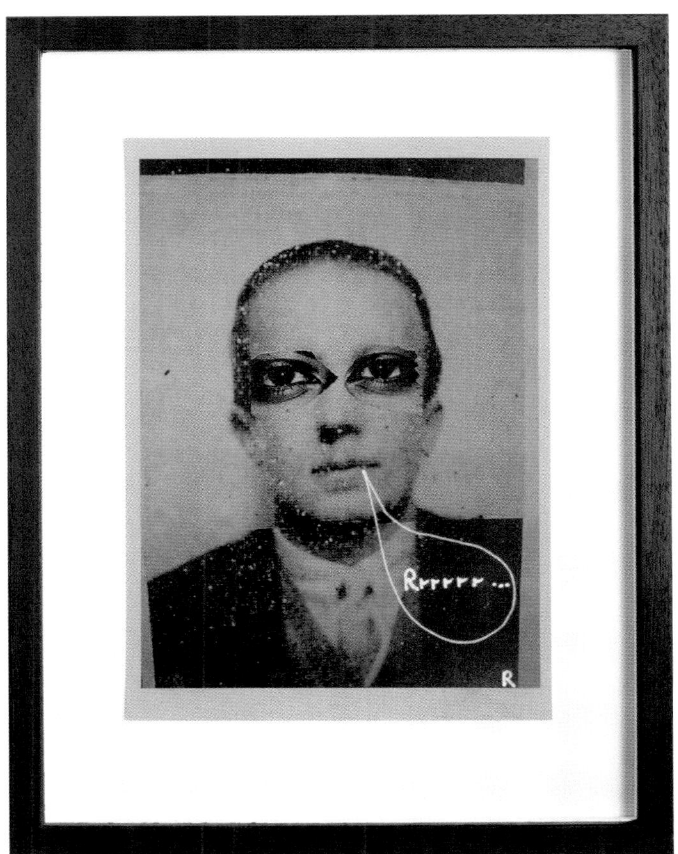

Rrrrrr
2005, Mixed Media, 42 x 32 cm
courtesy Galerie Guido W. Baudach, Berlin

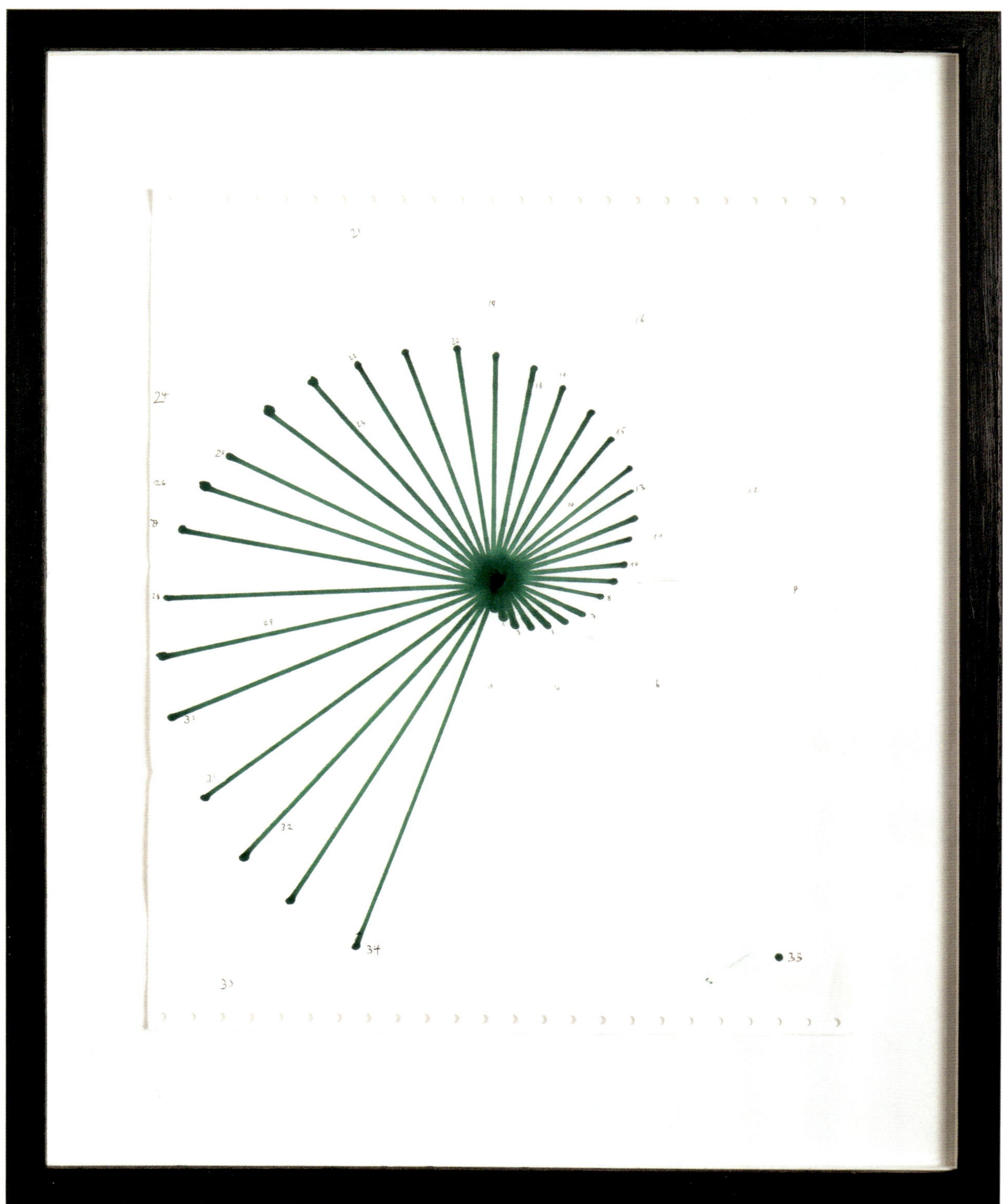

33

2003, Mixed Media, 52 x 42 cm
courtesy Galerie Guido W. Baudach, Berlin

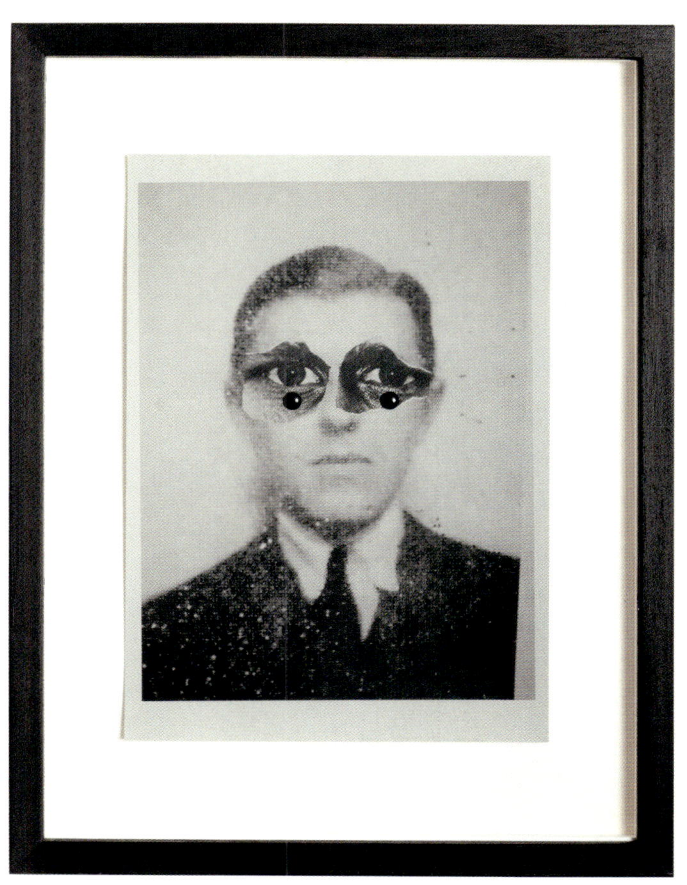

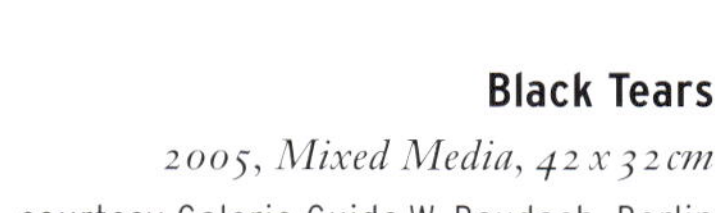

Black Tears
2005, Mixed Media, 42 x 32 cm
courtesy Galerie Guido W. Baudach, Berlin

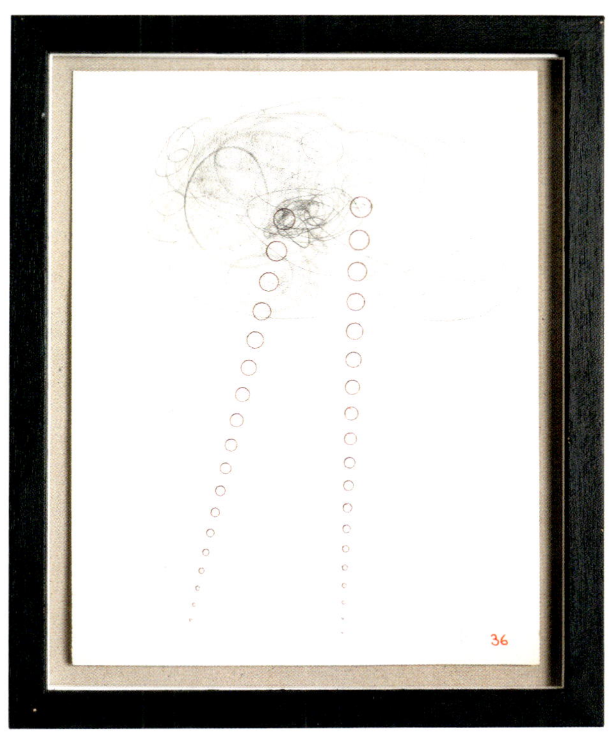

Pill Shuffle
2005, Mixed Media, 32 x 27 cm
courtesy Galerie Guido W. Baudach, Berlin

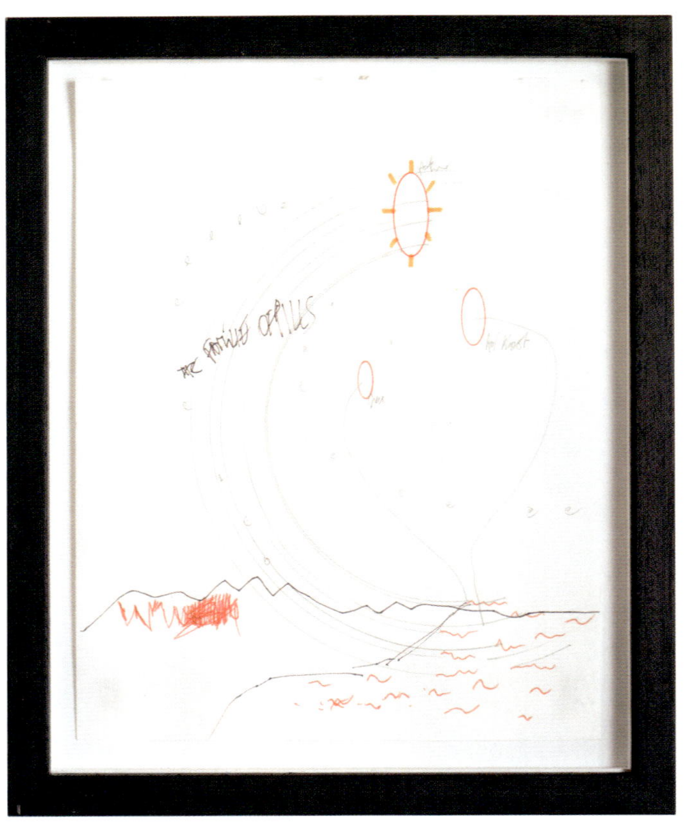

Family
2005, Mixed Media, 32 x 27cm
courtesy Galerie Guido W. Baudach, Berlin

s.
2005, Mixed Media, 32 x 27cm
courtesy Galerie Guido W. Baudach, Berlin

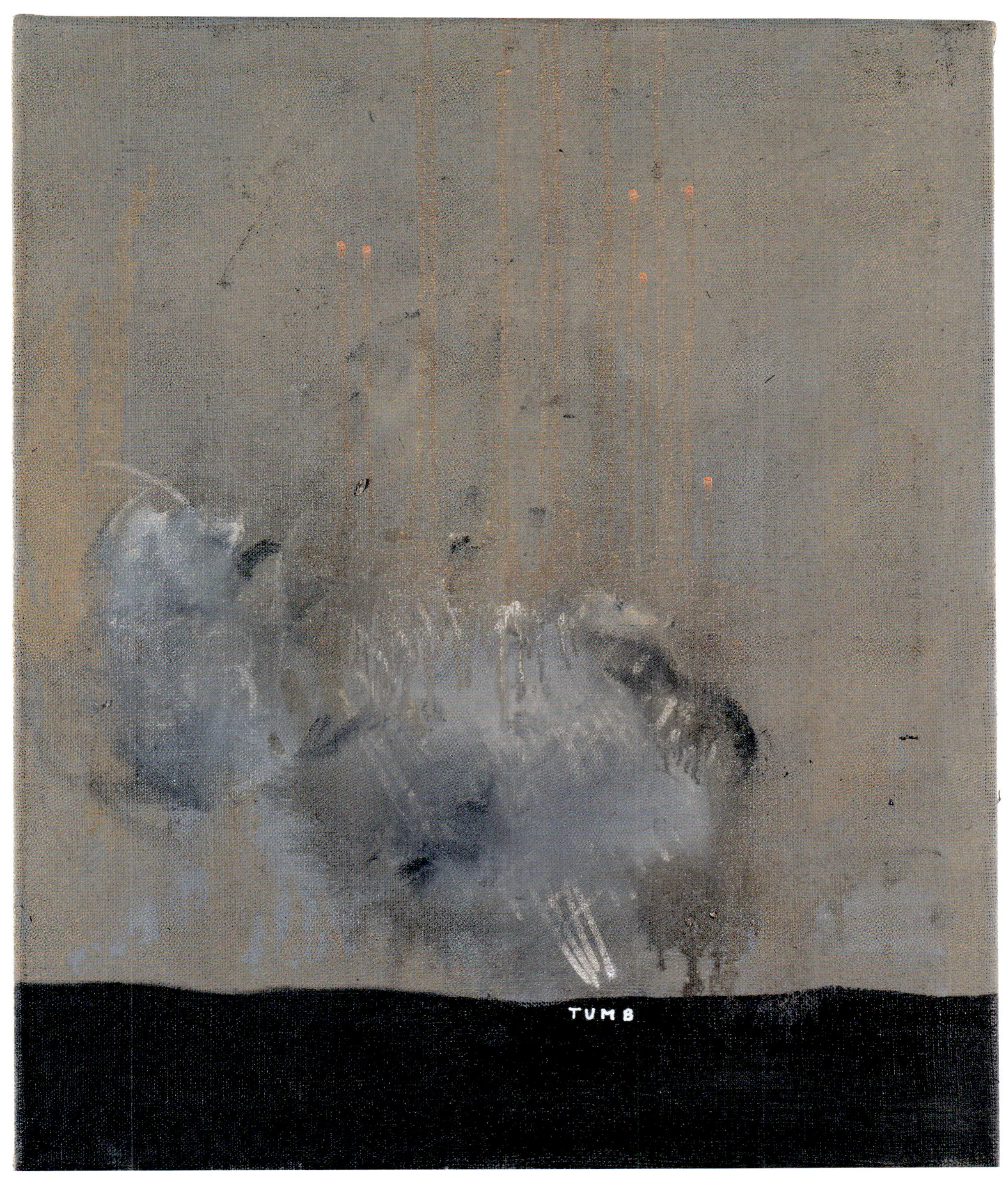

TUMB
2005, Acryl und Öl auf Leinwand, 60 x 50 cm
courtesy Galerie Guido W. Baudach, Berlin

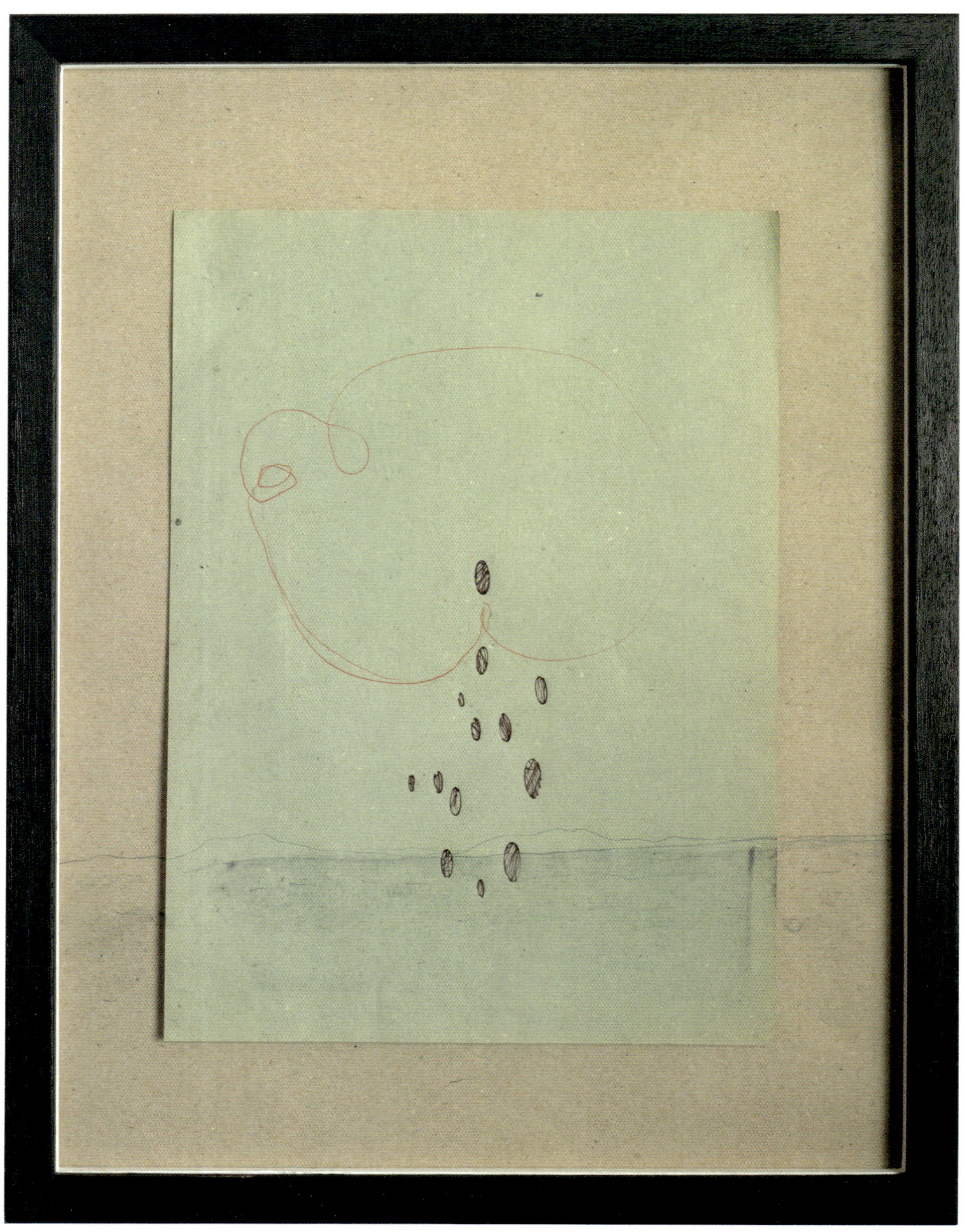

Pill Cloud

2005, Mixed Media, 42 x 32 cm
courtesy Galerie Guido W. Baudach, Berlin

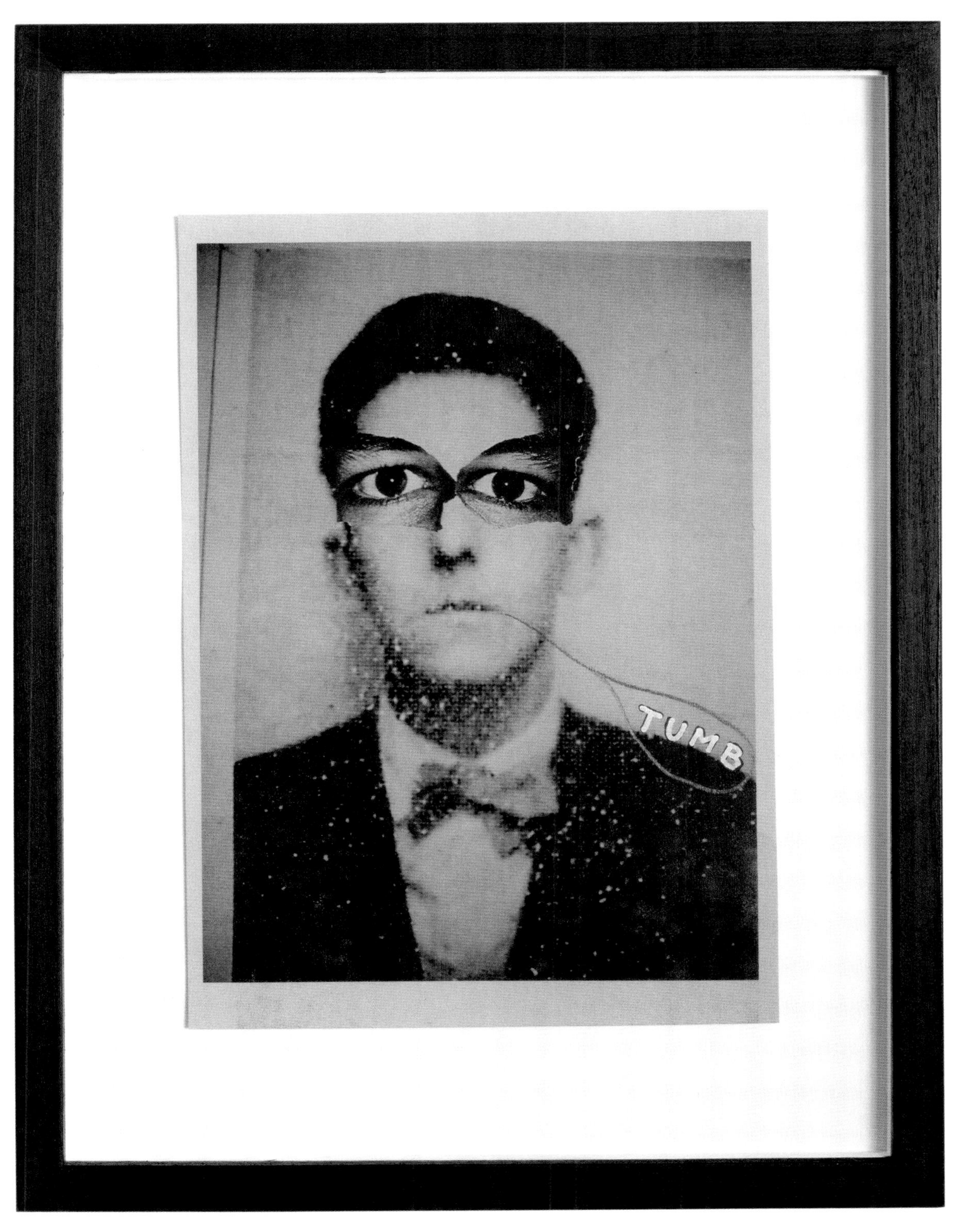

T.

2005, Mixed Media, 42 x 32 cm
courtesy Galerie Guido W. Baudach, Berlin

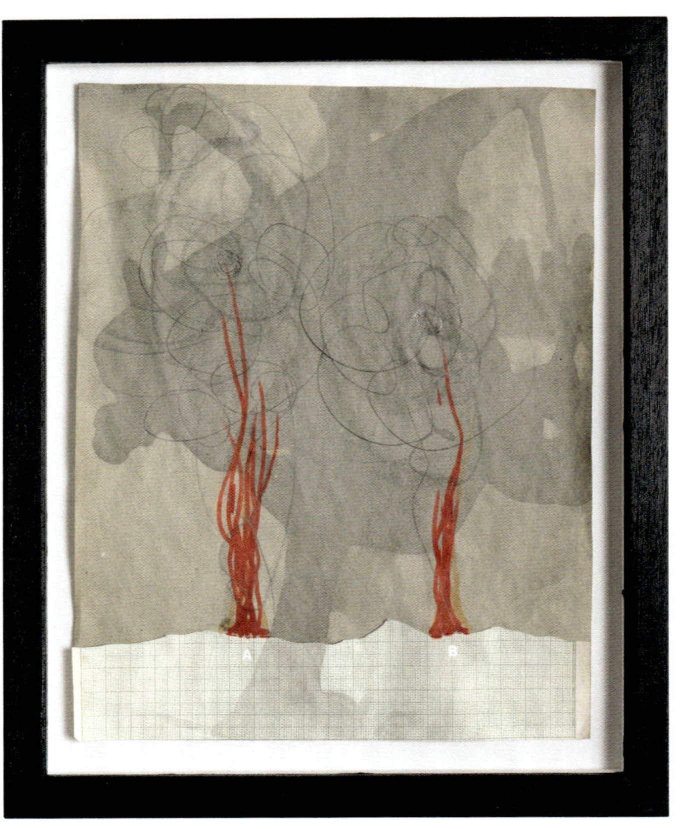

Double
2005, Mixed Media, 32 x 27 cm
courtesy Galerie Guido W. Baudach, Berlin

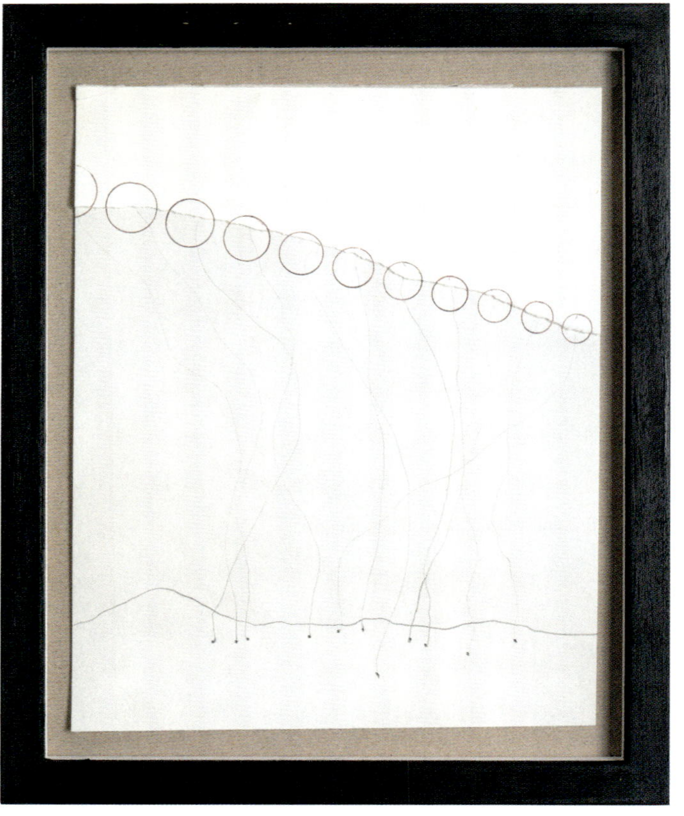

Samoan Summer
2005, Mixed Media, 32 x 27 cm
courtesy Galerie Guido W. Baudach, Berlin

Samoan Christ

2005, Acryl und Öl auf Nessel, 200 x 170cm

Sammlung des Künstlers / collection of the artist

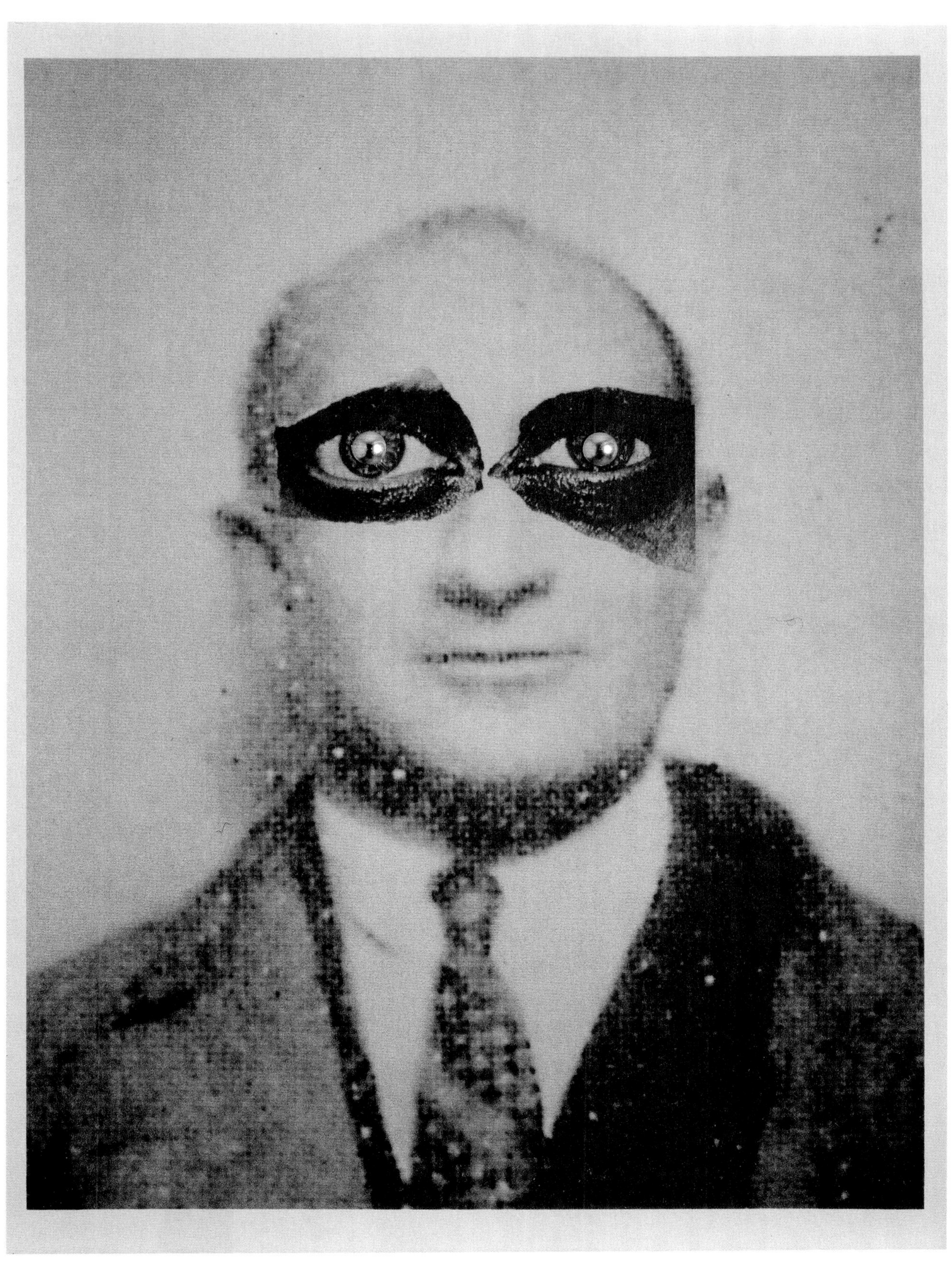

F.
2005, Mixed Media, 32 x 27 cm
courtesy Galerie Guido W. Baudach, Berlin

Bibliografie / Bibliography

Thomas Zipp, in: *art, Nr. 9 / September 2004, s. 056 f.*

Bernd Graber, Zipps Bilder schlagen auf dem Kunstmarkt ein, in: *Heppenheim extra, 04.11.2004*

Thomas Zipp, in: *Heimweh, Young German Art, Haunch of Venison (Hrsg.), London, 2004*

Florian Illies, Die Augenzeugen des Unsichtbaren, in: *monopol, Oktober / November 2004, s. 014 – 024*

Christoph Schütte, Drogen, Gewalt, Sex, Religion, in: *FAZ, 07.08.2004, s. 057*

Jürgen Walburg, Warum Federvieh doch Kunst ist, in: *Frankfurter Neue Presse, 23.07.2004*

Jürgen Walburg, Hühner vor dem Dom, in: *Frankfurter Neue Presse, 22.07.2004*

Katja Kupfer, Affenmädchen, in: *Plan F, 29 / 2004*

Hortense Pisano, Hühner, Geister, Körperkult, in: *Journal Frankfurt, 16 / 2004*

Veit Loers, „Ich komme wohl, doch bleib ich nicht ...", in: *Thomas Zipp , Neroin & The New Breed, Verlag Heckler und Koch, Berlin 2004*

Helga Meister, Painting on the Roof, in: *Kunstforum International, März – Mai 2003, s. 305 ff.*

Actionbutton – *Neuerwerbungen der Sammlung zeitgenössischer Kunst der Bundesrepublik Deutschland 2000 – 2002*

Ausstellungskatalog, Hamburger Bahnhof – *Museum für Gegenwart Berlin, 2003*

Viva November, Ausstellungskatalog, *Städtische Galerie Wolfsburg, 2002*

Angela Rosenberg, Thomas Zipp, in: *Flash Art, Nr. 215, Nov. / Dez. 2000*

Andreas Schlaegel, Even more space, in: *Flash Art, Nr. 213, Summer 2000, s. 055*

Angela Rosenberg & Andreas Schlaegel, Underneath the Arches, in: *The Bridges, Fuori Uso 2000, Pescara 2000, s. 060 ff.*

José Luis Loarce, Thilo Heinzmann y Thomas Zipp, in: *Lapiz, Revista Arte International, No. 160, Spanien, 2000*

Publikationen / Publications

Thomas Zipp, Neroin & The New Breed, Guido W. Baudach (Hrsg.), Verlag Heckler und Koch, Berlin 2004.

Biografie / Curriculum Vitae

**1966* in Heppenheim / Bergstrasse lebt und arbeitet / lives and works in Berlin
1992 – 1998 Städelschule Frankfurt / M. und Slade School London

Gruppenausstellungen (Auswahl) / group exhibitions (selection)

2005 When Humor Becomes Painful
Migros Museum für Gegenwartskunst, Zürich

Security Check. Painting after Romanticism
Galerie Arndt & Partner, Zürich (Kat.)

Das Neue Schwarz, *Galerie Rüdiger Schöttle, München*

2004 Made in Berlin, *ArtForum, Berlin (Kat.)*
Heimweh, *Haunch of Venison, London (Kat.)*
Guido W. Baudach, *Galerie Guido W. Baudach, Berlin*
Kommando Pfannenkuchen, *Daniel Hug Gallery, Los Angeles*

2003 Hands up, Baby, hands up, *Oldenburger Kunstverein*
actionbutton, *Hamburger Bahnhof /
Museum für Gegenwart, Berlin (Kat.)*
Inauguration, *Marc Jancou Fine Art, New York*
Painting on the roof
Museum Abteiberg, Mönchengladbach (Kat.)

2002 Friede, Freiheit, Freude, *Galerie Guido W. Baudach, Berlin*
Große Kunstausstellung Sommer 2002 im Pazifik, *PAZIFIK, Berlin*
Schöne Aussicht, Herr Schweins, *Galerie Otto Schweins, Köln*

2001 The Ölwechsel, *Transmission Gallery, Glasgow*
Viva November, *Städtische Galerie Wolfsburg (Kat.)*
Bayrle, Jensen, Neumeier, Vatter, Zipp,
Gesellschaft für junge Kunst, Baden-Baden
Musterkarte – Modelos de Pintura en Alemania,
Galeria Heinrich Ehrhardt, Madrid (Kat.)
Montana Sacra (Circles 5), *ZKM, Karlsruhe (Kat.)*

2000 Deathrace 2000, *Thread Waxing Space, New York*
turning into a loop, *Gio Marconi, Mailand*
The Bridges – Art On The Highway,
Fuori Uso 2000, Pescara / Italien (Kat.)
Landscape, *Galerie Giti Nourbakhsch, Berlin*
Face The Black (Sammlung Zipp), *Maschenmode, Berlin*

1999 Jugendsünden, *HBK Hamburg*
Schlockweltall, *Andersens Wohnung, Berlin*
Stuttgart 17. 05. 1956 – Salem (Wisconsin USA),
03. 03. 1977, *Portikus, Frankfurt / M. (Kat.)*
Vivienne, *Kunsthalle Lüneburg*

1997 Kunststudenten stellen aus, *Bundeskunsthalle Bonn (Kat.)*

1995 Filmcuts, *Galerie neugerriemschneider, Berlin (Kat.)*
Fenster für Elke Martin, *Kunstverein Frankfurt / M.*

Einzelausstellungen (Auswahl) / solo exhibitions (selection)

2005 Dirty Tree Black Pills, *Oldenburger Kunstverein (Kat.)*
Nuevo Tychónico, *Galeria Heinrich Ehrhardt, Madrid*
man muss das adjektiv abschaffen, *Baronian_ Francey, Brüssel*

2004 Futurism Now! SAMOA leads, *Daniel Hug Gallery, Los Angeles*
The New Breed, *Galerie Michael Neff, Frankkfurt / M.
und Galerie Parisa Kind, Frankfurt / M. (Kat.)*

2003 Neroin, *Galerie Guido W. Baudach, Berlin (Kat.)*
The Nero Command, *Marc Jancou Fine Art, New York*

2001 Exorcise the demons of perhaps
Galerie Guido W. Baudach, Berlin
Bis dass der Tod uns meidet
(mit Manfred Peckl und Philipp Zaiser), *Galerie Hilger, Wien*
Atrium Vagari (mit Philipp Zaiser), *Kunsthaus, Essen*

2000 od, *Maschenmode, Berlin*
Nobody loves an Albatros, *Montparnasse, Berlin*

1999 1. Diciembre 1999 - 29. Enero 2000 (mit Thilo Heinzmann),
Galerie Heinrich Erhardt, Madrid

1998 Seilers Schlafzimmer, *Helmut Seiler, München*

1997 n. n. (mit Thilo Heinzmann), *Galerie ak, Frankfurt / M.*

Impressum / Imprint

Herausgeber / Editor:	*Guido W. Baudach*
Redaktion / Editing:	*Thomas Zipp*
Lektorat / Copyediting:	*Hanna-Mari Blencke, Berit Homburg, Heike Tosun (Berlin)*
	Wolfgang Katenz (Hamburg), Sarah Schuster (London)
Übersetzungen / Translations:	*Honecker + Bootz (Köln)*
Grafische Gestaltung / Graphic design:	*Kai Erdmann (Hamburg)*
Herstellung / Layout:	*Kai Erdmann (Hamburg)*
Satz / Typesetting:	*Kai Erdmann und Sabine Grosser (Hamburg)*
Reinzeichnung / Art work:	*Sabine Grosser (Hamburg)*
Schrift / Typeface:	*Interstate und Janson Text*
Reproduktion / Reproduction:	*Miro Repro (Hamburg)*
Fotografen / Photographers:	*Luis Asin, J. Fliegner, Phillipe de Gobert, Wolfgang Günzel, Egbert Haneke,*
	Rainer Jordan, Harald Lank, Roman März, Oren Slor, Joshua White, Jens Ziehe,
Konstruktion / Construction OKV:	*Stefan Branca*
Papier / Paper:	*Hallo Matt, 135 g/m²*
Buchbinderei / Binding:	*Conzella Verlagsbuchbinderei, Urban Meister GmbH, Aschheim-Dornach bei München*
Gesamtherstellung / Printed by:	*Dr. Cantz'sche Druckerei, Ostfildern-Ruit*

© 2005 Hatje Cantz Verlag, Ostfildern-Ruit, und Autoren / and authors
© 2005 für die abgebildeten Werke von / for the reproduced works by Max Ernst: VG Bild-Kunst, Bonn;
für / for André Kertész, Ministère de la Culture – France; sowie bei den Künstlern und ihren Rechtsnachfolgern / the artists and their legal successors

Erschienen bei / Published by Hatje Cantz Verlag, Senefelderstraße 12, 73760 Ostfildern-Ruit, Deutschland / Germany
Telefon +49 711 4405-0, Fax +49 711 4405-220, www.hatjecantz.com

Hatje Cantz books are available internationally at selected bookstores and from the following distribution partners:
USA / North America: *D.A.P., Distributed Art Publishers, New York, www.artbook.com*
UK: *Art Books International, London, sales@art-bks.com*
Australia: *Tower Books, Frenchs Forest (Sydney), towerbks@zipworld.com.au*
France: *Interart, Paris, commercial@interart.fr*
Belgium: *Exhibitions International, Leuven, www.exhibitionsinternational.be*
Switzerland: *Scheidegger, Affoltern am Albis, scheidegger@ava.ch*

For Asia, Japan, South America, and Africa, as well as for general questions, please contact Hatje Cantz directly at sales@hatjecantz.de,
or visit our homepage www.hatjecantz.com for further information.

ISBN 3-7757-1697-1
Printed in Germany

Unterstützt von / Sponsored by

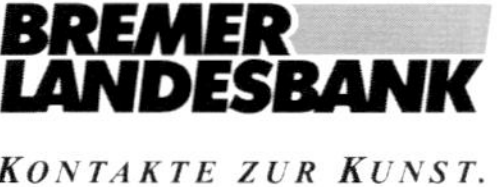